가정,
신앙교육의 샘터

# 가정, 신앙교육의 샘터

· 초판 1쇄 발행  2016년 7월 25일

· 지은이  박민희
· 펴낸이  민상기 · 편집장  이숙희 · 펴낸곳  도서출판 드림북
· 등록번호  제 65 호 · 등록일자  2002. 11. 25.
· 경기도 의정부시 가능1동 639-2(1층)
· Tel (031)829-7722, Fax(02)2272-7809

· 잘못된 책은 교환해 드립니다.
· 이 출판물은 저작권법에 의해 보호를 받는 저작물이므로 무단 복제할 수 없습니다.
· 독자의 의견을 기다립니다.

믿|음|이|가|정|을|통|해|흐|르|게|하|라

가정,
신앙교육의
샘터

박민희 지음

드림북

# 목 차

# 서 언

　나는 우리 가정에서 첫 번째 그리스도인이다. 중학교시절 예수 그리스도를 나의 구주와 주님으로 영접한 후 지금까지 줄곧 믿음의 길을 걸어왔다. 그 걸어오는 길이 늘 순탄한 것만은 아니었지만 그리고 불행하게도 충실한 그리스도인으로 늘 온전하게 예수 그리스도를 따르지도 못했지만 그래도 하나님과 그분의 나라 그리고 예수 그리스도의 복음을 생각하면서 여기까지 믿음의 길을 걸어왔다.

　그러는 사이 학창시절에는 동생과 누나 그리고 지금은 하나님의 나라에서 그분과 함께 계신 아버지와 어머니가 예수 그리스도 안에서 하나님에 대한 믿음을 가짐으로써 우리 가족 전체가 하나님을 믿고 섬기는 믿음의 가정이 되었다. 진정으로 하나님께 감사를 드리는 일이다.

　하지만 부모님이 나보다 늦게 신앙생활을 시작하셨기에 학창시절 나의 신앙양육은 대부분 교회를 통해서 이루어졌다. 어린 시절에 그리고 학창시절에 가정에서 신앙교육이란 것을 받아보지 못했다. 그래서 다른 것들은 별로 부럽지 않은데 어린 시절부터 가정에서 믿음의 부모로부터 충실히 신앙교육을 받고 자란 사람들에 대해서는 무척이나 부럽게 느껴진다.

그럼에도 좋은 신앙 공동체로서의 교회와 좋은 목회자―그때부터 지금까지 고향교회의 담임목회자이신신 김광세 목사님은 나의 신앙형성과 기독교적 영적 여정에서 가장 중요한 멘토 역할을 하신 분이다―를 만난 덕분에 좋은 영적 풍토에서 기독교 신앙에 대해 조금씩 배워가면서 기독교적으로 형성될 수 있는 많은 은혜를 입고 자랐다. 게다가, 가정에서 부모님의 신앙의 지원은 제대로 받지 못했지만 너그럽고 이해심이 많으셨던 부모님은 다행히 내가 신앙생활을 하는 것을 전혀 반대하지 않으셨기에 교회를 중심으로 신앙생활을 하는 데는 큰 어려움을 겪지 않았다. 그것에 대해 지금도 부모님께 깊이 감사하고 있다.

　우리 부모님은 내가 이곳 캐나다로 유학을 떠나 온 그 해의 같은 달의 같은 날에 두 분 모두 이 세상을 떠나 하늘 아버지께로 가셨다. 우리 부모님이 육신의 자녀들인 우리 곁을 떠나 본래의 부모이신 하나님 아버지께로 돌아가셨을 때 나에게는 두 가지 이유로 오랫동안 마음의 큰 아픔을 느끼며 고통의 시간을 보내야했다. 하나는 부모님께 받은 사랑과 은혜에 대해 제대로 보답하지 못했다는 것이다. 부모님께 효도다운 효도 한번 제대로 하지 못한 것이 못내 아쉬웠고 말로 다 형용할 수 없는 큰 아픔이었다. 다른 하나는 마음의 고향을 잃어버렸다는 아픔과 허전함이었다. 인생길에서 삶이 힘들어지거나 포근한 정이 그리워질 때 부모님께 가면 부모님은 언제나 기댈 수 있는 언덕이었고 마음의 평안을 느낄 수 있는 안식처였다. 그래서 부모님과 함께 있는 것은 그냥 기쁘고 좋은 것이었다.

　우리의 참된 부모이신 창조주 하나님은 존재의 고향이고 영혼

의 고향이시다. 그리고 육신의 부모는 몸의 고향이고 마음의 고
향이시다. 가정에서의 신앙교육은 언제나 그와 같아야 한다고
생각한다. 우리 자녀들의 몸의 고향인 우리들 부모가 자녀들이
편히 기대어 마음의 평안을 느낄 수 있는 마음의 고향이 되어주
면서 올바른 신앙의 양육을 통해 존재와 영혼의 고향이신 창조
주 하나님께로 그들을 이끌어주는 것이 필요하다. 그것이 기독
교 가정에서의 신앙교육의 역할이어야 한다.

흔히 교육은 "백년 지 대계"라고들 한다. 교육은 백 년 동안의
큰 계획, 곧 먼 장래를 내다보고 세우는 큰 계획이란 뜻이다. 그
렇다면 신앙교육은 "영원 지 대계"라고 할 수 있다. 참 부모이신
하나님이 우리에게 맡겨주신 육신의 자녀의 영원한 생명을 내다
보고 세우는 정말로 큰 계획이기 때문이다. 신앙교육의 영향은
영원에 이른다. 자녀의 신앙교육은 이런 마음을 지녀야 누릴 수
있는 특권이고 감당할 수 있는 영적 책임이다.

자녀에 대한 가정에서의 신앙교육에 관한 이 책을 구상하면
서 나는 세 가지 점을 생각했다. 첫째는 성서적 관점에서 결혼과
가정에 대해서 생각했고, 둘째는 신앙에 있어서의 교육−가정과
교회에서 함께 이루어져야 할 교육−의 중요성과 필요성을 생각
했으며, 셋째는 가정에서의 신앙교육의 구체적인 실천−내용과
방법−을 생각했다. 그런 생각들을 모으고 함께 엮고 다듬어 이
책에 담았다. 비록 이 책이 가정에서의 신앙교육과 관련하여 부
족한 점이 많이 있을지라도, 가정에서의 신앙교육의 문제에 관
심을 가지고 가정에서 자녀들에게 신앙교육을 실시하고자 하는
좋은 부모들에게 여러 가지 도움이 될 것이라고 확신한다. 이 책

은 그런 목적과 의도를 가지고 썼다.

내 글에는 직접 인용문이 적지 않은 편이다. 나 자신이 그것을 충분히 인식하고 있다. 글에 직접 인용문이 적지 않다보니 글을 읽다보면 조금 딱딱하거나 글의 흐름이 끊기는 것 같은 느낌을 받기도 하지만 나름의 가치도 충분히 있다. 직접 인용문을 자주 사용하는 것은 글을 쓰는 방법을 모르거나 간접 인용문 사용법을 몰라서도 아니다. 그렇게 하는 데는 나름의 이유-두 가지 이유-가 있다. 더욱이, 내가 쓰는 글이 주로 함께 나누는 믿음의 글이고 학술적인 글이 아니기에 직접 인용문을 많이 사용해도 그리 흠이 되지 않는다고 여겨진다.

내가 직접 인용문을 자주 쓰는 첫 번째 이유는 글을 통해 내가 표현하고 싶은 것을 이미 다른 누군가가 정확하게 표현했고 독서와 연구를 통해 그것을 발견했다면 굳이 그것을 내 말로 바꾸는 수고를 하지 않고 있는 그대로 쓰는 것도 좋다고 여겨지기 때문이다. 둘째 이유는 내 책을 읽음으로써 동시에 다른 이들의 글을 직접 접할 수 있는 기회를 갖도록 하기 위함이다. 요즘 사람들은 책을 많이 읽지 않는 편이다. 그런 상황에서 한 권의 책을 읽으면서 그 안에서 다른 사람들의 말을 직접 들어보는 것도 나름대로의 가치가 적지 않다고 여겨진다. 그런 이유로, 직접 인용을 자주 사용한다. 따라서 내 책을 읽는 독자들은 그 점에 대해 너그럽게 이해해주면 참 좋겠다.

감사의 마음을 전할 분들이 많이 있지만 지면 관계상 다 언급하지 못함을 아쉽게 생각하며 그분들에게 너그럽게 이해해 주기를 바랄 뿐이다. 무엇보다도, 고향교회인 서천중앙교회의 김광

세 목사님께 감사의 마음이 제일 크다. 김광세 목사님은 학창시절 내가 고향교회를 중심으로 기독교적으로 형성되는데 큰 도움과 영향을 주셨다. 김광세 목사님은 내게 신앙생활의 고향 같은 분이다. 뿐만 아니라 고향교회는 나의 문서사역을 돕고 있다. 모든 성도들에게 감사의 마음을 전한다.

대전 삼성교회의 신 청 목사님(현재 원로목사님)께도 진심어린 감사의 마음을 전한다. 신 청 목사님은 나의 고향교회를 개척하여 세우신 분으로 내가 유학을 하는 동안 따뜻한 마음을 담아 물심양면으로 많은 도움을 주셨다. 그럼에도 자주 연락을 드리며 감사의 마음을 전하며 살아야 함에도 그렇지 못하고 살아가고 있어서 늘 죄송하다.

서울 세현교회의 박홍운 목사님(현재 원로목사님)께도 감사의 마음을 전한다. 지금은 벌써 20여 년이 지났지만 그 교회에서 처음 전도사로 사역할 때 미숙한 점이 많았음에도 많은 배려로 5년간 한 교회에서 하나님을 섬기며 사역할 수 있었다. 또한 그 교회의 정재민 장로님은 오래도록 내 마음에 따뜻하게 머무는 또 한분의 고마운 분이다. 정재민 장로님은 내가 그 교회의 전도사 시절 여러 가지 사정으로 인해 어려움을 겪을 때 조용히 따뜻한 마음을 전해주시곤 했고 유학을 하는 동안에도 많은 도움을 주셨다. 그럼에도 불구하고 무심하게도 아주 오랫동안 감사의 마음을 제대로 전하지 못하고 살았다. 죄송함이 크다. 하지만 감사의 마음을 잊지는 않았다.

문광호 목사님과 평강교회 성도님들, 전병권 목사님과 신현제일교회 성도님들, 박명룡 목사님과 큰나무교회 성도님들 그리고 배재영 목사님과 복의 근원교회 성도님들께도 진심으로 감사한다. 그분들은 내가 글과 가르침을 통해 인간의 삶과 기독교 신앙의 청지기적 성격을 탐구하고 전할 목적으로 설립한 청지기신학연구소를 바탕으로 문서사역을 해 가는 것을 돕고 있다. 새벽녘 주변의 추위를 녹이며 온기를 전해주는 작은 모닥불처럼, 주님 안에 있는 그분들의 사랑의 손길이 참 따뜻하다.

감사할 분이 두 분 더 있다. 이곳 캐나다에 와서 관계를 맺고 교제를 나누어온 이강석 목사님(그리고 사모님)께 감사한다. 그분들은 우리 부부를 늘 따뜻하게 대해주시고 포근한 사랑을 전해주신다. 만나 함께 하는 것이 참 즐겁다. 그리고 토론토 새순교회 김병곤 목사님(그리고 사모님)의 후배 목사를 생각하는 아름다운 마음은 언제나 밀물처럼 잔잔하게 다가온다. 늘 고맙고 감사한다.

지금은 하늘에 계신 아버지와 어머니께도 감사의 마음을 전하지 않을 수 없다. 두 분은 깊은 사랑과 희생의 마음으로 우리 삼형제를 길러 주셨다. 또한 아내 권민영과 하나님이 우리 가정에 맡겨주신 유진, 현서 그리고 지인에게도 감사한다. 아내는 참 좋은 인생의 동반자로 나의 인생길에서 늘 힘과 위로가 되어 주고 있고 좋은 엄마로서 아이들을 사랑과 헌신의 마음으로 양육하고 있다. 어느 덧, 시간이 많이 흘러 큰 아이 유진이는 대학생이 되어 앞날을 개척해 가고 있고 둘째 아이 현서는 고등학생으로 미래를 준비해 가고 있으며 셋째 지인이도 고등학생이 된다. 제대로 해 주는 것이 많지 않음에도 한결 같이 잘 자라주고 있어서 참 고맙다. 이 모든 것은 진정 하나님의 은혜다. 나와 우리 가족의 삶에 하나님은 감사 그 자체이다. 이렇게 부족한 인생도 넉넉히 사용하시는 하나님을 생각하면 감사할 수밖에 없다.

마지막으로, 부족한 글인데도 흔쾌히 출판을 맡아주신 드림북 출판사의 민상기 사장님께도 감사의 마음을 전한다. 그러고 보니 민상기 사장님과 관계를 맺어 온지도 벌써 강산이 한번 변할 정도의 시간이 흘렀다. 십년지기가 되었다. 늘 변함없이 가슴 따뜻한 모습으로 주님을 향해 걸어가는 삶이 참 아름답게 보인다. 우리 만남을 통해 여러모로 부족한 우리 두 사람을 향한 하나님의 선하신 계획이 계속해서 아름답게 열매를 맺어가기를 바란다.

2016년 4월 1일
박 민 희

# 서론. 왜 가정에서의 신앙교육이 필요한가?

역사적으로 볼 때, 교회는 두 가지 큰 위협과 도전에 직면해 왔다.[1] 하나는 6세기에 발생한 이슬람교의 세력이다. 이슬람교의 등장은 주변 세계에 정치적인 위협과 공포이기도 했지만 무엇보다도 기독교에(그리고 다른 종교들에) 종교적인 위협이 되었다.

다른 하나는 이성의 시대의 도래이다. 이성에 대한 강조는 점차 초월적인 것에 대한 거부로 이어졌고 결국에는 기독교 신앙에 대한 무신론적 적대로 귀착되었다. 그런 이유로, 불행하게도 많은 그리스도인들에게 이성은 부정적인 것으로 여겨지는 경향이 있다. 이성을 신앙에 적대적인 것으로 보는 것이다. 물론, 신앙과 이성은 적대적인 것이 아니다. 이성은 하나님의 피조물이며, 비록 그것이 인간의 타락 이후 완전하지는 않을지라도 성령의 역사 안에서 믿음을 위한 중요한 도구이다.

교회는 자신의 존재와 미래를 위해서 뿐만 아니라 복음전도를 위해서도 이 두 가지 모두의 위협과 도전을 진지하게 받아들일 필요가 있다. 그러나 오늘날 이슬람교의 종교적 위협은 정치적, 경제적 흐름과 함께 더 심각하게 다가오는 것 같다. 머지않아 기독교는 이슬람교에 정복당할 수 있는 상황이 진행되고 있기 때문이다(물론, 설사 그렇게 진행되어갈지라도, 완전히 정복당하지는 않을 것이다. 왜냐하면 예수님은 베드로에게 "너는 베드로라 내가 이 반석 위에 내 교회를 세우리니 음부의 권세가 이기지 못하리라"[마 16:18]라고 말씀하셨기 때문이다. 교회는 기독교 신앙이 존재하는 한에서 계속해서 존재하게 될 것이다. 그리고 하나님의 나라가 도래하면 영원한 세계로 편입될 것이다).

### 이슬람이 이긴다?

새뮤얼 헌팅턴(Samuel P. Huntington)은 자신의 책 『문명의 충돌: 세계 질서의 재형성』(The Clash of Civilizations and the Remaking of World Order)에서 1900년 이후의 기독교와 이슬람교를 비교분석하면서 이렇게 말한다.

> [앞으로 길게 볼 때] 결국에는 무함마드가 이긴다. 기독교는 주로 개종(conversion)에 의해 확장되고, 이슬람교는 개종과 재생산(reproduction)에 의해서 확장된다. 대략 1980년대—수평을 이룸—에 절정을 이루었던 전 세계 그리스도인들의 비율은 이제 감소하고 있으며, 아마도 2025년까지 세계인구 가운데서 약 25 퍼센트에 가까울 것이다. [반면에] 대단히 높은 인구성장의 비율의 결과로 세계에서 무슬림들의 증진은 계속해서 극적으로 증가하여 세기[20세기]가 바뀔 즈음에 세계 인구의 20퍼센트가 될 것이고 얼마 후 그리스도인들의 수를 능가할 것이며 아마도 2025년까지 세계 인구의 약 30퍼센트를 차지하게 될 것이다.[2]

여기서 헌팅턴은 무함마드(이슬람교)가 결국에는 예수 그리스도(기독교)를 이긴다고 말하면서 그 주된 근거를 "재생산"에서 찾는다. 다시 말하면, 이슬람교는 개종에 더하여 재생산—출산—을 통해 증가한다는 것이다. 그것은 분명한 사실이다. 실제로, 무슬림 여자들은 대부분 다출산자들이다. 이슬람 세계에서 여자는 동일한 인간임에도 남자보다 열등한 존재로 취급받으며 물건이나 재산과 같은 존재로서 크게 두 가지 목적—남자의 성적 유희의 대상과 출산—을 위해 존재한다고 여겨진다. 그 두 가지는 이슬람 세계가 왜 일부다처제를 하는지에 대한 하나의 답을 제공한다(흔히, 이슬람교가 일부다처제를 실행하게 된 것은 이슬람의 태동과 그 후에 전쟁과 다른 이유들로 인해 남자의 수가 적고 여자의 수가 많은 문제를 해결하기 위한 것으로 언급되지만 더 근본적으로는 무함마드가 일부다처제를 장려하고 가르쳤으며 자신 스스로도 실천했기 때문이다. 실제로 그는 많은 아내—열한 명의 아내와 두 명의 첩을 둔 것으로 알려지고 있다. 심지어는 어린 소녀와 결혼하여 부부관계를 맺기도 했다—를 두었고 자칭 선지자로 신의 특별 계시를 받았다고 주장하면서 자신의 모든 행위를 정당화했다. 그러나 구약성서 어디에도 그런 선지자는 없었다. 게다가 일부다처제는 성서적 진리가 아니다. 비록 구약시대에 일부다처의 상황이 있었던 것이 사실일지라도 말이다).

개인적으로 나는 헌팅턴의 주장, 곧 무함마드(이슬람교)가 예수님(기독교)을 이길 것이라는 주장에 동의한다. 기독교의 복음이 약하거나 잘못되어서라기보다는 이슬람교의 다출산적 상황과 계획된 전략에다 교회와 그리스도인들의 문제 때문에 그렇게 본다. 무슬림 남자들은 여러 아내를 통해 많은 수의 자녀를 낳는다. 심지어는 자신의 아내가 있음에도 일부일처제를 시행하는 다른 나라에 가서 속임수를 통해 그곳의 여자들과 결혼하여 자녀를 낳기도 한다. 무슬림들에게, 특히 무슬림 남자들에게 거짓말은 그리 큰 문제가 아니다. 오히려 그들에게는 타끼야 교리라는 것이 있어서 알라, 무함마드 그리고 세계의 이슬람화를 위해서는 아무런 종교적, 양심적 가책 없이 자유롭게 거짓말을 할 수 있다. 그리고 그런 교리에 근거하여 그들은 이미 아내가 있음에도 다른 나라에 가서도 다시금 자유롭게 결혼을 한다.

### 기독교와 교회의 대응은

헌팅턴이 말하는 것처럼, 이슬람교의 공격적인 개종활동에 더하여 다산의 상황은 분명 이슬람교 확장의 중요한 도구이다. 더욱이, 가정에서 어머니를 통한 자녀들에 대한 이슬람화 교육은 이슬람 종교 전수의 중요한 토대이자 통로이다. 뿐만 아니라, 이슬람 신앙을 버리는 것(타종교로의 개종)에 대한 엄격한 제재는 자국의 이슬람화와 무슬림 가정의 가정 이슬람화의 중요한 수단이다. 이런 점을 고려하면, 이슬람교는 계속해서 확장될 것이며 그렇게 되면 헌팅턴의 예측은 틀리지 않게 될 것이다. 그의 예측은 머지않아 현실이 될 것이다.

반면에 기독교는 어떤가? 그 두 가지 면을 비교해보면, 상황은 그리 밝지 않다. 아니, 매우 어둡다고 말하는 것이 적절할 것이다.

첫째, 출산의 문제이다. 기독교 가정들은 사회적, 경제적 그리고 다른 여러 요인들로 인해 자녀들을 많이 낳지 않는다(특히, 선진국의 경우가 그렇다). 출산의 비율을 따지면, 기독교는 단연 이슬람교와 비교가 되지 않는다.

둘째, 기독교 가정의 기독교화, 곧 가정을 통해 자녀들에게 신앙을 전수하는 일은 불행하게도 제대로 이루어지지 않는 것이 현실이다. 오늘날 그리스도인 부모들은 대부분 자녀들의 신앙 문제를 아예 전적으로 교회에 맡기는 경향이 있다(앞으로 함께 살펴보겠지만 그것은 일종의 책임전가이며 불행한 일이다). 게다가, 자녀들의 세속적인 출세에 대해서는 대단한 관심을 가지면서도 자녀의 신앙문제는 등한시하거나 무관심하거나 그것을 그저 종교적 자유의 문제로 돌리거나 또는 그것을 하는 방법에 대해 무지하다. 이런 것들이 그리스도인 부모들이 가정에서 자녀들에게 신앙을 전수하지 못하게 하는 근본적인 원인들이다.

다른 한편으로, 기독교 가정에서 자녀들이 기독교 신앙에 대해 회의를 느끼고 교회를 떠나는 이유들 중 하나는 부모들과 교인들이 기독교 신앙/복음을 삶으로 충실하게 나타내지 못하기 때문이다. 복음의 진리를 말과 행동으로 분명하게 보여주지 못하기 때문이다. 많은 경우 청년들과 자녀들에게 성인 교인들과 부모들은 이중인격자들 또는 위선자들로 비춰질 때가 많다.[3] 그래서 흔한 말로 "너나 잘 하세요"의 태도를 갖게 되고 결국에는 대학에 들어가거나 성인이 되어 부모의 품을 떠나게 될 때 아예 교회도 떠나게 된다. 반면에 교회로 들어오는 젊은이들은 그리 많지 않다. 그래서 교회에서도, 가정에서도 신자의 재형성과 신앙의 전수가 거의 이루어지지 않고 있다. 결국 그리스도인 수는 감소할 수밖에 없게 되는 것이다.

이런 상황에서 믿음의 가정과 교회가 할 수 있는 것은 무엇인가? 여러 가지를 모색하고 고려할 수 있겠지만 개인적으로는 무엇보다도 가정에서의 신앙전수 문제를 진지하게 다루고 강조하되 동시에 자녀들의 믿음을 위해 무언인가를 해야 한다고 생각한다. 왜냐하면 가정은 진정으로 '신앙교육의 샘터'이기 때문이다. 믿음의 가정이 진정으로 복음의 샘물이 솟아나는 곳이 된다면, 자녀들은 주님이 주시는 "영원히 목마르지" 않는 물, 곧 "그 속에서 영생하도록 솟아나는 샘물"(요 4:14)을 마시게 됨으로써 영원한 생명을 품고 살아가게 될 것이다.

이처럼, 가정에서 신앙을 전수하는 일이 계속해서 이루어지면, 가정은 가계를 위한 복음의 통로가 될 뿐만 아니라 교회도 다시금 부흥의 길로 갈 수 있을 것이다. 곧 가정의 건강과 믿음의 상태가 미래 교회의 건강과 믿음의 상태에 큰 영향을 미치게 될 것이다.

### 신앙교육의 주된 필요성과 이유들

인간은 배우는 존재이다. 인간의 삶은 태어나면서 죽을 때까지 일평생 배움의 과정이다. 그래서 '무엇을 어떻게 배우느냐?'만 다를 뿐, 곧 배움의 내용과 배움의 방식―형식적인가 비형식적인가, 의도적인가 비의도적인가―에 차이가 있을 뿐 삶은 곧 배움인 것이다. 이런 점에서, 인간은 근본적으로 '교육적 존재'이다.[4]

인간의 삶의 이런 성격은 신앙에도 그대로 적용된다. 신앙은 교육적 성격을 지니고 있다. 그래서 교육/가르침은 교회의 본질적인 차원이며 신앙을 형성하고 신앙을 전수하며 교회를 견고히 세우는 도구이다. 이와 관련하여, 제임스 스마트(James D. Smart)는 이렇게 말한다.

> 교회는 말씀을 선포해야 하는 것처럼 가르쳐야 한다. 그렇지 않으면 그것은 교회가 아닐 것이다. 비록 단지 몇몇 교인들이 특정한 가르침의 임무를 맡을지라도, 가르침에 대한 책임은 교회 전체에 지워진다…가르침은 교회의 본질에 속하며, 이 가르침의 기능을 소홀히 하는 교회는 교회로서의 본질에 필수적인 요소를 잃어버린 것이다.[5]

다른 한편으로, 하워드 콜슨(Howard Colson)과 레이몬드 릭돈(Raymond Rigdon)은 교회가 가르쳐야 하는 이유를 다섯 가지로 설명한다. 첫째, 그리스도가 그것을 기대하신다는 것이다. 둘째, 복음이 그것을 요구한다는 것이다. 복음전파/말씀사역에는 두 측면이 있는데, 선포와 가르침이 그것이다. 셋째, 역사가 그것을 입증한다는 것이다. 넷째, 사람들이 그것을 필요로 한다는 것이다. 그리고 마지막 다섯 째, 현재 상황—오늘날 세계의 도덕적이고 사회적이며 영적 조건들—이 그것을 필요로 한다는 것이다.[6] 그들의 주장은 아주 적절하다.

이렇듯, 신앙 자체가 교육을 필요로 하고 또 교육이 교회의 본질적인 차원에 속한다면, 그리스도인 가정은 신앙교육과 무관하지 않다. 가정에서의 신앙교육의 필요성도 같은 맥락에서 이해될 수 있는 것이다. 신앙은 교육을 필요로 하기 때문에 교회의 모든 그리스도인들은 교육을 필요로 할 뿐만 아니라 가정의 모든 그리스도인들도 계속해서 배울 필요가 있는 것이다. 하나님의 말씀을 배우고 믿음의 지적 토대를 쌓는 일을 게을리 하지 않아야 한다.

더욱이 부모는 가정에서 자녀들에게 신앙교육을 실시해야 할 책임이 있고 자녀들에게 신앙을 전수해 주어야 할 책임도 있다. 이런 점에서, 주디 엘쇼프(Judy Ten Elshof)는 다음과 같이 말하는데, 이 진술은 매우 설득력이 있다.

> 가정생활 교육은 가정에서 중심이 되어야 하고 교회에 의해서 지원을 받아야 하며 성서 신학과 또 하나님과 다른 사람들과의 강한 친밀한 관계에 근거해야 한다. 이것이 의미하는 바, 다음 세대의 영적 삶을 이끌고 훈련시키며 교육시키는 것은 주로 가정에서 부모들의 책임이라는 것이다. 한 부부가 하나님의 복을 받아 아이를 갖게 될 때, 그들의 언약 과업(covenant task)은 자신들의 자녀가 지음 받은 목적을 성취하도록 그를 훈련시켜서 하나님과의 관계 안에 있게 하는 것이다.[7]

물론, 그녀가 말하는 것처럼 이것은 결코 쉬운 일이 아니다. 그러나 그것은 하나님을 섬기는 부모의 의무와 책임이고 특권이다. 앞으로 살펴보겠지만, 부모의 자녀 신앙교육은 선택이 아니라 필수이며 하나님의 명령이다. 그래서 그 과업을 등한시하는 것은 하나님의 명령을 어기고 불충하는 것이 된다.

그럼에도 오늘날(그리고 예전에도) 대부분의 그리스도인 가정에서 신앙교육의 실천이 제대로 이루어지지 않고 있는 것은 아주 불행한 일이다. 이런 현실 속에서 모든 교회들과 그리스도인 가정들은 이 점을 분명하게 인식하고 개선함으로써, 곧 어떤 식으로든지 가정에서 자녀들에게 신앙교육을 실시하고 또 믿음을 함께 나누는 삶을 통해 가정뿐만 아니라 교회의 미래를 밝게 할 필요와 책임이 있다. 그리고 그런 필요를 절실히 느끼고 진리의 교사이신 성령의 능력 안에서 자신들의 최선을 다해 그것에 대한 책임을 수행해가는 그리스도인 부모들은 복되다. 그런 사람들에게는 분명 하늘의 큰 상급이 주어질 것이다. 그것이 우리가 믿고 따르는 예수 그리스도의 약속이기 때문이다.

PART

# O1

## 인간과 가정

# 인간과 가정: 믿음의 관점

인간은 본래 가정적이며 인간의 삶은 기본적으로 가정을 바탕으로 영위된다. 그래서 가정을 말하지 않고서 인간의 삶을 말할 수 없다. 인간의 삶은 언제나 그 형태가 어떠하든지 간에 가정과 나뉠 수 없는 것이다.

인간의 삶이 기본적으로 가정과 관계가 있는 이유는 크게 두 가지로 볼 수 있다. 첫째, 인간은 본래 가정의 출발점이 되는 부모에게서 기인하며 가정 안으로 태어나기 때문이다. 둘째, 인간은 가정에서 자라가면서 사회를 지향해 살아가기 때문이다. 그러나 사회적 삶은 언제나 가정을 중심으로 한다. 그런 이유로, 인간이 가정을 잃으면 사회 속의 떠돌이가 되기 쉽다.

일반적인 의미에서, 가정은 "함께 살아가는 한 가족의 모임"을 뜻한다. 이런 점에서, 가정의 구성 요건은 두 사람 이상이다. 한 사람으로서는 가정도, 가족도 성립될 수 없다. 그래서 가정은 관계적이며 공동체적이다. 이렇듯, 가정에는 "함께 살아가는 삶"이 있고 "함께 살아가는 사람들," 곧 가족원들이 있다.

## 하나님, 가정의 기원: 가정은 이렇게 시작되었다

그러면 맨 처음 인간의 가정은 어떻게 시작되었나? 이 물음은 인간—그리고 우주—의 기원에 관한 물음만큼이나 흥미롭고 대답하기 어려운 것이다. 이 물음은 크게 두 가지로 나누어 살펴볼 수 있다.

첫째는 진화론적 관점—무신론적 관점—을 취하는 것이다. 진화론적 관점에서 인간은 원인 없는 무의 산물이다. 곧 아무것도 없는 것에서 '우연히' 폭발을 통해 물질이 생기고 다시 '우연히' 그 물질이 생명체가 되고 또다시 '우연히' 그 생명체가 거듭된 진화의 과정을 거쳐서 인간이 되었다는 것이다. 그래서 인간은 전적으로 특정한 원인이 없는 '우연'의 산물이다.

그러나 이 관점을 취하면 필연적으로 그에 따른 여러 가지 물음과 문제가 생긴다. 어떻게 해서 진화된 인간이 남자와 여자로 구분되어 생겨날 수 있었을까? 진화 자체에 지성이 존재한 것일까? 여러 동물들이 진화되어 동시에 또는 순차적으로 여러 인간이 된 것일까? 아니면 한 동물이 남자로 진화되고 또 한 동물이 여자로 진화한 후에 그 둘이 성적인 결합을 통해 자녀들을 생산하게 되고 거기로부터 인간의 계보가 생긴 것인가?

그렇지 않으면 만일 남자의 진화가 먼저 이루어지고 후에 여자의 진화가 이루어진 것인가? 아니면 여자가 먼저 진화되고 후에 남자가 진화된 것인가? 이 두 경우에 어떻게 자녀가 생길 수 있게 되었을까? 동시에 발생하여 진화된 것이 아니라면, 설사 진화가 되었다하더라도 어느 시점에 두 개의 성이 아닌 한 개의 성만 존재했다면 곧 멸종될 수 밖에 없지 않았을까?

이처럼, 진화론적 관점에서는 인간의 기원에 대한 설명도 어렵지만 가정의 형성에 대한 설명도 어렵다. 만일 인간의 기원과 가정의 기원에 대한 진화론적 설명이 옳다면, 왜 인간은 일부일처의 결혼을 인정해야 하는가? 일부다처면 어떻고, 또 일처다부면 어떤가? 왜 그런 것이 윤리적이고 도덕적인 이유로 문제시되어야 하는가? 본래부터 그런 것들에 대한 규정이란 것은 없는 것이 아닌가? 그렇다면 모든 규정이나 원리 진술은 우리와 동일한 누군가 다른 사람(들)이 만든 것일 텐데, 그것을 왜 나와 다른 사람들이 따라야 하는가? 본래적인 보편적 원리나 기준이 없다면 그냥 아무렇게나 또는 각자가 살고 싶은 대로 살면 되지 않는가? 각자의 생각과 삶이 자신에게는 절대 기준이 아닌가? 어차피 보편적인 가치를 말할 수도 없고 또 옳고 그름을 평가할 절대 기준이 없는 것이니 말이다.

이처럼, 인간의 기원과 가정에 대해 진화론적, 무신론적 관점을 취하면 인간의 삶과 가정은 질서 개념을 상실하게 된다. 그런 세계관이 지배하는 인간 세계는 조금 더 진화된 "동물의 왕국"에 지나지 않는다. 그런 점에서, 그리스 철학자 아리스토텔레스의 "인간은 사회적 동물이다"라는 말은 옳다. 그러나 물론 성서적 관점에서 인간은 사회적 동물이 아니라 사회적 존재 또는 인격이다. 그런 점에서, 그의 말은 옳지 않다.

반면에 다른 관점도 있다. 그것은 두 번째 관점으로 성서가 제시하는 창조론적 관점-유신론적 관점-이다. 곧 가정은 하나님이 제정하신 제도라는 것이다. 하나님은 자신의 형상대로 인간을 창조하시되 남자와 여자로 창조하셨다. "하나님이 자기 형상 곧 하나님의 형상대로 사람을 창조하시되 남자와 여자를 창조하시고"(창 1:27).

그런데 하나님은 남자를 먼저 창조하시고 그 다음에 여자를 창조하셨다. 순서에 있어서는 남자를 먼저, 여자를 다음에 지으신 것이다(물론, 그 순서는 우월이나 열등을 의미하지 않는다. 그것은 단지 창조의 순서적이고 질서적 개념이다. 최초의 인간은 하나님으로부터 나왔지만 그 다음 인간은 인간과 인간, 곧 남자와 여자로부터 나오는 것이 하나님의 창조의 질서요 의도이다. 이 장의 뒷부분에서 이 문제를 좀 더 심도 있게 다룰 것이다). 성서는 이렇게 증언한다.

> 여호와 하나님이 이르시되 사람이 혼자 사는 것이 좋지 아니하니 내가 그를 위하여 돕는 배필을 지으리라 하시니라…아담이 돕는 배필이 없으므로 여호와 하나님이 아담을 깊이 잠들게 하시니 잠들매 그가 그 갈빗대 하나를 취하고 살로 대신 채우시고 여호와 하나님이 아담에게서 취하신 그 갈빗대로 여자를 만드시고 그를 아담에게로 이끌어 오시니 아담이 이르되 이는 내 뼈 중의 뼈요 살 중의 살이라 이것을 남자에게서 취하였은즉 여자라 부르리라 하리라.(창 2:18, 20-23)

그런 다음 하나님은 남자와 여자를 향하여 이렇게 명하셨다. "이러므로 남자가 부모를 떠나 그의 아내와 합하여 둘이 한 몸을 이룰지로다"(창 2:24). 인간의 결혼에 대한 이해의 출발점은 바로 여기다. 곧 우리가 인정을 하든지 하지 않든지, 성서적, 유신론적 관점에서 결혼은 분명 창조주 하나님께로부터 온 제도[1]라는 것이다. 그리고 그것이 참되다면, 하나님이 정하신 최초의 결혼의 형태와 부부의 모습은 그 이후의 모든 부부들에 대한 계속적인 전형과 모범으로 받아들여져야 한다.[2]

뿐만 아니라 하나님은 인간을 한 남자와 한 여자로 창조하시고 그 두 성의 결합을 통해 자신의 창조사역을 계속해 가게 하셨다. 이것이 의미하는 바, "애초부터 하나님은 남자와 여자를 창조하심으로써 가족에 대한 계획을 세우셨다…그러므로 태초부터 하나님은 두 사람을 다르게 창조하셨지만 동시에 그들을 하나가 되게 하시기로 계획하셨다."[3] 이런 점에서, 결혼은 "한 남자와 한 여자의 결합"으로 이루어지며(이 문제에 대해서는 곧이어 자세하게 논의된다),[4] 한 가정은 본래 두 남녀와 그들의 한 몸 됨에서 생기는 자녀들로 구성된다.

그러나 결혼은 단순히 남자와 여자 두 사람의 결합의 문제만은 아니다. 왜냐하면 창조주 하나님의 피조물인 인간은 자신들의 창조주 하나님과 언약관계 안에 있는 "언약적 존재"(covenanted self)[5]이기 때문에 결혼은 본래 언약적 관점에서 이해되어야 한다.[6] 성서에서 언약 결혼(covenant marriage)은 "하나님의 결혼 계획"이자 "결혼의 핵심"으로 "성서의 메시지에 중심적"이며 "하나님 앞에서 엄숙하게 맺어진 평생의 언약 파트너십"이다.[7] 따라서 인간의 결혼은 남자와 여자 그리고 하나님—남자와 여자를 창조하시고 결혼을 제정하신 분-이 세 인격적 존재의 관계 안에서 이루어진다고 말할 수 있다. 분명, "결혼과 가족은 창조의 질서이다."[8]

이 점은 예수님의 말씀 속에서 분명하게 드러난다. 예수님은 바리새인들이 예수님을 시험하기 위해서 "사람이 어떤 이유가 있으면 그 아내를 버리는 것이 옳으니이까"(마 19:3)라고 물었을 때 이렇게 대답하셨다.

> 사람을 지으신 이가 본래 그들을 남자와 여자로 지으시고 말씀하시기를 그러므로 사람이 그 부모를 떠나서 아내에게 합하여 그 둘이 한 몸이 될지니라 하신 것을 읽지 못하였느냐 그런즉 이제 둘이 아니요 한 몸이니 그러므로 하나님이 짝지어 주신 것을 사람이 나누지 못할지니라 하시니.(마 19:4-6)

이것은 정확히 창세기 2장의 결혼에 대한 하나님의 말씀을 재천명한 것이다. 인간의 결혼은 '창조주 하나님 앞에서' 하는 것이다. 이런 점에서, 존 윈(John Charles Wynn)의 진술은 참으로 옳다.

> 결혼은 행복의 청사진뿐만 아니라 비극과 조우하기 때문에, 안정된 결혼은 낭만적 사랑보다 더 견고한 어떤 것으로부터 안출되어야 한다. 기독교의 결혼에서 이 요소는 결혼을 하는 데는 세 가지-남자, 여자 그리고 하나님-가 필요하다는 것을 인정하는 것이다…그것을 신성하게 하는 것은 그분의 임재이다. 그러므로 두 사람이 자신들의 선서를 할 때 그 약속은 서로에게 하는 것일 뿐만 아니라 하나님 앞에서 하는 것이다.[9]

이처럼, 결혼은 하나님으로부터 기원하며 인간의 가정도 하나님이 제정하신 결혼에 근거하여 형성된다. 하나님이 인간의 기원이실 뿐만 아니라 결혼의 기원과 가정의 기원이신 것이다. 따라서 가정생활과 결혼생활은 그 최고의 선을 위해 하나님의 뜻과 말씀을 따라야 한다. 그것이 행복한 가정생활, 행복한 결혼생활의 조건이요 비결이다.

## 가정의 형성 방식과 그것의 목적

창세기 2장 24절, 곧 "남자가 부모를 떠나 그의 아내와 합하여 둘이 한 몸을 이룰지로다"라는 말씀에 근거하여 볼 때, 결혼을 통한 가정의 형성 방식은 기본적으로 세 가지의 과정과 절차를 밟는다. 이 세 과정과 절차의 순서는 인간의 결혼을 위한 하나님의 의도일 뿐만 아니라 부부의 유익을 위해서도 매우 중요하다. 그리고 이런 과정을 걸쳐 새롭게 형성되는 가정은 세 가지 목적을 지닌다. 먼저 한 가정의 형성 방식에 관해 생각해보고자 한다.

첫째, 결혼을 통한 한 가정의 형성은 남자와 여자가 부모를 떠나는 것이다. "남자가 부모를 떠나…." 이것은 결혼의 '공적이고 법적인 면'[10]을 말한다. 곧 "떠나는 것은 남자나 여자 모두 자기 개인에게 속한 것들을 챙겨 가지고 부모가 계신 가정을 떠나가는 매우 공개적인 일이다."[11]

역사적으로 그리고 오늘날 결혼의 방식과 생활은 문화와 전통에 따라 여러 가지 형태로 서로 다를지라도, 성서적 관점에서 가장 근본적인 것은, 결혼은 두 사람이 각기 본래의 가정과 부모를 떠나 새로운 가정을 만드는 것이라는 것이다. 곧 아담과 하와가 하나님 앞에서 하나의 가정으로 세움을 받은 것처럼, 모든 가정의 자녀들은 결혼을 통해 하나님 앞에서 또 하나의 독립된 새 가정을 이루어가야 한다는 것이다.

이와 관련하여, 제임스 슬로터(James Slaughter)는 이렇게 말한다.

> 그럴듯하게 떠나는 것은 신체적이고 정서적인 이동 두 가지 모두를 수반한다. 새로운 가족 관계들과 자유의 자율성을 보증하기 위해서 부부는 그들 부모의 지붕 아래로부터 이사해 나오는 것이다…신체적으로 그리고 정서적으로 본래의 가족들을 떠나는 것은 남편과 아내가 자신들의 공동생활에서의 지도를 위해 하나님을 바라보면서 건강한 새로운 결혼과 가족을 세우는 것을 촉진시킨다.[12]

물론, 부모를 떠난다는 것은 부모를 저버려도 된다는 것이 아니다. 성서 전체에 걸쳐 부모 공경은 대인관계에서 가장 근본적인 태도로 제시된다(십계명 중 인간과 관련된 두 번째 부분의 첫 번째 계명인 다섯 번째 계명이 이 문제를 다룬다). 그래서 한 남자와 한 여자가 결혼을 위해 각기 자기 부모를 떠나 새로운 가정을 꾸밀지라도, 그들은 결코 부모 공경의 마음을 잃어서는 안 되며 그러한 실천을 등한시해서도 안 된다. 그것은 하나님 앞에서 바르지 않다.

둘째는 한 남자와 한 여자가 합하여 새로운 가정을 이루는 것이다. "…그의 아내와 합하여…." 이것은 결혼의 '개인적인 면'[13]이다.

여기서 "합하다"(unite)는 단단하게 하나로 뭉치거나 영구적으로 결합한다는 개념이 담겨져 있다.[14] 특히, 창세기 2장 24절의 이 본문은 일부일처혼(monogamy)을 주장한다.[15] 이와 관련하여 슬로터는 이렇게 쓴다.

> 창세기 2장 24절은 일부일처의 혼인, 곧 평생의 관계를 지닌 한 사람의 결혼 상대자를 주장한다. 남편과 아내에 대한 하나님의 이상적인 계획은 다른 이성과의 깊이 있는 친밀한 관계, 특히 육체관계(physical intimacy)를 인정하지 않는다. 영속성을 강조하는 이 본래의 계획은 또한 이혼을 반대한다.[16]

결혼은 한 남자와 한 여자의 결합을 의미한다. 한 남자와 여러 여자의 결합도, 여러 남자와 한 여자의 결합도, 한 여자와 한 여자의 결합도, 한 남자와 한 남자―성전환자를 포함하여―의 결합도 아니다. 분명히 "하나님의 계획은 언제나 '한 여자와 한 남자'로 이루어진 가족이었다."[17] 이 계획을 깨는 것은 죄다. 죄는 하나님의 심판을 초래한다.

남편이 아내와 합한다는 것은 둘이 서로 사랑한다는 것을 의미한다.[18] 그리고 그 사랑은 서로를 향해 약속한 사랑이며 서로에게 철저한 헌신을 다짐하는 사랑이다.[19] 다른 사랑에 대해서는 추구하지 않는 사랑이다. 그래서 그 사랑은 특별하고 구체적이다. 남편과 아내가 부부로서 서로 합하여 이루어가는 사랑은 "완숙한 사랑, 충실하게—한 사람에게 충실하게—남아 있기로 결정하고 이 한 사람과 그의 전 생애를 나누기로 한 사랑"[20]이다.

셋째는 그 둘이 한 몸을 이루는 것이다. "…둘이 한 몸을 이룰지로다." 이것은 '결혼의 육체적인 면'[21]이다. 부부인 남편과 아내가 육체적으로 결합하여 한 몸을 이루는 것은 결혼의 다른 두 요소인 부모를 떠나는 것 그리고 서로 연합하는 것과 더불어 결혼한 부부에 대한 하나님의 뜻이다. "남편과 아내 사이의 육체적인 결합은 그들의 성실함이나 결혼의 합법성만큼 소중하며, 하나님께 가까운 것"[22]이다.

이와 같이, 둘이 한 몸을 이루는 것은 육체적인 결합, 곧 성에서 성취된다. "성은 하나님의 선하고 완전한 창조의 일부"이자 "신실한 일부일처의 관계를 가진 자들을 위한 복"으로 "오늘날 역시 하나님께서는 기독교인들이 결혼의 범위 안에서 성을 누리기를 원하신다."[23] 특히, 한 몸을 이룬다는 것은 성관계를 통해 맺게 되는 부부 두 사람만의 특별한 인간관계를 의미한다. 남자와 여자는 성관계를 통해서 한 몸을 이룬다. 그러나 한 몸을 이루는 것은 육체적인 결합만을 의미하지 않는다. 그것은 두 사람이 자신들의 전부를 함께 나누는 것이다. 그렇다고 해서 서로의 존재를 상실해서는 안 된다. 진정한 의미에서, 남자와 여자가 한 몸을 이루는 것은 두 사람이 "몸과 혼과 영이 완전히 하나가 되면서도 다른 두 사람으로 남아 있는 것"[24]을 뜻한다. 이것은 두 인격체로서의 남편과 아내는 하나이면서도 둘이기에 언제나 계속적인 "하나 됨"을 위해 노력해야 한다는 것을 함축한다. 완

전한 하나 됨과 행복한 결혼생활은 저절로 이루어지는 것이 아니다.[25)

한 몸을 이루는 데-성적 결합-는 두 가지 목적이 있다. "결혼 언약(marriage covenant)에 대한 하나님의 좋은 선물"[26)로서의 성은 즐거움뿐만 아니라 하나님의 창조사역 그 두 가지 모두를 지향한다. 곧 두 사람이 성적 즐거움을 누리는 것과 하나님의 피조물들을 재생산하는 것이다.[27) 이것이 바로 "생육하고 번성하여 땅에 충만 하라"(창 1:28)는 말씀이 담고 있는 의미이다. 한 몸 됨의 조건인 성의 유희와 재생산과 관련하여 윌리엄 험(William E. Hulme)은 이렇게 말한다.

> 결혼에서 성의 역할은 삶에서 음식의 역할에 비유될 수 있다. 어떤 사람들은 살기 위해서 먹고 다른 사람들은 먹기 위해서 산다고 우리는 말한다. 재생산의 관점에서 결혼에서의 성은 살기 위해서 먹는 것에 비유한다. 결혼에서의 성의 성례전적 역할은 즐거운 활동으로서 먹는 것에 비유할 것이다. 만족을 높여주는 식욕과 맛이 있다. 음식을 함께 먹음으로써 갖게 되는 유대감이 있다. 그럴 때 생기는 감사의 마음은 그것의 종교적 의미(significance)를 분명하게 말해준다.[28)

그는 계속해서 말한다.

> 우리는 이것을 먹기 위해 사는 것으로 말할 수 있지만 실제로 이 경험들 각각은 삶의 특성(quality)이다. 이런 이유로, 성례전적 역할은 여전히 하나님이 그것을 제정하신대로 결혼생활의

온전한 의미 가운데 살기 위해서 먹는 양식에 있다. 이 기능들 중 두 가지 모두에서 성은 그저 후식으로만 여겨질 수 없다. 곧 성관계를 갖는 것은 좋으나 균형식에는 본질적인 것이 아니라고 생각할 수 없다. 남자와 여자 앞에 놓인 도전은 결혼의 이 두 가지 목적을 통합하는 것인데, 결혼생활은 성의 두 가지 목적을 조화시키는 것을 포함한다.[29]

이처럼, 가정의 형성은 하나님 안에서 부모를 떠나 한 남자와 한 여자가 합하여 한 몸을 이룸으로써 가능하게 되며 그 두 사람의 한 몸 됨을 통해 다시금 부모를 떠나게 될 새로운 존재들이 생겨나게 된다.

그러면 가정의 형성이 이와 같은 과정을 통해 이루어진다면, 결혼을 통한 가정과 가족 형성의 목적은 무엇인가? 사람에 따라 이것을 여러 가지로 말할 수 있겠지만, 성서적 관점에서 기본적으로 세 가지로 말할 수 있다.

첫째, 창조주 하나님을 섬기는 삶을 바탕으로 하나님의 창조 계획에 따라 자녀를 낳아 기르면서 하나님의 창조질서를 이어가는 것이다. 모든 가정은 "생육하고 번성하라"는 하나님의 명령을 본래적인 소명으로 받는다. 그러나 결혼과 관련하여 한 가지 분명히 해야 할 것은, 결혼은 자녀의 유무와 상관없이 한 남자와 한 여자의 결합으로 온전한 것이 된다는 것이다. 자녀는 결혼의 성립 조건과는 아무런 상관이 없다. "자녀가 없는 결혼도 역시 완전한 의미에서의 결혼"[3]이다. 왜냐하면 자녀는 결혼의 결과이지 조건이 아니기 때문이다.

둘째, 부부가 자기들 가정을 '믿음의 가정'으로 가꾸어 가는 것이다. 여기에서 선행조건은 부모가 먼저 믿음으로 살면서 자녀들을 믿음으로 이끌어 주는 것이다. 그것이 바람직한 모습이다. 성서적 관점에서 믿음이 빠진 가정은 온전한 가정이라고 말할 수 없다. 그런 이유로, 자녀들에게 제대로 믿음을 전수해 주지 못하는 가정도 온전한 가정 또는 바람직한 가정이라고 할 수 없다. 어느 정도 불쾌하게 들릴지 모르지만, 이것은 분명한 사실이다.

셋째, 부부가 서로를 격려하며 세워주는 것이다. 부부는 함께 함으로써 더 나은 존재가 될 수 있다. 루엘 하우(Reuel L. Howe)가 말하는 것처럼, "결혼은 남자와 여자가 서로에게 자신들을 나타내고 또 서로에게 알려지게 하려고 애쓰는 관계"이며, "결혼의 목적은 서로를 창조하는 것이다. 또는 다르게 말하면, 우리의 일은 우리가 그렇게 삶으로써 우리의 배우자들이 사는 것을 돕는 것이다."[31] 그래서 진정한 결혼생활은 남편과 아내 모두에게 유익을 제공한다. 그런 가정에 행복이 깃드는 것은 당연하다. 남편과 아내가 자신들을 지으시고 결혼의 제도를 제정하여 한 가정에서 함께 살아갈 수 있게 하신 창조주 하나님의 말씀을 듣고 존중하면서 서로를 사랑하고 서로를 위하는 삶을 살아갈 때 행복이 온다.[32]

이처럼, 결혼에는 하나님의 뜻과 계획이 담겨져 있고 결혼을 통한 가정의 형성에는 분명한 목적이 있다. 우리의 결혼과 우리의 가정이 하나님의 창조질서 안에 바르게 자리하려면 그 점을 분명하게 인식할 필요가 있다.

## 남자와 여자의 동등성

우리가 결혼과 가정의 문제를 다룰 때-더 근본적으로는 남자와 여자의 인간됨의 본질 문제를 논할 때-분명히 해야 할 것이 하나 있는데, 그것은 남자와 여자의 관계 또는 인격성의 문제이다. 남자와 여자의 관계는 어떤 것인가? 남자는 여자보다 우월한가? 달리 말하면, 여자는 남자보다 열등한가? 남자와 여자는 서로를 위해 존재하는가? 아니면 한쪽을 위해 존재하는가? 성서는 이런 물음들에 대해 무엇이라고 말하는가?

비록 하나님이 하와를 창조하실 때 아담을 "돕는 배필"로 창조하셨을지라도, 하나님은 "자기 형상 곧 하나님의 형상대로 사람을 창조하"셨기 때문에 인격성에 있어서 남자와 여자는 동등하며 그래서 남편과 아내도 기능과 역할이 다를 뿐 인간됨에서는 동등하다.[33] 그리고 당연히 각자 인간으로서의 고유함을 지니고 있다. 이슬람교에서 보듯이, 여자는 남자의 종속물이 아니며 남자에 비해 열등하거나 불완전한 인간도 아니다(이슬람교에서 가르치듯이, 만일 여자가 불완전하거나 남자보다 열등한 존재라면, 그 불완전한 여성을 통해 세상에 태어난 남자는 또한 열등하고 불완전한 존재일 것이다. 불완전한 곳에서 완전한 것이 나올 수 없기 때문이다. 이런 점에서, 무슬림 남자들은 자기모순에 빠지고 만다). 여자는 그 자체로서 하나님의 형상을 따라 지음 받은 완전한 인격체로서 온전한 인간이다.[34] 이와 관련하여 엘머 타운즈(Elmer L. Towns)는 이렇게 말한다.

이것[제5계명]은 가족 단위에서 자녀들과 부모의 관계를 나타낸다. 아버지와 어머니의 동동성이 이 계명에 새겨져있다. 어머니는 아버지와 마찬가지로 가족의 우두머리로 존중받는다. 이와 같이 이 계명에서 어머니가 존중과 권위의 위치에 있다는 것은 의심의 여지가 없다. 그러므로 하나님의 영원한 계획에서 여성은 (이슬람교에서처럼) 결코 소지품이나 재산 또는 열등한 존재가 아니라 인생에서 자신의 가장 고귀한 소명인 어머니였다. 어머니는 종속적이지 않고 아버지와 똑같이 자녀들로부터 존중을 받아야 한다.[35)]

같은 맥락에서, D. A. 카슨(D. A. Carson)은 이렇게 말한다.

창세기의 처음 장들은 인간, 곧 남자와 여자는 동등하게 하나님의 형상대로 지음 받았다고 주장하면서 또한 여자는 돕는 배필(helper)로 지음 받았다고 주장한다. 그러나 남자와 여자는 하나의 결합(union), 성적 결합, 결혼 결합으로 합치게 된다. 자손대대로 남자가 자신의 가족을 떠나고 여자가 자신의 가족을 떠나서 두 사람이 새 관계, 곧 새로운 결혼생활을 시작하고 두 사람이 하나가 되는 하나의 양식(pattern)이 정해졌다.[36)]

그는 계속해서 말한다.

결혼에 대해 몇몇 다른 것들이 제공하는 것보다 상당히 다른 묘사(picture)도 있다. 남자와 여자는 단지 조금 나은 동물들이 아니다. 말하자면, 이것은 가장 많은 여자들을 소유하고 있는 가장 강력한 군주가 있는 고대 근동의 하렘에 대한 묘사가 아니다. 거기에서 각 여자는 소유물, 곧 단연코 그리고 본질적으로 더 열등한 존재에 불과하다. 성서가 묘사하는 바에 따르면, 그녀는 남자로부터 온다. 그녀는 그와 하나이다. 솔직하게 말해서, 그녀는 다르다. 우선, 그녀는 (남자와) 똑같지 않으며 그의 성적 짝이자 정서적 짝이다. 그러므로 결혼으로 둘은 "한 몸"(one flesh)이 된다. 그러나 여기에는 궁극적으로 성서의 그 후 장들에서 전개되는 다른 관계들의 모범이 되는 결혼의 비전이 있다.[37)]

우리는 남자를 대할 때 또는 여자를 대할 때, 남편을 대할 때 또는 아내를 대할 때 동등한 인격을 지닌 사람으로 대해야 한다. 남자와 여자는 두 사람 모두 하나님의 형상대로 지음 받아 동등한 인격을 지닌 존재들이다. 그래서 남편과 아내는 서로 사랑하고 존중해야 한다는 것을 잊지 않아야 한다. 가정에 문제가 생길 때 그 근저에는 이런 문제가 있는 경우가 많다.

## 기독교 가정

가정은 하나님의 창조질서의 일부이며 믿음의 가정은 하나님의 은혜에 근거한다. 윈이 말하는 것처럼, "하나의 가족은 하나님의 은혜에 의해서 기독교 가정이 된다. 그들은 자신들의 관계를 통해서 그리고 자신들의 공동의 예배 안에서 그분을 알게 된다."[38)] 하나님의 은혜에 바탕을 둔 믿음은 하나의 가정이 하나님의 가정이 되는 전제 조건이다. 모든 가정은 믿음이 있어야 하나님의 가정이 될 수 있다.

더욱이, 하나님의 가정에서, 곧 하나님을 섬기는 믿음의 가정이라는 환경에서 자녀들은 믿음의 세계를 호흡하게 되고 하나님과 친밀한 관계를 맺는 것이 무엇인지를 느끼고 경험하여 알게 된다. 가족은 자녀를 위한 신앙양육의 중심적인 환경이요 풍토이다. "하나님이 정의하시고 또 계획하신 가족은 역동적인 관계들의 모체를 통해서 성장을 촉진하는 독특한 친밀감의 분위기를 창출한다."[39] 그래서 믿음의 가정에서 관계들은 좋아야 한다.

그리스도인은 하나님이 자기 인생의 기원과 주인이 되심을 믿는다. 또한 하나님이 자신의 결혼과 가정생활의 주인이 되심도 믿는다. 그래서 그는 가정생활을 포함하여 인생의 모든 과정에서 하나님의 뜻을 구하고 하나님이 기뻐하시는 일을 하려고 항상 애쓴다. 하나님은 믿음의 가정과 가족을 통해서 자신의 계획을 이루어 가기를 원하신다. 그래서 믿음의 가정은 언제나 하나님이 성서에서 결혼과 가정에 대해 의도하시고 계획하시고 명하신 것을 거스르지 않도록 주의해야 한다.

기독교 가정이 해야 할 것들 중에 분명한 것 두 가지가 있다(이것은 위에서 살펴본 가정의 목적과 일맥상통한다). 하나는 전 가족이 하나님을 섬기고 예배하는 것이다. 이것은 믿음의 가정의 본질적이며 가장 근본적인 차원이다. 다른 하나는 믿음의 부모가 자녀(들)를 믿음으로 양육하여 장차 자신들을 떠나 새로운 가정을 꾸릴 때 자신들처럼 하나님을 믿고 섬기게 하는 것이다. 이 두 가지 실천이 바르게 행해지는 가정은 생명력 있는 믿음의 가정, 하나님의 가정임에 틀림없다.

찬송가 559장 〈사철에 봄바람 불어 잇고〉에는 하나님을 섬기는 가정의 복되고 아름다운 삶이 분명하게 녹아 있다.

1. 사철에 봄바람 불어 잇고 하나님 아버지 모셨으니
   믿음의 반석도 든든하다 우리집 즐거운 동산이라.
2. 어버이 우리를 고이시고 동기들 사랑에 뭉쳐 있고
   기쁨과 설움도 같이 하니 한 간의 초가도 천국이라
3. 아침과 저녁에 수고하여 다 같이 일하는 온 식구가
   한상에 둘러서 먹고 마셔 여기가 우리의 낙원이라
(후렴) 고마워라 임마누엘 예수만 섬기는 우리집
   고마워라 임마누엘 복되고 즐거운 하루하루

우리 모두 하나님 안에서 남편과 함께, 아내와 함께 그리고 자녀(들)와 함께 이런 화목하고 행복한 가정을 마음에 품고 서로 사랑하면서 매일매일 복된 삶을 살아가도록 하자.

# CHAPTER
## 02

# 행복한 가정,
# 행복한 삶과 신앙교육의 기본 환경

　전에 〈부부클리닉 사랑과 전쟁2〉라는 텔레비전 프로를 종종 본적이 있다. 가정과 부부의 문제를 다루고 있었기 때문이다. 그 프로의 진행자(배우 강석우)는 그 프로를 마치면서 시청자들을 향해 이렇게 물었다. "자, 지금 여러분의 가정은 행복하십니까?" 문제 있는 가정, 문제 있는 부부의 문제를 다룬 후에, 역설적으로 시청자들로 하여금 행복의 문제를 다시금 생각하도록 물은 것이다.

　그 물음은 나 자신에게도, 또 독자 여러분 자신에게도 동일하게 묻고 대답할 필요가 있는 물음인 것 같다. "지금 나는, 그리고 나의 가정은 행복한가?" 그리고 "지금 여러분은, 그리고 여러분의 가정은 행복합니까?"

## 행복, 인간의 공통적인 관심사

제대로 된 사람이라면 누구나 행복을 꿈꾼다. 불행을 바라는 사람은 아무도 없다. 비록 저마다 행복의 기준과 내용이 다를지라도 행복 자체를 바라고 꿈꾸는 것은 모든 사람이 같다. 이처럼, 행복은 모든 인간의 보편적인 관심사이다. 이와 관련하여, 진 바니에(Jean Vanier)는 이렇게 말한다. "행복은 사람들이 그 밖에 무엇이라고 말하든지 우리들 삶의 큰 관심사이다…행복하다는 것, 행복을 아는 것은 모든 인간의 큰 소원이다. 아마도 우리는 우리가 행복에 이르는 수단에서 다를지 모르지만, 우리 모두는 행복하기를 원한다. 그것이 우리의 큰 열망이다."[1]

같은 맥락에서, 블레이즈 파스칼(Blaise Pascal)은 이렇게 말한다.

> 모든 사람은 행복을 추구한다. 거기에는 예외가 없다. 사람들이 사용하는 다양한 수단과는 상관없이, 모두가 결국에는 행복을 원한다…사람은 행복을 위해서가 아니면 결코 사소한 결심도 하지 않는다. 이것이 모든 사람들이 행하는 모든 행동의 동기며, 심지어 스스로 목을 매는 사람에게도 그렇다.[2]

그래서 아마도 돈이나 권력 또는 성적 쾌락을 갈망하는 것은 일종의 행복에의 추구일 것이다. 그러나 불행하게도 그리고 역설적이게도 많은 사람들이 행복을 추구하면서도 행복을 얻지 못하고 사는 것이 사실이다. 일시적인 만족을 누리기는 하지만 삶의 근본적인 면에서는 행복을 느끼지 못하고 살아가는 것이다.

그러면 왜 그럴까? 아마도 그 이유는 두 가지일 것이다.

첫째, 행복은 추구해서 얻을 수 있는 성질의 것이 아니기 때문이다. 행복은 추구할 수는 있지만 스스로 노력해서 얻을 수 있는 것은 아니다. 행복은 무지개와 같아서 잡으려고 할수록 멀어진다. 오히려 행복은 주어지는 것이다. 그것보다 더 큰 것으로부터 오는 것이다. 특히, 의미 있는 일과 더불어 오는 것이다. 그래서 폴 스티븐스(R. Paul Stevens)는 "아주 많은 다른 좋은 경험들과 같이, 행복은 행복보다 더 좋은 어떤 것, 곧 교제, 안전, 충실 그리고 이십세기의 금지사항인 희생의 부산물이다"[3]라고 말한다. 스티븐스가 적절하게 지적하듯이, 행복은 분명 주산물이 아니라 부산물이다. 곧 행복은 "산출적인" 요소가 아니라 "파생적인" 요소이다.

둘째, 자기 삶에 행복의 참된 내용을 담고 살지 않기 때문이다. 곧 참된 행복의 근원이 아닌 것들을 추구하거나 붙잡고 살면서 행복을 느낄 수 있기를 바라는 것이다. 사실, 많은 사람들의 행복 추구의 삶이 바로 이런 모습이다. 그러나 그들은 그런 것들을 통해 일시적인 만족과 기쁨을 얻고는 곧이어 허무감에 빠져서 아주 오래 전에 전도자가 고백했던 것처럼 고백하기 십상이다. "헛되고 헛되며 헛되고 헛되니 모든 것이 헛되도다"(전 1:2). "내 손으로 한 모든 일과 내가 수고한 모든 것이 다 헛되어 바람을 잡는 것이며 해 아래에서 무익한 것이로다"(전 2:11).

행복은 행복의 올바른 내용을 바탕으로 행복의 본질과 성격에 반하지 않는 삶을 살아갈 때 주어지는 하나님의 선물이다.

## 하나님, 행복의 근원: 하나님과 함께 행복하라

미련하게도 우리는 잘못된 것들—돈, 권력 그리고 성적 쾌락 등—을 통해서 행복을 얻으려는 경향이 있다. 그것이 지혜로운 것이라고 생각한다. 그러나 그런 추구는 무더운 날 바닷물을 마시는 것과 같다. 바닷물은 마시면 마실수록 갈증이 더 심해진다. 마찬가지로, 우리가 행복을 잘못 추구할수록 우리의 내적 갈증은 더 심해지고 마음의 공백은 더욱 커진다.

모세는 모든 것의 결핍을 상징하는 곳인 광야를 지나던 이스라엘 백성에게 하는 설교에서 이렇게 선포했다. "이스라엘이여 너는 행복한 사람이로다 여호와의 구원을 너 같이 얻은 백성이 누구냐"(신 33:29). 그러면 왜 모세는 모든 것이 불충분한 광야를 지나가고 있던 이스라엘 백성을 행복한 사람들이라고 말했는가? 실제로는 자신들의 기본적인 의식주 문제도 제대로 해결하지 못하는 궁핍하고 무능하고 불행한 사람들이 아니었던가? 왜냐하면 그들은 행복의 근원이신 하나님으로부터 택함을 받고 그분의 구원과 사랑을 경험한 백성이 되었기 때문이다. 그들은 구약에서 충실한 사랑을 뜻하는 헤세드(hesed), 곧 언약 사랑(covenant love)을 받는 행복한 사람들이었다.[4] 비록 그들이 종종 그 사랑을 저버림으로써 하나님의 심판과 징벌을 받았을지라도 말이다.

인간은 자신을 지으신 하나님을 떠나서는 결코 온전한 만족을 누릴 수 없다. 온전히 행복할 수 없다. 파스칼은 이 점에 대해서 이렇게 말한다.

한때 인간에게는 참 행복이 있었다. 이제는 그 행복의 어둠과 공허함의 상처만이 인간에게 남아 있다. 인간은 주변의 것들로 그 참 행복을 채우고자 헛되이 노력하고 있으며, 존재하는 것에서 그 도움을 찾지 못하고 존재하지 않는 곳에서 찾는다. 하지만 이런 것들은 모두 부적절하다. 왜냐하면 마음의 심연은 영원하고 불변하는 것, 즉 하나님 한 분만이 채울 수 있기 때문이다.[5]

또한 케네스 보아(Kenneth Boa)는 이렇게 말한다.

우리가 인생에서 소망하는 것이 무엇인가? 우리는 부, 명성, 권력 그리고 인기를 갈망할 것이다. 하지만 그런 것들은 내적인 자아가 원하는 것이 아니라 외적인 갈망들이다. 그리스도 안에 있는 믿는 자들로서 우리는 "속사람으로는 하나님의 법을 즐거워한다"(롬 7:22). 그리고 의미, 목적, 만족에 대한 가장 깊은 곳에서의 갈망은 인생을 지으신 분을 아는 지식만이 채워줄 수 있다.[6]

파스칼이 바르게 진술하는 것처럼, 하나님만이 인간의 깊은 필요를 채우실 수 있다. 하나님만이 인간을 참되게 행복하게 하실 수 있다. 그리고 보아가 말하는 것처럼, 내적인 자아가 원하는 것, 인간의 가장 깊은 곳에서 요구하는 갈망은 인간을 지으신 하나님을 통해서만 해결될 수 있다.

1980년대 중반에 가수 조경수 씨가 불러 대중의 사랑을 받았던 "행복이란" 노래의 노랫말에는 이런 고백이 담겨있다. "행복이 무엇인지 알 수는 없잖아요 / 당신 없는 행복이란 있을 수 없잖아요 / 이 생명 다 바쳐서 당신을 사랑하리 / 이 목숨 다 바쳐서 영원히 사랑하리 / 이별만은 말아줘요 내 곁에 있어줘요 / 당신 없는 행복이란 있을 수 없잖아요."

하나님은 행복의 근원이시다. 하나님 없는 행복이란 있을 수 없다. 그래서 "여호와를 자기 하나님으로 삼는 백성은 복이 있도다"(시 144:15). 그런 사람은 행복하다.

진정, 하나님 없는 행복이란 있을 수 없다. 하나님 곁에 있을 때 행복할 수 있다. 하나님과 함께 할 때 행복하다. 그러므로 우리는 계속해서 하나님과 함께 행복한 삶을 바라야 하고 그분과 함께 행복해야 한다.

## 하나님이 계신 가정의 행복한 삶

하나님은 행복의 근원이시라는 말은 가정에도 동일하게 적용된다. 하나님은 개인의 행복의 근원이시지만 또한 가정의 행복의 근원도 되신다. 물론, 교회의 행복의 근원이 되심은 두 말할 필요가 없다.

가정의 행복의 영적 토대는 만물의 근원이자 행복의 근원이신 하나님이다. 그리고 가정의 행복의 일차적 풍토는 가족 구성원 간의 사랑이다. 특히, 행복한 가정의 출발점은 하나님 안에서 부부의 행복한 결혼생활이다. 부부가 불화한데 가정이 행복할 수 없고 부부사이가 불행한데 자녀들이 행복할 수 없다. 부부가 서로 사랑하고 그로 인해 화목한 가정은 행복하다. 자녀들도 행복하다. 행복하고 화목한 가정의 출발점은 부부의 행복인 것이다. 이런 점에서, 자넬 라돈(Janell Rardon)의 말은 참으로 옳다. "남편과 아내가 자녀들에게 줄 수 있는 최고의 선물은 행복한 결혼생활이다."[7]

아내와 나는 싸우는 일이 거의 없지만(전혀 문제가 없거나 완전한 부부—그런 부부는 없다—라서가 아니라 개인적으로 싸우는 것을 별로 좋아하지 않을 뿐만 아니라 어쩔 수 없는 경우를 제외하고 가능하면 싸울 일을 거의 만들지 않기 때문이다), 그래도 가끔 아내와 대화를 나누다 보면 이런저런 일로 언성을 높이게 될 때가 있다. 그러면 곧바로 막내인 지인이가 기분 나쁜 듯이 "엄마, 아빠, 싸우지 마세요!"라고 말한다. 그러면 나는 "지인아, 지금 엄마와 아빠가 싸우는 것이 아니야. 다만 의견의 차이가 있어서 조금 큰 목소리로 말하는 것뿐이야!"라고 말하게 되는데, 그때에도 지인이는 그렇게도 하지 말라고 말한다. 그러면 나는 "알았어!"라고 말하고는 우리 소리를 낮춘다. 지인이에게는 엄마와 아빠가 싸우는 것처럼 보이면 마음이 불편해 지거나 불안해 지는가 보다. 그만큼 부부의 삶과 행동은 자녀들에게 큰 영향을 미친다.

그러나 가정의 행복은 단지 부부만 사랑한다고 해서, 또한 행복한 가정을 꿈꾸기만 한다고 해서 성취되는 것이 아니다. 부모와 자녀 그리고 자녀들 사이에, 곧 가족 구성원 전체에 사랑과 존중이 있어야 한다. 하나님 안에서 가족 구성원 모두가 서로를 사랑하고 아껴주고 배려하면서 행복한 가정을 가꾸려고 노력할 때 가정은 행복하게 될 수 있다.

더욱이, 행복한 가정은 좋은 신앙교육의 기본 환경이다(가정

환경과 가정에서의 신앙교육의 밀접한 관계성에 대해서는 앞으로 다루게 될 것이다).[8] 현대 기독교 교육학의 아버지로 불리는 호레이스 부쉬넬(Horace Bushnell)이 말하는 것처럼, "가정의 작용이 무엇이든지 가족들에게 모두 함께 작용한다."[9] 그래서 행복한 가정의 풍토 가운데서 "가정의 영은 양육에 의해서 그 구성원 안에 존재하게 된다. 가르침에 의해서도 아니고 소통하려는 시도에 의해서도 아니다. 그것은 자녀들이 숨 쉬는 공기이기 때문이다."[10] 이처럼, "어린이는 가정의 대기를 숨 쉬며 부모의 눈을 통해 세상을 본다. 부모의 목표가 어린이의 목표가 되며, 그들의 삶과 영이 어린이의 모습을 만든다…어린이는 부모들 안에서 살고, 움직이며 그 존재를 가진다."[11] 부쉬넬은 가정의 이런 특성을 "가정의 유기적 작용"이라고 말하는데 아주 통찰력 있는 언급이다.

그러므로 부모는 무엇보다도 먼저 행복한 경혼생활을 통해 가정을 행복이 가득한 곳으로 만들기 위해 늘 노력하고 힘쓸 필요가 있다. 그런 생활을 통해 행복이 가정에 스미게 할 필요가 있다. 행복한 결혼생활을 통해 가정을 행복한 가정으로 가꾸는 일은 부모에게 책임이며 소명이자 감당해야 할 사명이다. 그렇게 하는 일이 결코 쉬운 일은 아니지만 불가능한 것이 아닐뿐더러 매우 의미 있고 보람된 일이다.

행복은 하나님으로부터 온다. 그리고 하나님께 근거한 부모의 행복한 삶은 자녀들에게 그대로 전해진다. 이런 유기적 작용과 흐름 속에서 가정에 행복이 작용하게 된다. 이런 환경에서 살아가면, 우리는 "지금 당신의 가정은 행복하십니까?" "지금 나는,

그리고 나의 가정은 행복한가?" 그리고 "여러분은, 그리고 여러분의 가정은 행복합니까?"라는 물음에 "예, 그래요"라고 분명하게 대답할 수 있게 된다.

CHAPTER
03

# 나, 너 그리고 우리: 가정의 우리 됨

송창식 씨가 불렀고 많은 이들의 사랑을 받았던 〈우리는〉이라는 노래는 "함께 함"이 지니는 힘과 희망과 넉넉함을 잘 나타내준다. "우리는 빛이 없는 어둠속에서도 찾을 수 있는 / 우리는 아주 작은 몸짓 하나라도 느낄 수 있는 우리는…우리는 바람 부는 벌판에서도 외롭지 않은 / 우리는 마주잡은 손끝 하나로 너무 충분한 우리는…우리는 연인." 이 노래는 혼자가 아니고 둘이라면, 그것도 서로를 사랑하는 사람들 둘이라면 힘들고 어렵고 고독한 상황도 능히 이겨내고 넉넉히 견디어 나갈 수 있음을 노래한다. 서로에 대한 강한 친밀함과 둘이 형성해 가는 관계의 깊이를 담는 멋진 삶의 세계를 노래한다. 그래서 이 노래의 핵심어는 노래의 제목에서 느낄 수 있듯이 "우리"이다. 물론, 이 노래에서 우리란 말은 서로 사랑하는 연인을 의미하지만 그러나 그 말은 본질적으로 더 넓은 관계의 지평을 내포한다.

"우리"라는 말은 인간됨의 본질과 근본적인 차원을 나타낸다. 나만도 아닌, 그렇다고 너만도 아닌 나와 너, 곧 내가 있고 네가 있음으로, 그리고 네가 있고 내가 있음으로 자연스럽게 형성되는 상호 관계—우리 됨—를 함축한다. 그래서 우리의 삶이 인간다움을 풍성하게 지니려면 인간의 삶이 지니는 "우리" 차원을 간과해서는 안 된다. 특히, 가정생활이나 교회생활과 관련해서는 더욱 그렇다.

## 하나님은 공동체: 하나님의 본질로서의 삼위일체성

사도 바울은 고린도교회에 보내는 편지를 마무리하면서 이렇게 기원한다. "주 예수 그리스도의 은혜와 하나님의 사랑과 성령의 교통하심이 너희 무리와 함께 있을지어다"(고후 13:13). 이 구절은 하나님이 삼위일체이심을 나타내는 분명하고 대표적인 성서의 구절이다.[1]

이 구절은 삼위일체와 관련된 것이기도 하지만 동시에 하나님이 공동체이심과 관계적 존재이심을 나타내는 말이기도 하다. 공동체와 관계는 삼위일체라는 말 속에 담겨 있는 두 가지 핵심 개념이다. 이와 관련하여, 스탠리 그렌츠(Stanley J. Grenz)는 이렇게 말한다.

> 하나님의 삼위일체적 본성은, 하나님은 사회적 또는 관계적이라는 것—하나님은 '사회적 삼위일체'(social Trinity)이시다—을 의미한다. 그리고 이런 이유로 하나님은 '공동체'라고 우리는 말할 수 있다. 하나님은 완전하고 영원한 사귐을 누리는 성부, 성

자 그리고 성령의 공동체이시다.[2]

　다른 한편으로, 다니엘 미글리오리(Daniel L. Migliore)는 우리가 하나님을 삼위일체라고 고백하는 것은 세 가지를 확언하는 것이라고 말한다.[3] 첫째, "하나님의 영원한 생명은 관계 안에서의 개인적인(personal) 삶이라는 것을 확언하는 것이다." 둘째, "하나님은 공동체 안에서 존재하신다는 것을 확언하는 것이다." 셋째, "하나님의 생명은 본질적으로 자기를 주는 사랑이라는 것을 확언하는 것이다." 관계, 공동체 그리고 자기를 주는 사랑은 모두 이타적인 개념, 곧 공동체를 내포하는 개념이다.

　하나님은 공동체이시다. 하나님은 나(I)일뿐만 아니라 우리(We)이시다. 그래서 우리는 '태초에 공동체-하나님 공동체-가 있었다'(물론, 그 공동체는 예전에도 계셨고 지금도 계시며 앞으로도 영원히 계실 것이다. 왜냐하면 하나님은 영원하신 분이기 때문이다)라고 말할 수 있는데, 그 삼위일체 공동체 하나님이 존재하는 모든 것, 곧 하늘과 땅 그리고 그 가운데 있는 모든 것을 창조하셨다. 공동체로서의 삼위일체 하나님-참된 공동체이자 모든 공동체의 표본-께는 사귐이 있다. 사귐은 삼위일체 하나님의 존재와 관계 방식이요 생활방식이다.

　하나님의 피조물인 인간은 자신의 창조주이신 하나님을 알아야 한다. 왜냐하면 하나님을 아는 지식과 우리를 아는 지식은 나눌 수 없기 때문이다. 미글리오리가 말하는 것처럼, "하나님에 대한 우리의 지식과 우리 자신에 대한 우리의 지식은 언제나 풀릴 수 없게 합쳐져 있다."[4] 분명, 하나님을 아는 것은 우리를 아는 것이다. 하나님을 알지 못하면 우리는 우리 자신을 제대로 아는 것이 아닌 것이다.

이런 점에서, 하나님의 사귐은 인간의 사귐에 대한 본질적이고 전형적인 예다. 하나님의 사귐을 알면 우리들 사귐의 성격은 어떠해야 하는지 알 수 있게 된다. 하나님은 인간을 지으실 때 자신의 존재론적 성격을 바탕으로 지으셨다. 그런 이유로 인간의 삶은 하나님의 본질과 뜻과 의도를 반영할 때 바르다. 우리는 공동체를 존중하면서 관계적인 삶을 살아야 하는 "공동체적 인간"임을 늘 기억할 필요가 있는 것이다. 사회나 신앙공동체로서의 교회에 대해서 뿐만 아니라 가족 공동체인 가정에 대해서도 그렇게 해야 함은 물론이다.

## 인간은 공동체: 인간됨의 중요한 특성으로서의 공동체성

하나님이 나일뿐만 아니라 우리이신 것처럼, 인간도 나일뿐만 아니라 우리이다. 나이면서 우리이신 하나님이 동일하게 인간을 나이면서 우리로 창조하셨다. 그래서 우리로서의 인간은 본질적으로 공동체적 존재이며,[5] 인간의 공동체성은 인간됨에서 근본적인 것이기에 인간은 공동체와 더불어 관계적으로 살아야 한다. 인간은 이 세상에서 외딴 섬처럼 살 수 없고 많은 섬처럼 살아야 하는 것이다. 진정, "공동체 안에서 알고 행하고 존재하는 것은 인간 존재의 본질적인 면이다."[6]

물론, 인간이 관계적으로 살아야 하는 공동체적 존재라고 해서 인간 삶의 개인적인 차원을 무시하거나 경시할 수는 없다. 그렇게 되어서도 안 된다. 공동체적 삶이 없는 개인적인 삶은 불가능하거나 불완전한 것처럼, 개인적인 삶이 없는 공동체적 삶은 무가치하고 비인간적이다. 그래서 쉬운 일은 아니지만, 우리는 늘 인간 삶의 이 두 차원—개체성과 공동체성, 개인과 공동체—을 함께 고려하고 유지하려고 애쓸 필요가 있다.

이것은 신앙공동체에도 동일하게 적용되어야 한다. 한 사람의 교인은 개인의 영적 성장을 위해 힘써야 하지만 동시에 신앙공동체 전체를 세우는 일에도 관심을 기울여야 한다. 그것이 성서가 강조하는 교훈이며 균형 있고 바람직한 신앙생활이다.

당연하게도, 성서는 개인의 영적 변화와 성장을 강조한다. 바울은 로마에 있는 교인들을 향하여 "너희는 이 세대를 본받지 말고 오직 마음을 새롭게 함으로 변화를 받아 하나님의 선하시고 기뻐하시고 온전하신 뜻이 무엇인지 분별하도록 하라"(롬 12:2)고 권면한다. 로마서의 수신자들인 "너희"는 공동체로서 공동체적인 변화를 추구해야 하지만 그것은 "너희" 속의 "너"라는 각 개인의 변화가 전제되거나 공동체의 변화와 병행되어야 한다. "너희"와 "너"가 함께 변화를 받아야 하는 것이다.

바울은 또한 믿음의 아들 디모데를 향하여는 이렇게 권면한다. "오직 너 하나님의 사람아 이것들을 피하고 의와 경건과 믿음과 사랑과 인내와 온유를 따르며 믿음의 선한 싸움을 싸우라 영생을 취하라 이를 위하여 네가 부르심을 받았고 많은 증인 앞에서 선한 증언을 하였도다"(딤전 6:11-12).

영적 변화란 하나님을 거부하는 삶에서 하나님께 순종하는 삶으로의 전환을 말한다. 불신앙에서 신앙으로, 불순종에서 순종으로의 전환이다. 그것이 바로 회심이다. 영적 성장은 언제나 영적 변화에 근거한다. 영적 변화가 없는 영적 성장이란 없다. 그러므로 각 그리스도인은 영적 변화를 바탕으로 계속해서 영적 성장을 추구하며 살 필요가 있다.

그러나 그리스도인들은 자기 자신의 계속적인 영적 변화와 영적 성장에만 관심을 기울여서는 안 된다. 왜냐하면 한 사람의 영적 삶은 언제나 신앙 공동체와의 관계 안에서 영위되어야 하기 때문이다. 기독교 신앙은 개인적일 뿐만 아니라 공동체적이다. 예수 그리스도를 구주와 주님으로 영접하는 사람은 예수 그리스도를 믿고 따르는 그리스도인, 곧 그분의 제자가 될 뿐만 아니라 그분이 머리가 되시는 그분의 몸인 교회의 한 지체가 되는 것이다. 그래서 영적 성장은 신앙 공동체 지체들과의 상호작용을 통해서 가장 잘 이루어진다. 이런 맥락에서, 사도 바울은 그리스도인들을 "그리스도 안에서 한 몸이" 된 "지체"(롬 12:5)로 명명하면서 이렇게 권면했다. "우리가 다 하나님의 아들을 믿는 것과 아는 일에 하나가 되어 온전한 사람을 이루어 그리스도의 장성한 분량이 충만한 데까지 이르리니…오직 사랑 안에서 참된 것을 하여 범사에 그에게까지 자랄지라 그는 머리니 곧 그리스도라"(엡 4:13, 15).

교회 안에 여러 직분이 있는 것은 "성도를 온전케" 함으로써, 곧 성도를 준비시켜서 "봉사의 일을 하게 하"는 것인데, 그 목적은 "그리스도의 몸을 세우려 하"는 것이다(엡 4:11-12를 보라). 곧 신앙의 공동체로서의 교회를 세우는 것이다.

교회는 여러 사람으로 이루어진다. 그래서 교회는 우리다. 교회가 온전히 세워져 가려면 이 점을 분명히 깨닫고 잊지 않아야 한다.

## 가정 속의 나, 너 그리고 우리

위에서 강조해온 것처럼, 신앙은 언제나 "우리"라는 공동체의 정황을 바탕으로 한다. 그리고 늘 공동체를 지향한다. 이런 점에서, 그렌츠의 말은 설득력이 있고 옳다.

> 하나님의 형상이 되도록 하나님이 주신 우리의 운명은 그분의 은혜로운 선물인 창조주 앞에서의 특별한 지위와 함께 시작된다. 그것은 우리들 삶이 영광스럽게 새로워질 때-그것은 장래에 우리를 기다리고 있다-그 목표(goal)가 달성된다. 그러나 그것은 우리가 현재에도 부분적으로 경험할 수 있는 특별한 교제, 곧 공동체를 특별히 누리는 것에 초점을 맞춘다.[7]

교회가 공동체-특히 신앙 공동체-이듯이, 가정 또한 공동체-가족 공동체-이다. 그래서 가정이라는 공동체가 바르고 건강하게 세워져 가려면, 우리는 가정의 "우리 됨"을 인정하고 중시해야 한다.

한 남자와 한 여자가 결혼을 통해 가정을 꾸미는 순간 새로운 공동체가 생기고 언약적 우리 관계가 형성된다. 그러나 여기에는 어려움이 따른다. 버지니아 사티어(Virginia Satir)가 말하는 것처럼, "두 사람이 한 단위를 이루며 함께 산다는 것은 아무리 잘해도 매우 힘든 일이다."[8] 게다가, 새롭게 형성된 가정에 자녀(들)가 태어나면 사는 것이 훨씬 더 복잡해지고 힘들어 지기도 한다.

가족을 이루는 구성원들의 역할에는 세 가지 중요한 차원이 있다. 그것들은 모두 가족의 "우리 됨"을 나타내는데, 그 세 차원은 부부의 차원, 부모 자녀의 차원 그리고 형제자매의 차원이다.[9] 그들의 역할과 차원은 서로 다르다. 가족 구성원들 각각은 개별적인 존재로서 각자 자기의 고유한 삶을 살 필요가 있다. 그러나 가족을 구성하고 형성하는 일에 개별성만 있으면 그 가정은 와해되기 쉽다. 오히려 건강한 가정을 이루려면 우리라는 가정의 띠 안에서 개별성이 발휘될 필요가 있다. 왜냐하면 가족은 본래 유기적인 관계로 이루어지기 때문이다.

사티어는 부부와 관련하여 가족의 "우리 차원"을 다음과 같이 말한다(그녀의 말은 가족 전체의 정황과 연결시켜 이해해도 무방하다).

> 부부에게는 세 가지 부분이 있다. 너와 나 그리고 우리이다. 각각 중요하고 자체의 생명을 가지고 있으며 상대방을 더욱 가능성 있게 만드는 두 사람이 모여 만드는 세 부분이 바로 그것이다. 그리하여 나는 너를 더욱 가능성 있게 만들며 너는 나를 더욱 가능성 있게 만들고 나는 우리를 더욱 가능성 있게 만들며, 너는 우리를 더욱 가능성 있게 하고, 우리는 나와 너 각각을 더욱 가능성 있게 만든다…사랑은 어느 한 부분이 우세하지 않고 이들 세 부분들이 모두 존재하는 곳에서만 참으로 번성할 수 있다.[10]

행복한 가정, 건강한 가정[11]에는 우리 됨이 있다. 그런 가정에는 가족 구성원 각자가 서로를 사랑하고 존중하면서 서로를 더욱 가능성 있게 만들고 그 결과로 우리로서의 가족 전체를 더욱 가능성 있게 만드는 상호간의 노력이 있다. 가정에서의 신앙 교육은 이런 분위기 속에서 최고의 열매를 맺을 수 있다. 가족이 서로를 사랑하는 가운데 웃음 꽃 피는 행복한 가정을 이루어가면서 하나님을 사랑하는 삶을 배워가는 것이다. 역설적이게도 그런 과정은 가족 구성원간의 우리 됨을 더욱 강화시켜주며 행복한 가정을 더욱 행복하게 만들어준다. 그것이 바로 행복한 가정에 우리 됨이 더욱 깊어지는 이유이다. 반대로, 우리 됨이 깊어지는 가정에 더 많은 행복이 깃드는 이유이다. 행복과 우리 됨, 그리고 우리 됨과 행복은 그렇게 서로 연결되어 있다.

우리의 가정들은 이런 가정들인가? 나와 너가 우리 속에서 각자의 삶이 더욱 풍성해지고 있는가? 아주 진지하게 대답해 볼 필요가 있는 물음이다. 스스로에게 한번 대답해 보라. 분명, 이런 가정들은 이미 자녀들을 믿음으로 양육할 수 있는 여건이 조성되어 있는 좋은 가정들임에 틀림없다.

PART

O2

가정과 신앙교육

# 가정과 형성: 신앙교육적 관점

인간의 삶의 많은 부분은 대개 가정에서 가족과 함께 영위되며, 한 인간의 됨됨이의 많은 부분은 가족원들과의 공동생활 가운데서 상호적으로 생겨나고 발달한다. 인간은 가정에서의 삶의 과정을 통해 발달된 인간으로 형성되어 가는 것이다. 그리고 보면 가정은 한 사람의 인간됨에 가장 기본적인 영향을 주는 일차적 환경임에 틀림없다. 그런 이유로, 많은 경우 가정을 배제하고 인간의 형성을 말하는 것은 바람직하지 않다. 이런 점에서, 마조리 톰슨(Marjorie J. Thomson)이 가족을 "형성 센터"(the forming center)로 보면서 "좋건 나쁘건, 가족생활은 필연적으로 신체적이고 정서적인 의미에서뿐만 아니라 영적인 의미에서 형성적이다"[1]라고 말하는 것은 참으로 옳다.

가정은 분명 인간 형성의 일차적이며 핵심적인 장이다. 모든 인간은 가정이라는 환경 가운데서 전인적—신체적, 정서적, 의

지적, 심리적 그리고 영적-으로 발달해 간다. 그것이 하나님이 인간의 삶에 의도하신 것이다. 따라서 우리는 인간의 삶의 중요하고도 기본적인 환경으로서의 가정을 늘 중시할 필요가 있다.

그러나 형성의 관점에서 볼 때 그보다 더 근본적인 것으로 인간 존재 자체에서 형성되는 것이 있다. 바로 종교성(religiosity)이다. 종교성은 일종의 본능이다. 본능은 인간이 태어날 때부터 인간 존재 안에 내재한다. 즉 그것은 인간의 몸의 형성과 더불어 생득적으로 형성된다. 그래서 본능은 인간됨과 분리될 수 없다. 본능은 인간됨이고 인간의 일부이며 인간이다.

이런 점에서, 종교성은 인간의 본능이라고 말할 때, 그것은 인간됨에서 분리될 수 없다.

## 종교, 인간의 근본적인 관심

사도 바울은 아레오바고에서 아덴의 사람들이 여러 신을 섬기는 것을 보면서 이렇게 말했다. "아덴 사람들아 너희를 보니 범사에 종교성이 많도다 내가 두루 다니며 너희의 위하는 것들을 보다가 알지 못하는 신에게라고 새긴 단도 보았으니 그런즉 너희가 알지 못하고 위하는 그것을 내가 너희에게 알게 하리라"(행 17:22-23).

그 당시 아덴 사람들은 많은 신을 섬기고 있었고 거기에 그들을 위한 여러 신전이 있었다(바울이 그들에게 복음을 전했을 때 그들은 자신들의 신 목록에 하나님이라는 이름을 하나 더 첨가하려고 했다). 아덴 사람들의 범사에 많은 종교성은 인간에게는 인간 자신과 이 세상을 넘어서는 초월세계를 지향하는 마음이 있음을 보여준다. 만일 인간의 기원이 신 또는 하나님께 있지 않고 우연에 있다면, 인간에게 있다고 하는 종교성—그리고 영성—은 망상이다. 진정, 아편이다.

다른 한편으로, 전도자는 "하나님이 모든 것을 지으시되 때를 따라 아름답게 하셨고 또 사람에게 영원을 사모하는 마음을 주셨느니라"(전 3:11)고 말한다. 이 말씀은 아덴 사람들에게 있었던(그리고 모든 인간에게 있는) 종교성은 망상이거나 아편이 아님을 증언해 주는 것이다. 즉 인간에게 종교심이 있고 불멸에 대한 열망이 있는 것은 저절로 생겼거나 망상이 아니라 하나님으로부터 온 것이다. 그리고 인간의 종교성은 하나님 신앙을 위한 것이다. 하나님이 자신을 섬기도록 자신의 피조물인 인간 안에 종교심을 주시고 자신을 찾게 하시되 손수 자신을 계시하심으로 종교심을 신앙으로 바꾸게 하신 것이다. 이런 점에서 보면, 종교는 인간의 근본적인 관심이요 궁극적인 관심임에 틀림없다.

종교심이 인간의 근본적이면서 보편적인 관심사임을 연구조사를 통해 제시한 사람은 바로 "신앙 발달론"을 제시한 제임스 파울러(James Fowler)이다. 그는 연구조사를 통해 신앙(faith)은 인간의 보편적 현상이라는 것을 밝혀냈다(그는 종교심이란 용어보다는 신앙이란 말을 선호한다. 그러나 그가 말하는 신앙은 성서가 말하는 신앙과는 다른 것이다. 그리고 신앙은 의미의 탐구와 관련되어 있다). 파울러는 신앙에 대해서 이렇게 말한다. "신앙은 인간의 보편적 특성(universal)이라고 나는 믿는다. 우리는 태어날 때 신앙에 대한 발생기 능력(nascent capacities)을 타고난다."[2]

신앙은 그것의 내용이나 정황이 항상 종교적인 것은 아니다… 신앙은 한 사람이나 한 그룹이 삶의 힘의 장(force field, 눈에 보이지 않는 힘이 작용하는 장애 구역—역주)으로 들어가는 방식이다. 그것은 우리의 삶을 구성하는 복합적 힘들과 관계들에서 일관성을 발견하고 그것들에 의미를 제공하는 우리의 방식이다. 신앙은 한 사람이 공유된 의미와 목적의 배경에 대하여 다른 사람들과 관련하여 자신을 보는 방식이다.[3)]

이처럼, 모든 인간은 근본적으로 종교적이다. 그들이 인정하든 그렇지 않든, 인간은 종교를 떠나서는 존재할 수 없다. 이런 점에서, 가브리엘 모란(Gabriel Moran)은 인간발달 이론에 오래된 개념인 "종교적 발달"을 포함시켜야 한다고 주장한다.[4)] 물론, 성서적 관점에서 종교적 발달의 목표는 각 개인이 가진 종교성의 극대화가 아니라 성서에 계시된 삼위일체 하나님을 알고 섬기는 것이어야 한다. 그리고 당연히 종교적 발달의 전환점과 지향점은 예수 그리스도 안에서 하나님을 만나는 회심의 사건이어야 한다.

모든 종교는 종교성의 발로이다. 그러나 인간이 자신의 종교심에 근거하여 자신의 노력으로 신을 추구하는 것은 하나님이 의도하신 것이 아니다. 인간은 결코 그런 추구로 하나님을 만날 수도 없고 온전히 알 수도 없다. 왜냐하면 그것은 주관적일뿐만 아니라 불완전하기 때문이다.

오히려 하나님이 의도하신 것은 인간이 자신의 종교성에 근거하여 하나님을 추구하되 그것을 하나님의 계시에 응답하는 통로로 사용하도록 하는 것이었다. 그래서 하나님은 자신을 알리시기 위해 하나님의 계시의 말씀으로서의 성서를 주셨고 성서의 중심 내용으로서의 예수 그리스도를 이 세상에 보내주셨다. 우리는 성서를 통해 하나님을 알 수 있고 또 그분의 아들 예수 그리스도─하나님에 대한 참된 지식이자 그것의 담지자─를 통해서 하나님을 알 수 있다.

## 믿음의 가정에서 시작되는 자녀의 믿음

인간의 종교성의 지향점이 성서에 계시되었고 또 인류의 구원자 예수 그리스도를 통해 계시된 하나님 신앙이라면(예수님은 하나님 신앙과 관련하여 사단을 향해 "주 너의 하나님께 경배하고 다만 그를 섬기라"[마 4:10]고 말씀하셨다), 신앙과 관련하여 믿음의 가정에서 해야 할 첫 번째 일은 자녀안에 있는 종교성의 본래의 자리를 찾아주는 것이다. 하나님이 그것을 주신 의도대로 사용하는 것이다. 곧 예수 그리스도를 통해 하나님을 섬기도록 이끌어주는 것이다.[5]

엘리슨 넬슨(C. Ellis Nelson)은 "신앙은 어디에서 시작되는가(Where faith begins)," 곧 신앙의 시작점의 문제와 관련하여 "신앙이란 성도의 공동체에 의하여 전달되며, 신앙의 의미는 그들의 역사와 상호간의 관계를 통해서, 그리고 삶에서 일어나는 사람들과의 관계에서 계발된다"[6]고 보았다. 그리고 신앙의 성숙은 "종교 경험을 통해서"[7] 가능하게 되며, 종교 경험은 신앙 공동체, 곧 회중의 공동생활 속에서의 상호작용을 통해서 습득된

다고 보았다.[8]

이처럼, 신앙의 형성과 성숙은 분명 공동체적 맥락에서 일어나는데, 그것은 "하나님이 공동체를 '은혜의 수단'(a means of grace)으로 사용"[9]하시기 때문이다. 이런 점에서, 신앙 공동체는 형성적 힘을 지니고 있으며 회중의 공동생활은 "교육적 힘"(educational power)을 지니고 있다고 말할 수 있다.[10] 따라서 우리는 신앙의 형성과 성숙의 문제를 고려할 때 신앙교육을 진지하게 다룰 필요가 한다.

믿음의 가정은 일차적인 성도의 공동체이자 신앙의 공동체이다. 작은 회중이다. 부모의 신앙이 그러한 성격을 지닌 가정을 통해 자녀에게 전달된다. 그리고 그 신앙은 더 큰 신앙 공동체인 교회에서 강화된다. 이런 점에서, 가정은 '신앙교육의 샘터'이며 교회는 '신앙교육의 중심이자 본부'이다. 왜냐하면 모든 그리스도인의 신앙생활은 본래 그리스도께서 머리가 되시는 그분의 몸인 교회를 중심으로 이루어지기 때문이다. 교회를 떠나서는 하나님에 대한 신앙이 바르게 형성되고 발달하고 자랄 수 없다. 그것이 하나님에 대한 신앙이 지닌 성질이다.

믿음은 가정에서 시작된다. 가정은 인간의 "형성 센터"라는 톰슨의 말은 신앙에도 그대로 적용된다. 가족은 "어린이들을 위한 영적 형성의 기본 장"[11]이다. 기독교 가정은 자녀의 신앙형성의 센터이다. 기독교적 영적 형성 센터이다. 그러므로 자녀의 신앙과 관련하여 믿음의 부모가 해야 할 중요한 일은 이러한 사실을 인지하고 인정하는 것이다. 그리고 자신들에게 맡겨진 책임을 충실하게 감당하는 것이다. 왜냐하면 성서적 관점에서 "가정은 가족을 강화하면서 신앙의 요새가 되어야"[12] 하기 때문이다.

그리스도인들에게 있어서 가정은 "신앙을 위한 가정"이 되어야 하고, 또한 "신앙이 양육되고 지원받는 곳"이 되어야 한다.[13] 그럴 때, 우리 자녀들이 믿음 안에서 자라갈 수 있고 또 기독교 신앙도 계속해서 전해질 수 있게 된다.

## 가정에서 교육과 양육을 통해 형성되는 신앙

사티어는 『사람 만들기』라는 저서에서 "가정은 이 세상에서 우리 모두가 양육이 일어나는 것을 기대할 수 있는 단 하나의 장소이다"[14]라고 말한다. 물론, 기독교의 관점에서 보면, 그녀의 말은 절반만 옳다. 왜냐하면 그리스도인들에게는 양육을 기대할 수 있는 곳은 가정뿐만 아니라 신앙공동체로서의 교회이기 때문이다. 하지만 양육의 장소로서 가정을 제시하는 것은 아주 바람직하다. 가정은 진정 양육의 장이다. 특히, 신앙에 근거한 양육의 장이다.

그런데 자녀의 믿음이 믿음의 가정에서 시작된다면, 자녀들은 어떻게 믿음을 갖게 되는가? 어떻게 자녀들 안에 믿음이 형성되는가? 부모의 신앙교육과 신앙양육을 통해서다. 자녀들과 신앙을 나누는 실천적 삶을 통해서다. 부모가 신앙의 공동체에 참여하면서 말과 행동으로 자신들의 신앙을 보여줌을 통해서다. 부모와 자녀들이 함께 여러 가지 기독교적 실천들에 참여함을 통해서다.

가르시아 프라츠(Gracia-Prats) 부부는 열 명의 자녀들-그것도 아들들만-을 낳아 성공적으로 기른 후에 자신들이 열 명의 자녀들로부터 배운 것을 토대로 『좋은 가족은 그냥 생기지 않는다』(Good Families Don't Just Happen)[15]라는 책을 썼다. 그런데 그 제목은 신앙 형성과 관련하여 중요한 점을 시사해준다. 곧 좋은 가족은 그냥 생기지 않는 것처럼, 한 사람의 신앙도 그냥 저절로 형성되지 않기 때문이다(비록 믿음과 구원이 하나님의 선물일지라도 말이다[엡 2:8]). 자녀의 신앙은 부모의 부단한 헌신이 있을 때 형성되고 풍성한 열매를 맺게 된다. 그래서 하나님은 모세를 통해 이스라엘 백성에게 "오늘 내가 네게 명하는 이 말씀을 너는 마음에 새기고 네 자녀에게 부지런히 가르치며 집에 앉았을 때에든지 길을 갈 때에든지 누워 있을 때에든지 일어날 때에든지 말씀을 강론할 것이며"(신 6:6-7)라고 말씀하셨다. 만일 하나님의 선물로서의 믿음이 저절로 생기고 자라는 것이라면, 굳이 그렇게까지 할 필요가 어디 있겠는가! 그냥 알아서 형성되도록 놔두면 되지 않겠는가?

가르시아-프라츠 부부는 가정에서 자녀들의 신앙교육의 문제와 관련하여 이렇게 말한다.

우리는 또한 공개적으로 우리의 신앙을 우리 아들들과 나눈다. 부모들은 자기 자녀들의 영적 발달에 대한 책임이 있다. 우리는 그들의 첫 번째 교사이다. 그들이 하나님의 중요성과 관련성을 배우는 것은 우리의 본을 통해서다…우리의 가족 기도는 우리 아들들에게 하나님을 찬양하는 것을 가르치고 우리가 받는 많은 복들에 대해 감사하는 것을 가르치며 우리의 매일의 삶 가운데서 그분의 애정 어린 인도를 구하는 것을 가르친다. 우리 자녀들은 삼투에 의해서 하나님의 중요성을 배우는 것이 아니라

말과 행동으로 우리의 신앙을 살려고 애쓰는 우리의 헌신을 보
고 하나님의 중요성을 배울 것이다.[16]

　그러나 많은 기독교 가정들과 부모들은 자녀들을 믿음으로 양
육하지 않고 있는 실정이다. 그들은 자신들을 통해 믿음이 전해
질 수 있는 환경을 조성하지 않고 있다. 그것이 자신들에게 주어
진 책임이자 특권임에도 말이다. 마크 홀맨(Mark A. Holmen)
이 말하는 것처럼, "가족들은 가정에서 기도하지 않고 가정에서
성서를 읽지 않고 또는 심지어 가정에서 함께 신앙에 관한 대화
를 나누지도 않는다."[17] 그것은 분명 잘못된 것이고 교회의 미래
를 생각할 때 몹시도 불행한 것이다. 그것은 신앙인 부모들의 불
순종적 행위이며 하나님의 명령을 거스르는 것이다.
　신앙은 저절로 형성되지 않는다. 오히려 신앙은 교육적 특성,
곧 가르침과 배움의 성격을 지니고 있기 때문에 가르침과 양육,
실천과 훈련과 참여를 통해서 형성된다. 그 과정에서 자녀들에
대해 부모는 가르치는 자요. 교사요 양육자요 제자 삼는 자요 가
정을 책임 맡은 자이다. 그러므로 부모는 "가정을 경건과 사랑,
믿음, 세상을 따르지 않는 아름다운 생활의 장소로 만들어 자녀
들이 주님의 양육과 같은 환경에서 성장할 수 있도록 책임을 져
야 한다."[18]
　우리는 흔히 자녀들이 우리와 함께 교회에 가고 교회학교에
보내기만 하면 신앙인으로 자랄 것이라고 생각하는 경향이 있
다. 그러나 그것은 착각이고 잘못이다. 물론, 그것도 중요하고
어느 정도는 그럴 수도 있다. 그러나 신앙의 올바른 형성은 그

이상의 것을 필요로 한다. 그 이상의 것에는 가정에서의 부모의 역할이 있다.[19] "가정교육은 언제나 부모가 자신들의 가정의 에토스를 통해 자녀들에게 제공하는 형성을 포함한다."[20] 부모인 우리가 믿음 안에서 자녀들을 기르려고 애쓸 때 하나님의 성령이 우리를 도우실 것이고 우리의 노력을 사용하셔서 하나님의 목적을 이루어 가실 것이다. 왜냐하면 우리의 노력은 결국 죄인들에 대한 하나님의 자녀 삼는 사역에 대한 봉사가 되기 때문이다. 홀맨의 다음의 말은 아주 적절하다.

오늘날 하나의 가족이 되는 것은 쉽지 않다. 그렇지만 하나님의 도우심과 함께 우리 모두는 성공할 수 있다. 그것이 형태나 크기에 상관없이 모든 가족을 위한 그분의 계획이자 목적이기 때문이다. 그러므로 하나님으로 하여금 우리를 형성하고 우리를 그분이 우리로 하여금 되도록 의도하신 가족으로 만드시도록 하는 우리의 여행을 시작하자. 그 여행은 가정에서 시작된다.[21]

그리스도인들에게 있어서 형성 센터로서의 가정은 그만큼 중요하다. 하나님에 대한 믿음을 포함하여 자녀의 많은 것이 가정을 통해 형성되고 발달하기 때문이다.

CHAPTER
05

# 오늘날 기독교 가정과 신앙교육의 문제

1990년에 서치 연구소(Search Institute)는 자기 연구물
인『효과적인 기독교 교육: 전국 개신교 회중 연구』(*Effective
Christian Education: A National Study of Protestant
Congregations)*를 발표했다. 그 연구는 미국 전역에 걸쳐 여러
주요 교단들-6개 교단에 속한 11,000명 이상의 성인들과 청소
년들-을 대상으로 설문조사를 통해 얻은 결과물이었고, 그것의
초점은 그리스도인들의 성숙도와 그것을 위한 수단으로서의 교
육에 관한 것이었다.

그 연구에 따르면, 성숙한 신앙-하나님과의 수직적 관계와 이
웃과의 수평적 관계에서의 균형적 성장을 뜻함-은 여덟 개의
광범위한 영역들을 통합하는 것과 관련되어 있었는데, 그 연구
는 가족을 한 개인의 종교생활의 일부로 간주했다. 더욱이, "이
여덟 개 중에서 가정에서 신앙을 나누는 것은 특별히 강력한

힘"[1]이었고, "필시 신앙이 성숙한 젊은이들은 신앙이 가족생활의 정상적인 소통(ebb and flow)의 일부인 가정에서 자라난 사람들임에 분명"했다.[2]

그 연구는 젊은이들의 신앙형성과 성장에는 가정과 교육—특히, 가정에서의 신앙교육—이 중요한 역할을 하고 있음을 밝혀주었고, 그런 이유로 연구자들은 "교육"을 사람들이 믿음 안에서 자라가는 것을 돕기 위한 가장 중요한 수단으로 제시했다.[3] 이런 점에서 볼 때, 교육은 "모든 교회의 사역의 중심 요소"[4]가 되어야 하고, 그런 이유로 교회는 "기독교 교육을 그것이 있어야 하는 중심 무대로 가져올"[5] 필요가 있다. 왜냐하면 교회의 미래는 우리 그리스도인들이 다음 세대를 어떻게 교육하고 준비시키는가에 달려 있기 때문이다.[6]

## 무관심, 잘못된 생각 또는 바쁘다는 핑계

교육은 인간 형성의 매우 중요한 수단이다. 인간과 관련하여, 특히 어린이와 청소년들과 관련하여 교육—가정에서든, 학교에서든—은 그들의 삶에 지대한 역할을 하고 커다란 영향을 준다. 두 말할 필요 없이, 그 출발지는 가정이다. 특히, 가정은 형식적 교육(formal education)뿐만 아니라 비형식적 교육(informal education)이 일어나는 일차적인 장이다. 그래서 부모는 말—형식적 교육 차원—뿐만 아니라 행동/삶—비형식적 교육 차원—으로 바르게 가르칠 필요가 있다.

가정에서 부모의 일차적인 임무는 육아(parenting) 또는 양육이다. 부모는 양육자다. 가르치는 자, 곧 교사이다. 김재은은 가정에서 자녀에 대한 부모의 역할과 관련하여 이렇게 말한다. "부모는 자녀를 보호하고 사랑하고 교육하는 관계라고 할 수 있다. 어떤 부모도 아이를 낳기만 하고 내버리려는 부모는 없다. 낳고 기르고 보호하고 교육하는 관계이다."[7)]

그는 계속해서 말한다.

> 만일 부모가 양육 · 보호 · 교육하는 책임을 포기한다면 부모는 단지 낳기만 한 생물학적 부모에 지나지 않는다. 부모는 자녀가 혼자서도 이 어려운 세상을 살아갈 수 있도록 힘을 길러주는 책임을 지고 있기 때문이다. 이 사회에서 지켜져야 할 규칙도 가르쳐야 하고, 이 세상에서 소중히 여기는 가치도 가르쳐야 하고, 다른 사람과 더불어 살아갈 지혜도 가르쳐야 한다.[8)]

같은 맥락에서, 부쉬넬도 이렇게 강조한다.

> 인간은 그들 다음에 오는 존재들을 위한 창조자들이다. 인간은 그들이 발견한 것, 건설한 것, 생산한 것, 습득한 것, 배운 것, 생각한 것, 즐긴 것들을 전해 주어야 한다. 그럼으로써 다음을 이을 존재들이 그들이 중단한 지점에서 출발할 수 있게 해 주며 그들의 의견, 업적, 성품의 이점을 완전히 가질 수 있게 해 준다. 그러므로 인간의 일차적인 의무는 자손들을 교육하고 훈련하며, 그들이 아는 것, 믿는 것, 경험에 의해 확인된 것들을 자손들에게 전해 주는 것이다.[9)]

자녀에 대한 부모의 역할과 책임은 바로 그것이다. 부모는 자녀들을 낳아 기르되 그들이 성인이 되어 독립적으로 살아갈 수 있을 때까지 그들을 가르치고 보호하고 본을 보여주면서 이끌어 주어야 한다. 그것이 참된 육아이고 양육이다.

위의 진술은 자녀의 신앙에 관한 부모의 역할과 책임에 대해서도 그대로 적용된다. 성서적 관점에서 자녀는 "하나님이 부모들에게 특별히 부여하신 과제"인데, 그 과제의 목표는 "자녀를 경건하게 기르는 것"이다.[10] 따라서 믿음을 가진 부모라면 믿음 가운데 자녀를 낳고 그 자녀와 믿음을 함께 나누면서 믿음으로 길러야 한다. "어린 자녀를 그리스도에게로 인도하며 하나님을 경외하도록 도와주는 일은 세상에서 가장 위대한 특권이자 책임이다."[11] 그것이 믿음의 부모가 누릴 수 있는 특권이자 감당해야 할 영적 책임이다. 슐츠는 이렇게 말한다.

보라, 자녀들은 부모들에게 맡겨진 하나님의 과제물이로다. 내가 부모가 되었을 때 하나님은 나에게 하나님께로부터 받은 선물인 자녀들을 양육할 과제를 주셨다. 나는 그들을 하나님의 교훈과 훈계로 가르쳐야 했다…너무나 많은 부모들이 그들의 자녀들이 하나님 자신이 그들에게 주신 과제물이라는 사실을 깨닫지 못하고 있다. 그러나 우리 모두는 비록 하나님께서 수시로 우리 집에 오셔서 우리가 과제를 잘하고 있는지 정기적으로 점검하지 않지만, 언젠가는 하나님께서 우리들에게 맡기신 과제물을 제출하고 점수를 받으라고 말씀하시는 것을 듣게 될 것이다.[12]

그러면 가정에서의 부모의 신앙교육이 그토록 중요한 책임임에도 불구하고 왜 많은 부모들은 자녀들의 신앙문제에 대해서 그렇게 무책임할까? 이 물음에 대해 우리는 여러 가지로 대답할 수 있겠지만 아마도 크게 세 가지로 설명할 수 있을 것이다.

첫째는 무관심 때문일 것이다. 사실 많은 그리스도인 부모들이 자녀들의 믿음에 대해서 말하지만 실제로는 거의 아무 것도 하지 않는 실정이다. 자녀들의 세상적인 출세를 위해서는 많은 시간과 재정과 노력을 들이면서도 그들의 신앙형성과 관련해서는 거의 어떤 것도 하지 않는 것이다. 이런 상황은 미국의 경우도 예외는 아닌 것 같다. 티모시 존스(Timothy Paul Jones)는 미국적 상황에서 이 문제와 관련하여 이렇게 말한다. "압도적인 대다수의 기독교 부모들은 자기 자녀들의 영혼을 위한 모든 종류의 [영적] 싸움에 능동적으로 참여하지 않는다. 자기 자손을 제자화하는 과정에 관한 한, 대부분의 부모들—특히 아버지들—은 그 분야를 포기했다. 만일 부모로서 당신이 개인적으로 당신의 자녀의 영혼의 윤곽을 변화시킬 수 있는 과정에 참여한다면, 당신은 소수자(minority)이다."[13]

그러면서도 대부분의 그리스도인 부모들은 자녀들이 장차 믿음의 사람으로 살아가기를 기대한다. 우리는 이것을 어떻게 이해하고 설명할 수 있을까?

둘째는 잘못된 생각 때문일 것이다. 부모들은 자녀들을 교회에 맡기면 그들의 신앙형성과 관련하여 신앙교육에 관한 모든 것이 해결될 것이라고 생각하는 경향이 있다.[14] 그러나 그것은 정말로 아주 잘못된 생각이다. 교회에서의 신앙교육이 홀로 우리 자녀들의 신앙형성의 문제를 온전히 다룰 수는 없다. 교회는 신앙교육의 중심으로서 아이들을 믿음으로 인도할 수 있고 또 인도해야 하지만 전적인 책임을 맡을 수는 없다. 로이 주크(Roy B. Zuck)는 이렇게 말한다. "깊이 명심할 것은 다른 크리스천 교사들이 제아무리 잘 교육한다 하더라도 가정에서 부모가 자식들에게 주는 가르침을 대신할 수 없다는 사실이다. 그들은 자녀교육의 동반자일 뿐이지 대리인이 아니다."[15]

셋째는 바쁘다는 핑계 때문일 것이다. 현대인의 삶의 특징들 중 하나는 바쁨 또는 분주함이다. 많은 사람들이 자신을 잃어버릴 정도로 바쁘게 살아간다. 그리스도인 부모들도 마찬가지이다. 그리고 그런 바쁜 삶은 자신의 신앙생활뿐만 아니라 자녀의 신앙교육의 문제에도 영향을 미친다. 그런 상황에서 많은 그리스도인 부모들이 자녀들에게 신앙교육을 실시하지 못하는 이유로 바쁨을 든다. 한편으로는 이해가 간다.

그러나 실제로는 그렇지 않다. 바쁨이 문제가 될 때가 있긴 하지만 그것은 일종의 핑계일 때가 많다. 부모가 자녀의 신앙형성을 위해 들여야 하는 시간은 많지 않아도 된다. 관심과 지속성이 있으면 된다. 하루 20-30분이면 충분하다. 함께 믿음의 대화를 나누거나 매일 자녀들로 하여금 영적 성장을 위한 실천을 하도록 이끌어 주는 데는 그리 많은 시간이 필요하지 않다. 게다가, 함께 기도하거나 함께 찬양하거나 함께 성경을 읽거나 하는데도 마음만 있으면 많은 시간을 들이지 않고도 충분히 할 수 있다. 자녀들의 신앙문제가 정말로 중요하다고 느끼면 말이다. 우리 아이들에게 종종 쓰는 말이 있다. "행동은 마음의 표현이다"라는 말이다. 바쁘다는 핑계로 자녀들에게 신앙교육을 실시하지 않고 방치해두는 것은 우리들 마음의 표현이 아닐까?

초기 그리스도인들은 열악한 상황, 아니 최악의 상황에서도 꾸준히 모여 하나님을 예배했다. 왜 그런가? 자신들을 지으시고 구속하신 하나님의 사랑과 예수 그리스도의 복음 때문이었다. N. T. 라이트(N. T. Wright)는 초기 기독교인들의 신앙생활과 관련하여 이렇게 말한다. "유대인과 이방인을 막론하고 당시 사람들에게는 주의 첫째 날이 일을 해야 하는 평범한 날이었음을 상기하자. 이런 고되고 바쁜 날 함께 모임으로써(추정컨대 일이 시작되기 전 아주 일찍 모였을 것이다), 초기 그리스도인들은 죽음에 대한 예수님의 승리를 보여줄 수 있었다."[16]

그리스도인 부모는 자녀들의 신앙교육을 교회에만 맡겨놓을 수 없다. 자녀들의 신앙교육은 언제나 가정과 교회가 함께 해가야 한다.[17] 부모가 가정에서 가르치면 교회는 그 가르침을 지원하고 확인시켜주어야 하고, 교회가 가르치면 부모는 가정에서 그 가르침을 뒷받침해 주어야 한다. 오직 그럴 때만 자녀의 신앙 양육이 최고의 결과를 낳을 수 있다.

### 타조의 교육과 독수리의 교육

오늘날 가정에서의 신앙교육에 대한 무관심의 문제를 말할 때, 우리는 "타조의 양육"과 비교할 수 있다. 현대 기독교 교육의 아버지로 불리는 부쉬넬은 예레미야 시대 이스라엘 백성의 상황(애 4장)을 바탕으로 19세기 당시 자녀들의 신앙교육에 대한 그리스도인 부모들의 무관심을 타조의 양육에 비유한다(그가 그런 비유를 써서 말하는 것을 보면 19세기에도 마찬가지로 그

리스도인 부모들이 무책임하게 가정에서 자녀양육을 제대로 하지 않았던가 보다.[18]

타조는 모성애가 없는 생물의 전형이다. 타조는 알을 낳은 후에 그것을 품지 않고 그냥 모래 속에 묻어버리고는 태양열로 부화하게 한다. 그뿐 아니라 알에서 부화해 나온 새끼들은 어미로부터 아무런 보살핌을 받지 못한 채 그냥 본능적인 모성애에 의해 살아가게 된다. 그것이 타조 어미의 육아방법이고 새끼들의 생존방식이다.

부쉬넬은 타조의 이런 점과 당시 그리스도인 부모들의 상태를 비교하면서 이렇게 말한다.

> 어린이의 정신과 성품을 양육하는 형식들에는 타조의 양육과도 같다고 표현할 수 있을 정도로 이미 타조와 닮은 점들이 많다. 실천 방법이 채택되고, 양육에 대한 의견이 도입되고, 교회 생활과 회심에 관한 이론이 교육되지만 이 모든 것들은 진정한 그리스도인 부모 역할을 사실상 불가능하게 하며 자녀는 모래의 양육에 맡겨지고 있다.[19]

19세기의 이런 상황은 현대 미국과 한국의 그리스도인 부모들의 상황과 별반 다르지 않다고 여겨진다. 아니, 더 정확히 말하면 현대 미국과 한국의 그리스도인 부모들의 상황은 19세기 미국 그리스도인 부모들의 상황과 별반 다르지 않다.

반면에, 독수리의 새끼 교육은 타조의 그것과는 사뭇 다르다. 독수리 어미는 직접 새끼들의 양육을 책임진다. 독수리의 새끼 양육법과 훈련 방법도 특별하다. 독수리는 매우 위험한 곳, 곧 절벽 위의 바위에 집을 짓는데 그 때 어미가 자기 털이나 부드러운 것들로 보금자리를 포근하게 만든다. 그러나 새끼가 알에서 부화하여 어느 정도 자라게 되면 보금자리에 깔아 두었던 것을 모두 빼냄으로써 불편한 바닥에서 몸을 강하게 만들도록 한다. 뿐만 아니라 어미는 새끼에게 나는 법을 가르치기 위해 새끼 독수리를 등에 업고 높이 올라가서는 새끼를 떨어뜨린다. 그러면 새끼는 떨어지지 않기 위해 안간 힘을 써서 날개 짓하면서 날아오르려고 하고 어미는 새끼가 떨어지려는 순간에 쏜살같이 내려고 등에 업고는 다시 창공으로 올라가 그 과정을 반복하게 된다. 새끼 독수리는 그런 과정을 통해 나는 법을 배우게 된다.

새끼가 스스로 날기 시작하면 독수리 어미는 비바람이 불고 폭풍우 치는 험한 날을 택해 새끼와 함께 폭풍우 속을 뚫고 날아 올라 마침내는 구름 위까지 올라가서 찬란한 빛이 있는 창공을 경험하게 한다. 새끼 독수리는 그런 과정을 통해서 강하고 튼튼한 독수리로 자라 창공을 지배하는 새가 되어 살아가게 된다.

어미 독수리의 새끼 독수리 교육법은 비록 냉정해 보이고 몰인정해 보일지 몰라도 우리에게, 특히 그리스도인 부모들에게 중요한 통찰력을 제공한다. 악하고 험한 세상에서 믿음에 견고히 서서 하나님의 사람으로 살아가려면 강하게 양육을 받을 필요가 있다. 부모들은 직접 가정에서 자녀들을 믿음으로 확실하게 키울 필요가 있다. 하나님을 거부하는 "악하고 음란한 세대"(마 12:39; 16:4)[20]에서 강하고 담대하게 세상을 이기며 경건하고 복음에 충실하게 살아갈 그리스도인으로 양육할 필요가 있다. 타조가 아닌 독수리처럼 말이다.

## 그리스도인 부모의 가장 중요한 관심과 실천

기족들은 "제자도와 형성을 위한 잠재적인 능력과 영향력"을 가지고 있고 "관계와 역할에서 확실하게 살아가는 가족은 은혜의 수단(means of grace)의 역할을 한다."[21] 당연히 그 중심에는 그리스도인 부모가 있다. 그리스도인 부모들로서 "우리는 하나님께서 아이들에 대한 책임을 국가도 아니고, 학교도 아니고, 심지어 교회도 아닌, 부모들에게 부여하셨다는 사실을 결코 잊어서는 안 된다."[22] 믿음의 부모는 가정에서 자녀들을 영적으로 양육하면서 그들에게 믿음을 전수해야 한다. 그것은 그리스도인 부모의 특권이자 의무이고 책임이다. 스코티 메이(Scottie May)와 그의 동료들은 이렇게 말한다.

> 어린이들은 교회생활—어제, 오늘 그리고 내일—에 절대로 필요하다. 성서 전체에 걸쳐, 신앙 공동체의 존속은 각각의 새로운 어린이 세대에 달려 있다는 것을 우리는 재삼 보게 된다. 그리고 자녀들에게 하나님의 창조하시고 구속하시며 유지하시는 은혜와 능력을 전수하는 것은 부모와 공동체의 책임이 된다(신 4:9; 6:4-9; 11:19; 잠언 22:6; 엡 6:4). 우리 자녀들과 우리 자녀들의 자녀들에게 하나님을 알리라는 명령은 오늘 우리에게 이른다.[23]

하나님의 이야기를 알리고 또 신앙을 전수하는 필수적인 수

단은 교육이다. 믿음에 대해 가르치는 것이다. 물론, 우리는 믿음 자체를 가르칠 수는 없다. 믿음은 가르칠 수 있는 것이 아니다. 믿음은 오직 하나님의 선물로서 자녀가 성령의 역사에 반응할 때 일어난다. 우리는 그런 사건이 일어날 수 있도록 다만 영적 환경을 조성하면서 신앙으로 양육함으로 믿음에 관해 가르칠 뿐이다. 그러면 진리의 교사이신 성령께서 우리의 가르침을 사용하셔서 역사하심으로써 자녀들이 믿음의 사람으로 형성되어 갈 수 있게 된다.

성서적 관점에서 볼 때, 인간의 삶에서 하나님을 섬기는 삶이 가장 중요한 것이라면, 부모가 자녀들을 믿음으로 양육하면서 그들에게 믿음을 전수하는 것만큼 중요한 것은 없을 것이다. 따라서 자녀를 믿음으로 양육하는 것은 그리스도인 부모에게 가장 중요한 관심사가 되어야 하고 가장 중요한 실천이 되어야 한다. 이것은 단순히 경건하게 보이거나 듣기에 좋으라고 하는 말이 아니다. 진정 우리가 예수 그리스도 안에서 하나님을 섬기는 참된 그리스도인이라면 그래야 한다.

김재은은 가정교육을 "사람 되게 하는" 교육으로 설명한다.[24] 참으로 옳은 정의이다. 그러면 같은 맥락에서 우리는 가정의 신앙교육을 "믿음의 사람 되게 하는" 교육으로 정의할 수 있을 것이다. 성서에서 사람됨은 하나님 섬김과 나뉘지 않기 때문이다.

하나님 나라의 관점에서 교육을 강조하는 슐츠는 자녀들을 위한 하나님 나라의 성서적 원리 아홉 가지를 말하면서 자녀를 믿음으로 양육할 부모의 책임을 첫 번째로 든다. "어린이와 청소년을 교육하는 것은 부모의 최우선적인 책임이다(신

6:4-9, 11:18-21, 시 78:1-7, 127:3, 잠 22:6, 말 2:13-16, 엡 6:4)."[25] 그래서 "부모들은 자녀들의 교육에 관한 모든 것을 책임져야 한다. 그들은 집안에서 일어나고 있는 모든 일이 하나님의 말씀을 따르도록 확실히 해야 한다."[26] 우리는 이러한 사실을 분명히 할 필요가 있고 자녀들을 신앙으로 양육하는 일에 적극적인 자세를 취할 필요가 있다. 길버트 비어즈(Gilbert Beers)가 말하는 것처럼, "영원한 이익을 위해 기꺼이 자기 혈육에 영향을 줄 기회를 가지는 부모는 행복하다."[27]

두말할 필요 없이, 부모가 자녀를 믿음으로 바르게 양육하려면, 부모 자신이 먼저 믿음 위에 서 있어야 하고 계속해서 성숙한 믿음을 지향해야 한다. 곧 자신이 믿음으로 살면서 그리고 영적으로 성숙해가면서 자녀들을 자신이 믿는 믿음의 세계로 인도해 가야 한다. 이와 관련하여 부쉬넬은 이렇게 말한다.

앞선 세대는 지식과 성품이 성숙되어야 하며, 다음 세대는 가장 섬세하고 유연하며 의존적인 상태에서 앞선 세대의 보호 속에 있어야 한다. 앞선 세대는 다음 세대에게 그들의 안전이 달린 선택을 하도록 유도하여야 한다. 더 나아가 앞선 세대는 그들의 책임에 충실할 의무가 있다.[28]

부모의 믿음이 자녀에게 전해지려면 성령의 "교통" 안에서 부모와 자녀 사이에 상호작용이 있어야 한다. 믿음 안에서 이끌어 주는 부모와 따라가는 자녀, 가르치는 부모와 배우는 자녀, 양육하는 부모와 양육 받는 자녀, 이런 과정을 통해서 부모와 자녀는 "함께" 믿음의 성장과 진보를 이루어가고 가정을 믿음이 흐르는 하나님의 가정이 되게 할 수 있다. 특히, 부모가 자녀에게 쏟는 믿음의 수고를 통해 자녀가 영적으로 성장하고 성숙해가는 것을 볼 때, 부모는 큰 기쁨과 위로를 얻게 된다.

믿음의 가정의 가장은 하나님이시다. 그래서 믿음의 가정은 하나님 중심적이다. 영적 부모이신 하나님을 중심으로 가족 구성원 모두가 "우리"로서 살아가게 된다. 그 하늘 아버지가 자녀들을 믿음으로 양육하라고 육신의 부모들에게 명하신다. 우리는 그 명령에 순종할 뿐이다. 그 명령에 순종하여 자녀들을 믿음으로 기르는 모든 부모는 복되다. 그래서 슬로터의 다음의 진술은 전적으로 옳다.

> 자녀에게 그리스도를 알고 그의 은혜 가운데 자라가도록 가르치는 것보다 부모에게 주어진 더 큰 특권은 없다. 하나님께서는 부모가 어린 자녀에게 영적 진리를 전달하는 중요한 전달자가 되는 책임을 완수하기를 원하신다…크리스천 부모는 그 책임이 가정에서의 가르침에 대한 것일 때 선택의 여지가 없다. 그것은 부모의 책임이자 위대한 특권이다. 부모는 자녀가 진리 안에서 행하는 것을 보는 것보다 더욱 큰 기쁨을 경험할 수는 없을 것이다.[29]

# CHAPTER
## 06

# 성서 시대의 가정교육

성서는 신앙에 관한 책이다. 더 정확히 말하면, 예수 그리스도를 통해 하나님을 섬기는 야웨 신앙에 관한 책이다. 그리고 그것은 대개 교육이라는 수단 또는 매개체를 통해서 이루어지기 때문에 교육/가르침에 관한 책이기도 하다. 이 말은 전혀 과장이 아니며 실제 그대로이다. 왜냐하면 하나님은 신앙과 교육을 연결시켜 놓았기 때문이다.[1] 이런 점에서, "그리스도인들은 교육이 한 사람의 삶에 [그리고 신앙에] 미치는 영향의 중요성에 대해서 분명히 인식해야"[2] 한다.

더욱이, 성서-구약성서와 신약성서-는 가정교육에 관한 내용으로 가득하다. 구약은 더욱 그러하다. 반면에 신약은 많은 경우 그것이 함축적이다.

성서에서 신앙교육은 주로 가정을 중심으로 이루어졌다. 가정은 신앙교육의 일차적인 장이었다. 그 이유는 오늘날처럼 다양한 공적 교육기관이 거의 없었던 시대적 상황 때문이기도 했지만, 무엇보다도 하나님이 그렇게 계획하시고 명하셨기 때문이다. 하나님은 이스라엘 모든 백성에게 가정에서 신앙교육을 실시하라고 명하셨다. 그래서 이스라엘 공동체에서 자녀의 신앙교육의 책임은 근본적으로 부모에게 있었다.

### 하나님, 최초이면서 궁극적인 교육자

하나님의 형상대로 지음 받은 인간의 역사는 하나님의 교육행위로부터 시작되었다.[3] 하나님이 인간을 창조하신 후 가장 먼저 하신 일이 바로 인간을 가르치는 것이었다. 그래서 최초의 인간은 하나님을 창조자와 인도자로 만났을 뿐만 아니라 교육자/교사로 만났다.[4] 인류의 교육은 하나님으로부터 비롯되었고 창조에서 시작되었으며 에덴동산에서 처음으로 실시되었다. 태초에 교육자—창조자 하나님—가 있었고 태초에 교육/가르침이 있었다. 이와 관련하여, 넬스 페레(Nels Ferré)는 이렇게 말한다.

> 오늘날 대부분의 사람들이 하나님을 이해하는 데는 교육자라는 말로서 가장 잘 해석할 수 있을 것이다. 하나님에 대한 우리의 궁극적인 관계는 교사에 대한 학생의 관계는 아니다. 그러나 역사에 대한 인간의 관계에서 하나님에 관한 진정한 이해는 교육적 과정에 있는 우리의 지상 존재에서 그의 목적을 파악할 때 얻어진다는 것을 알게 될 것이다…모든 삶은 하나의 학교이다. 창조의 전체 목적은 학습이다.[5]

그는 계속해서 말한다. "창조 그 자체는 교육적 과정이다. 인간에게 있어서 창조의 전체 요점은 자유를 통한 사랑의 학습이다. 이것이 사실이라면 이러한 창조의 전망 내에서부터 하나님은 교육자로 이해되어야 한다. 하나님은 그의 피조물과 자녀의 교사이다. 하나님은 교육자이다."[6]

그렇다면 당연히 "교회와 가정은 하나님이 우리를 위해서 창조하신 사랑의 삶으로 나아가는 하나님의 학교교육의 최고 등급이다."[7]

이런 점에서, 인간의 역사는 교육의 역사, 더욱이 신앙교육의 역사이다. 신앙교육은 인간의 삶에 가장 근본적인 것이다. 인간의 삶은 신앙교육에 바탕을 두고 있다. 우리는 그러한 사실을 창세기 첫 부분에서 확인할 수 있다. 하나님은 최초의 인간 아담을 창조하신 후 에덴동산에 두시고는 그에게 이렇게 말씀하셨다. "여호와 하나님이 그 사람에게 명하여 이르시되 동산 각종 나무의 열매는 네가 임의로 먹되 선악을 알게 하는 나무의 열매는 먹지 말라 네가 먹는 날에는 반드시 죽으리라 하시니라"(창 2:16-17). 이것은 가르침, 곧 교육행위이다. 하나님이 교사라는 것을 말해 준다. 아담은 에덴동산에서 자신의 창조주 하나님과 교육적 만남을 가졌다.

교육은 하나님과 함께 시작되었다. 그래서 하나님은 교사이다. 더욱이, 이 세상에 하나님과 같은 교사는 없다. 그분은 최고의 교사이다. 욥의 친구 엘리후는 이렇게 묻는다. "하나님은 그의 권능으로 높이 계시나니 누가 그같이 교훈을 베풀겠느냐 (Who is a teacher like him?)"(욥 36:22). 하나님과 같은 교사는 아무도 없다는 것이다. 로버트 파즈미뇨(Robert Pazmiño)는 이 점을 깊이 인식하면서 교사로서의 하나님과 관련하여 이렇게 말한다.

> 삶에 관한 궁극적인 물음들은 다른 사람들과 우리의 관계의 관점에서 그리고 하나님과 우리의 영적인 교제의 관점에서 보여질 수 있다. 그리스도인들에게 있어서, 삶의 본질적인 관계는 하나님과 우리 사이의 관계이다. 이 관계에서 하나님은 궁극적인 교사, 즉 처음부터 끝까지 우리들 교사의 역할을 하신다.[8]

하나님이 아담에게 가르치신 것처럼, 하나님의 교육/가르침에는 긍정의 차원과 부정의 차원이 함께 있다. 교육은 언제나 "하라"―먹어라―와 "하지 말라"―먹지 말라―가 함께 간다. 교육에는 언제나 생명과 관련해서는 "함"과 사망과 관련해서는 "하지 않음"이 본질적으로 병존한다. 그래서 인간은 생명을 가져다주는 것은 해야 하지만 죽음을 가져다주는 것은 하지 않아야 한다. 그것이 교육의 근본 법칙이다. 하나님이 창조 시에 인간에게 의도하신 것이다.

이 세상에는 살리는 교육이 있고 죽이는 교육이 있다. 살리는 지식이 있고 죽이는 지식이 있다. 하나님의 교육은 근본적으로 살리는 교육이다. 생명 교육이다. 그래서 하나님의 가르침을 받고 바르게 따르면 우리는 생명을 얻되 풍성한 생명을 얻게 된다.[9] 이런 점에서 보면, 하나님의 아들 예수 그리스도도 마찬가지이다. 예수님은 "내가 온 것은 양으로 생명을 얻게 하고 더 풍성히 얻게 하려는 것이라"(요 10:10)고 말씀하셨다. 우리는 예수 그리스도와 함께 영원한 생명을 얻고 누리게 된다. "내가 진실로 진실로 너희에게 이르노니 내 말을 듣고 또 나 보내신 이를 믿는 자는 영생을 얻었고 심판에 이르지 아니하나니 사망에서 생명으로 옮겼느니라"(요 5:24).

반면에 사탄은 아담과 하와에게 했던 것처럼 끊임없이 인간에게 죽이는 지식을 주입한다. 죽이는 교육을 한다. 그래서 사탄의 가르침을 따르면 생명을 잃게 된다. 사망 가운데 있게 된다.

## 구약의 가정교육

반세기 전에 스마트는 이렇게 말했다.

구약시대에는 현대 기독교 설교자의 조상이라고 할 만한 이스라엘 예언자들의 역할이 대단히 우월했기 때문에 교육 사업은 거의 그늘 밑에 가리운 것 같았다. 그러나 그 때에도 교육은 분명히 계속되었다. 거룩한 신앙이 이스라엘에 대대로 꾸준히 계속해 내려 온 것은 예언자들의 설교의 결과만이 아니요, 무수한 무명의 이스라엘 사람들이 충실히 교육을 계속한 결과이기도 하다.[10)

틀림없이, 그 "무수한 무명의 이스라엘 사람들" 대부분은 이스라엘의 부모들이었을 것이다. 그들은 보이지 않는 곳에서 이스라엘 가운데 야웨 신앙이 대대로 전해지도록 하는데 결정적인 역할을 했다.

최초의 교사이자 궁극적인 교사이신 하나님은 손수 인간을 가르치실 뿐만 아니라 자신의 백성 이스라엘에게 가르침을 명하셨다. 그리고 "하나님은 확실히 각 부모가 자기 자녀들의 영적 발달에 능동적인 역할을 감당하기를 기대하셨다."[11] 더욱이, 하나님은 가정에서의 신앙교육을 중요시하셨고, 가정은 "하나님께서 설계하셨기 때문에 히브리인들은 결코 교육적 경험 가운데 가정의 구심점을 벗어나지 않았다."[12] 그들에게 있어서 "진정한 교육의 핵심은 가정"이었고 "일반 사람의 가정에서는 분명히 부모가 유일한 교사"였다.[13]

아동 교육에 대한 책임은 하나님이 이스라엘 부모들에게 직접적으로 분명하게 부여하신 것이었다.[14] 구약은 그러한 사실을 분명하게 말해준다. 구약에는 하나님이 이스라엘 부모들에게 자녀들을 자신의 말씀으로 가르치라고 명하시는 부분들이 많이 있다(신 4:9-10, 6:4-9, 11:18-21, 31:12-13, 32:46). 그리고 많은 부모들은 그 명령을 따랐다.

교사로서의 하나님은 "아이들 속에 경건한 성품을 심고 기르는 책임을 어머니와 아버지에게 나누어 맡기셨다."[15] 실제로, 성서 시대에는 부모들이 직접 나서서 자녀들이 영적인 성장을 이루도록 신앙교육을 담당했다. "자식이 하나님을 사랑하고 경배하도록 가르치는 것은 구약 시대 부모에게 주어진 주요한 책임 가운데 하나였다."[16] 이런 점에서, 부모는 신앙교사였다. 비록 가정에서 아이들에게 신앙교육을 시키는 일은 주로 아버지가 맡아서 했지만 어머니의 역할도 중요했다. 성경에서, 특히 구약의 잠언에서 아버지와 어머니란 이름이 함께 나오는 것은 자녀를 양육하고 가르치는 일의 책임이 양쪽에 있음을 나타낸다(잠

10:1, 15:20, 20:29, 23:22, 2528:24, 30:11, 17).[17] 구약의 가정에서는 "아버지와 어머니가 함께 자녀 교육을 담당"[18]했음이 분명하다.

이처럼, "이스라엘 백성의 가정은 부모의 교육과 자녀의 학습이 진행되는 실질적인 교육 기관이었"고, 그런 이유로 "아이들에게 성경과 성경적인 생활 규범을 가르치기를 소홀히 하는 (완전히 다른 사람의 손에만 의지하거나 아무에게도 맡기지 않는) 부모는 하나님이 설계하신 자녀 교육과 학습 방법에서 벗어나 곁길로 가고 있는 것이나 다름"이 없었다.[19]

이스라엘 백성에게 있어서 가정은 "'주님 안에' 있었고 주님은 가정 안에" 계셨으며 "하나님의 뜻을 알기 위한 최초의 장"으로 간주되었다.[20] 가정은 하나님이 세우신 일차적인 신앙교육의 장이었고 부모는 그 교육의 장에서 교사로서 책임을 부여받았다. 이와 같이, 히브리 민족에게 있어서 "다음 세대를 훈련시킬 과제는 부모들의 책임이었"다.[21]

뿐만 아니라 자녀들은 부모와 함께 회당 예배에 참여하면서 구약성서를 배웠는데, 그것은 가정에서의 신앙교육이 회당에서 계속 이어져갔음을 뜻한다. 회당교육은 가정교육을 보완했다.[22] 이와 같이, 가정과 회당 사이에는 신앙교육의 상호작용이 있었고 그것은 자녀들을 믿음으로 형성시키며 세대를 통한 신앙전수에 중요한 역할을 했다. 이것은 매우 바람직한 신앙교육의 형태이다. 왜냐하면 신앙교육은 가정과 더 큰 신앙공동체-교회-가 함께 노력할 때만 최고의 열매를 맺을 수 있기 때문이다. 랜돌프 크럼프 밀러(Randolf Crump Miller)는 기독교적 관점에서 이렇게 말한다.

> 현 상황에서 다루어야만 하는 교육 이론의 또 다른 요소들이 있
> 다. 첫째는 어린이 기독교인의 교육발달과 관련하여 가정이라
> 는 장소를 이해하는 것이다…한 주에 단지 한 시간의 교회교육
> 으로 학교나 가정에서 이미 세속적으로 형성된 어린이의 습관
> 들을 바꿀 수 있을 가능성은 미미하다. 그러므로 가정과 교회가
> 연계해야 한다는 것은 교회의 근본적인 교육 이론임을 깨달아
> 야 한다. 기독교 가정은 교회에 가장 큰 도움이 될 수 있고, 상
> 호의존적인 관계를 통해서 더 건전하고 영구적인 기독교 교육
> 의 기회를 가질 수 있다.[23]

구약의 신앙교육의 방식이 그러했다. 이스라엘 부모들은 그렇
게 했다. 그들은 대부분 지혜로운 부모들이었음에 틀림없다. 하
나님의 진리를 가르쳐야 할 부모의 책임과 그 가르침에 대한 바
른 반응을 보여 할 자녀의 의무[24]는 가정과 회당—더 큰 종교 공
동체—이 연계하여 신앙교육이 제대로 작용하게 하는 중요한 요
소였다.[25] 그들은 가정과 회당을 연계하여 자녀들을 믿음으로
양육했다.

### 구약의 자녀교육에 관한 중요한 말씀들

앞서 언급한 바 있듯이, 구약에는 가정에서 자녀를 믿음으로
교육하고 양육하는 문제와 관련하여 많은 본문들이 있다. 그 중
에서도 다음 두 곳의 말씀을 살펴보는 것은 매우 유익하다.

첫째는 출애굽기 12장 25-27절 말씀이다.

너희는 여호와께서 허락하신 대로 너희에게 주시는 땅에 이를 때에 이 예식을 지킬 것이라 이 후에 너희의 자녀가 묻기를 이 예식이 무슨 뜻이냐 하거든 너희는 이르기를 이는 여호와의 유월절 제사라 여호와 께서 애굽 사람에게 재앙을 내리실 때에 애굽에 있는 이스라엘 자손 의 집을 넘으사 우리의 집을 구원하셨느니라 하라 하매 백성이 머리 숙여 경배하니라.

모세는 유월절 사건이 있기 바로 전에 이스라엘 백성에게 그들이 어떻게 유월절을 준비해야 하는지를 설명하면서 그 일을 규례로 삼아서 앞으로 그들과 그들 자손이 계속해서 예식을 준수해야 한다고 말한다. 그리고는 앞으로 여러 예식들을 거행할 때 자녀들이 그러한 예식이 무슨 뜻인지 물을 때 어떻게 대답해야 하는지를 말해준다.

여기에는 생각해 볼 것이 두 가지 있다. 하나는 예식에 대한 자녀들의 물음의 문제이다. 대개 자녀들은 부모와 함께 하나님을 섬기는 삶을 살아갈 때 함께 거행하는 의식이 무슨 뜻인지를 묻게 된다는 것이다. 사실, 이스라엘 백성은 매년 여러 절기들을 기념해야 했는데, 그 과정에서 자녀들은 자동적으로 그것들의 의미와 내용, 그리고 그것들의 이유와 방식 등에 관해서 묻지 않을 수 없었다. 종교의식이 곧 가르침과 배움의 기회였다.[26] 그들은 그런 행사들을 통해 하나님이 자기 백성을 위해서 행하신 일들을 마음에 새기게 되었다.

그런 경우는 거의 없었겠지만, 만일 자녀들이 그것의 의미들을 묻지 않는다면, 부모는 당연히 그것들을 행하면서 그것의 의미를 설명해 주었을 것이다.

가정에서의 신앙교육이 좋은 열매들을 맺으려면 부모의 바른 가르침과 양육이 필요하고 자녀들의 적극적인 참여—물으면서 진리를 탐구하는 자세—가 있어야 한다. 물론, 부모는 그러한 탐구를 이끌어줄 수 있는 능력을 갖추고 자녀들의 물음에 대답할 수 있도록 항상 준비를 하고 있을 필요가 있다.

이것은 오늘날 신앙교육에서도 중요한 함의를 지닌다. 종교 사회화의 과정으로서 절기를 통한 가르침의 방식은 매우 중요하고 실질적이다. 그것은 참여를 통한 배움, 곧 행함을 통한 배움 (learning by doing)의 방식이다. 주크는 이렇게 말한다.

> 하나님은 지금도 여전히 부모들이 자녀들로 하여금 하나님을 경외하도록 이끌어주길 기대하신다. 이것은 부모와 자녀가 집에서 함께 성경을 읽으며, 더불어 기도하고, 같이 성경 이야기 책을 읽고, 마주앉아 기도 응답의 체험을 나누며, 아이들이 경건 서적을 읽도록 권해주고, 정기적으로 주일학교에 다니며… 교회 활동에 참가하도록 격려해주고, 나란히 앉아 기독교적인 내용을 담은 비디오를 시청할 때 비로소 가능한 일이다.[27]

다른 한편으로, 부모들은 절기 행사들을 지키면서 그것들을 자녀들을 가르칠 기회로 삼고서 그들에게 그것들의 의미를 설명해 줄 수 있다. 자녀들의 물음만을 기다리기보다는 오히려 부모가 물음을 제기함으로써 자녀들의 사고를 촉진시킬 수도 있다.

자녀가 물을 수 있는 환경을 만들어주는 것이 부모의 중요한 책임이다. 그 환경은 절기와 종교의식이다.

여기에서도 부모들이 먼저 행동을 통해 신앙생활의 모범을 보이면서 함께 하나님을 섬기는 실천이 무엇보다도 중요하다. 부모들은 "자녀들이 '신령한 것'에 자연스럽게 호기심과 흥미를 느낄 만한 삶을 살고, 그런 예배를 드리"며 살 필요가 있다.[28]

둘째는 신명기 6장 4-9절 말씀이다.

> 이스라엘아 들으라 우리 하나님 여호와는 오직 유일한 여호와이시니 너는 마음을 다하고 뜻을 다하고 힘을 다하여 네 하나님 여호와를 사랑하라 오늘 내가 네게 명하신 이 말씀을 너는 마음에 새기고 네 자녀에게 부지런히 가르치며 집에 앉았을 때에든지 길을 갈 때에든지 누워 있을 때에든지 일어날 때에든지 말씀을 강론할 것이며 너는 또 그것을 네 손목에 매어 기호를 삼으며 네 미간에 붙여 표로 삼고 또 네 집 문설주와 바깥 문에 기록할지니라.

이 말씀은 흔히 "쉐마"라고 불리는 말씀인데, "쉐마는 대부분의 히브리 가정교육(family instruction)을 위한 출발점이었다."[29] 여기에는 야웨 신앙과 야웨 신앙교육의 핵심이 들어 있다(신명기는 이스라엘 백성이 오래전부터 교육을 강조해왔다는 것을 보여주는 증거이다).[30] 모세는 야웨 하나님을 유일하신 하나님으로 소개하면서 그 하나님을 섬기는 방법을 제시한다. 하나님 사랑은 마음 다함, 뜻 다함 그리고 힘 다함으로 해야 한다는 것이다. 곧 전인으로 해야 한다는 것이다. 그것이 하나님을 섬기는 옳은 방법이기 때문이다.

그렇게 말한 다음, 모세는 이스라엘 부모 세대들을 향하여 말씀으로 자녀 세대들을 가르치라고 명한다. 특이한 점은, 이스라엘 부모들이 자녀들에게 자신들의 신앙을 가르치는 일은 하나님에 대한 사랑의 표현이었다는 것이다. 그래서 이스라엘 백성에게 "하나님을 사랑하는 것과 자녀를 교육하는 활동은 서로 불리할 수 없는 일이었다."[31] 곧 하나님 사랑과 자녀 교육은 서로 연결되어 있었다.

신명기 6장 4-9절 말씀, 곧 쉐마에는 가정에서 실시하는 신앙교육 과정의 두 가지 요소가 담겨져 있다.[32] 그것은 오늘날 그리스도인 부모들에게도 적용되는 중요한 것이다.

**첫째 요소는 "헌신적 요소"이다.** 부모는 먼저 하나님을 온전히 사랑하고 섬기면서 하나님의 진리를 자신의 삶으로 실천하지 않고는 자녀들에게 그것을 제대로 전할 수 없다. 그런 이유로, 부모는 먼저 하나님의 말씀을 "마음에 새기고" "일관된 자세로 갈고 닦은 하나님과의 경험적 관계를 지녀야 한다." 부모가 하나님과 맺는 올바른 관계는 가정에서 실시되는 신앙교육의 효과적인 풍토가 된다. 그런 모습과 실천이 없이는 참된 신앙교육은 불가능하다. 하나님께 헌신된 부모가 하나님께 헌신될 자녀를 양육할 수 있다.

기독교 교육학자 캐서린 스톤하우스(Catherine Stonehouse)는 자신의 신앙형성에 관한 이야기를 간증한다. 그것은 믿음의 부모가 예수 그리스도 안에서 하나님께 자신들을 헌신할 뿐만 아니라 가정을 신앙의 분위가가 넘치고 또 신앙이 흐르는 곳으로 만드는 것이 자녀들의 영적 형성과 삶에 얼마나 중요한 역할을 하는지를 보여주는 중요한 예이다.

스톤하우스의 집 화장실 문에는 "예수님은 절대로 실패하지 않으신다"(Jesus Never Fails.)라는 문구가 쓰여 있는 명판이 있다고 한다. 그것은 그녀에게 특별한 것인데, 그 이유는 그것이 대단한 예술품이라서가 아니라 그녀의 유년시절 동안 집에 걸려 있었기 때문이다. 그녀는 그것을 볼 때마다 부모님의 신앙을 떠올리게 된다고 한다. 물론, 그 신앙은 이제 그녀의 신앙이 되었다.[33] 부모의 신앙이 가정생활을 통해 자녀에게 진수된 것이다. 부모가 하나님께 헌신하고 충실하면, 곧 마음과 뜻과 힘을 다하여 하나님을 사랑하는 삶을 살면, 자녀들은 그 모습을 보면서 하나님에 대한 믿음과 섬김 그리고 경건한 삶의 가치를 느끼고 깨닫게 될 것이다. 그리고 그것을 자신들의 것으로 만들어 갈 것이다.

**둘째 요소는 "교육적인 영역"이다.** 부모는 손수 자녀들에게 주님의 말씀-계명과 훈계-을 가르쳐야 한다. 곧 영적 진리를 가르쳐야 한다. 가르치되 부지런히, 곧 24시간 동안 가르쳐야 한다. 왜냐하면 신앙교육은 삶의 전 과정과 관계가 있기 때문이다.[34] 그런 과정을 통해 이스라엘 "자녀들은 어렸을 때부터 모든 행동에 하나님의 뜻이 담겨 있다고 생각하며 성장하였다."[35]

신명기 6장, 특히 쉐마에서 특이한 점은 중단 없는 가르침과 여러 수단을 활용한 가르침을 강조한다는 것이다. 우리는 이 부분을 통해 이스라엘 가정에서 신앙교육이 얼마만큼 강조되고 시행되었는지를 짐작할 수 있다. 따라서 슬로터가 적절하게 말하듯이, "모든 가정생활은 경건한 부모가 일상생활의 경험을 통해 자녀들에게 영적인 일들을 가르치는 교실이 된다."[36)

그러므로 부모는 자신의 가정을 신앙의 분위기가 충만한 환경으로 가꾸어가면서 삶의 모든 면에 영적 활력이 깃들게 해야 한다. 이것은 결코 쉬운 일이 아니지만 아주 귀한 일이며 평생 동안 자녀들의 삶에 지워지지 않는 영적 흔적을 남기는 귀한 유산이 될 것이다.

## 신약의 가정교육

초대교회의 그리스도인 부모들 역시 가정에서 자녀들을 믿음으로 가르치는 일을 최우선 요소로 여기고 계속적으로 그 일을 수행했다.[37) 그래서 가정은 구약시대뿐만 아니라 신약시대에도 어린이들이 "헌신된 거룩한 어른으로 자라가도록 하는 양육 환경을 제공했다."[38) 신약시대의 가정 역시 분명 신앙형성과 성장의 활기찬 풍토였다.

주크는 초기 교회의 가정에서 실행된 신앙교육에 대해 이렇게 말한다. "성경 시대의 가정은 물론이고 초대 교회의 가정에서도 자녀 교육을 대단히 중요한 일로 여겼다. 가정에서 이 의무를 소홀히 여긴다는 것은 결코 생각할 수 없었다."[39) 그는 그런 실천을 강조하면서 현대의 그리스도인 부모들을 향해 이렇게 말한다.

초대 교회 신자들이 자녀를 교사나 학교의 손에 맡기는 것으로 자신이 해야 할 일을 다 했다고 생각하는 오늘날의 크리스천 부모들을 보았더라면, 해주고 싶은 얘기가 많았을지도 모른다. 자녀를 경건하게 훈련시키고 말씀으로 먹여야 하는 부모의 책임을 온통 남에게만 떠넘기는 요즘 아버지 어머니들은 아이들로 하여금 가장 으뜸가는 삶의 목표, 즉 우리 주 예수 그리스도를 알고 사랑하는 목표를 잃고 헤매게 만드는 위험을 자초하는 것이다. 자녀를 제대로 키우고 싶은가? 그렇다면 아이들이 마땅히 가야 할 바른 길, 그러나 좁은 길을 걷게 하라.[40]

부모는 자녀들의 믿음 형성과 성장에 대해서뿐만 아니라 그들의 믿음 유지에 대해서도 도움을 주어야 한다. 성인 그리스도인들로 자라서 신앙 공동체를 중심으로 혼자서도 하나님을 섬길 수 있을 때까지 자녀들을 흔들리지 않는 믿음 가운데 설 수 있도록 가르쳐야 한다. 어떻게 그렇게 할 수 있는가? 성서를 바탕으로 영적인 진리들을 가르치고 배우면서 함께 믿음의 길을 걸어가는 과정을 통해서 그렇게 할 수 있다. 그렇게 하려면 가정에서의 삶을 계속해서 기독교적 영적 형성의 과정으로 만들어가야 한다.

이 모든 것은 가정에서 교사와 제자 삼는 사역자[41]로서의 부모의 역할과 책임과 관계가 있다. 그리스도인 부모인 우리가 그 사역에 매진할 때 성령의 역사 안에서 우리 자녀들에게 믿음이 전수되고 기독교 신앙의 생명력이 대대로 전해질 수 있을 것이다. 우리에게 그런 열정과 실천이 필요하다.

CHAPTER
# 07

# 성서 시대의 가정교육의 예들

성서는 하나님을 믿는 신앙인을 포함하여 모든 인간의 모습—좋은 모습과 나쁜 모습, 하나님께 대한 충실과 불충실 등—을 가감 없이 있는 그대로 묘사한다. 그것은 아마도 인간은 유한하고 불완전한 존재라는 것과 하나님만 홀로 무한하고 완전하신 분이라는 것을 말하려는 의도 때문일 것이다.

신자를 포함하여 인간에게는 좋은 모습도 있고 나쁜 모습도 있다는 사실은 개인이나 이스라엘 민족 전체에 적용되지만 이스라엘 가정에도 적용된다. 그래서 아주 당연하게도 이 세상에 존재하는 모든 가정들과 같이, 이스라엘의 가정들도 불완전했고 그들에게도 강점과 약점이 병존했다. 비록 그들이 하나님이 택하신 거룩한 백성에 속한 가정들이었음에도 불구하고 말이다.

이것은 비록 성서가 가정에서의 신앙교육을 강조할지라도 성서에 등장하는 믿음의 가정들도 불완전한 가정들로서 그 과업을 온전하게 이루지는 못했다는 것을 의미한다. 우리는 먼저 그러한 사실을 인정한 상태에서 오늘날 어떻게 하면 우리 믿음의 가정들이 가정에서의 신앙교육을 좀 더 잘 실시할 수 있는지를 알아보기 위해서 성서에 나타난 믿음의 가정들의 가정교육의 실태를 살펴볼 필요가 있다.

성서에 나타난 가정교육의 사례들을 살펴보는 것은 오늘날 우리 믿음의 가정들을 위해 유익하며 그럴 만한 가치가 충분이 있다.

### 구약의 가정교육의 예들

앞에서 살펴보았듯이, 구약은 가정에서의 신앙교육을 강조하고 있고 더욱이 하나님이 그것을 명하고 계심에도 불구하고 모범적인 가정교육에 대한 직접적인 예-그들이 어떻게 했는지에 대한 실제적인 예-를 찾기란 쉽지 않다. "성서가 가족들에 대한 완전한 모델들을 제공하지 않을"[1] 뿐만 아니라 구약 성서 전체가 야웨 하나님에 대한 이스라엘 백성의 공동체적 섬김과 이스라엘 민족 전체를 통한 하나님의 구원계획의 진행과 성취에 초점이 맞추어져 있기 때문이다. 하지만 우리는 구약 이야기 전체 속에서 개인이나 가정의 하나님 섬김 이야기를 찾아낼 수 있고 또 읽어낼 수 있다.

구약에서 가정에서의 신앙교육에 대한 가장 분명한 예들 중 하나는 잠언이다.

잠언은 자녀의 신앙교육과 직접적으로 관련되어 있는 성서의 한 책이다. 그것은 "자녀 신앙 교육서"라고 불러도 과언은 아닐 것이다. 지혜자는 아들에게 이렇게 권면한다. "여호와를 경외하는 것이 지식의 근본이거늘 미련한 자는 지혜와 훈계를 멸시하느니라 내 아들아 네 아비의 훈계를 들으며 네 어미의 법을 떠나지 말라 이는 네 머리의 아름다운 관이요 네 목의 금 사슬이니라"(잠 1:7-9). 잠언은 1장부터 7장까지 각 구절이 "내 아들아"로 시작한다(4장만 "아들들아"로 시작한다). 그것은 잠언이 자녀의 신앙교육-그것의 초점은 야웨 하나님을 경외하고 섬기는 것이다-과 관련되어 있음을 분명하게 보여주는 것이다.

잠언 기자는 자기 자녀가 여호와 하나님만을 경외하면서 살기를 바라면서 가정에서 신앙교육을 실시했다. 왜냐하면 그는 "여호와를 경외하는 것이 지혜의 근본이요 거룩하신 자를 아는 것이 명철"(잠 9:10)이라는 것과, "여호와를 경외하는 것은 생명의 샘"(잠 14:27)이라는 것을 분명하게 믿었기 때문이다. 그것이 인생에게 가장 근본적이고 좋은 것이기 때문에 부모로서의 잠언 기자가 자기 자녀에게 그것을 전해주려고 하는 것은 당연한 것이었다.

여호와를 경외하는 것은 모든 인간의 삶의 본분이다. 그래서 하나님의 사람이 가정에서 자녀들을 믿음으로 양육할 때 가장 먼저 해야 할 것은 그들로 하여금 하나님을 경외하는 삶을 살도록 이끌어주는 것이다. 본질적으로 신앙교육은 바로 그것에 초점이 맞추어진다.

그러면 왜 신앙교육에서 하나님을 경외하는 것을 가르치는 것이 가장 먼저 해야 할 일인가? 왜 신앙교육은 하나님을 경외하는 것에 초점이 맞추어지는가? 이 물음에 대한 답은 명확하다. 하나님은 만물의 근원, 곧 우리를 지으신 창조주이실 뿐만 아니라 우리를 죄와 사망에서 구원하신 구속의 주님이시기 때문이다. 하나님의 피조물로서의 인간은 예수님이 가르치신 것처럼 '주 우리 하나님께 경배하고 다만 그분을 섬겨야 한다'(마 4:10).

구약의 관점에서 볼 때, 인간의 역사는 두 방향—경건한 계보와 불경건한 계보—으로 흐른다. 하나는 하나님을 섬기는 삶이요 다른 하나는 하나님을 거부하는 삶이다. 아담과 하와는 하나님께 불순종하는 반항 죄를 짓고 에덴동산으로부터 쫓겨난 후에 자신들의 근원인 땅을 갈며 살았다. 아담과 하와는 가인과 아벨을 낳았지만 가인은 아벨을 죽였고 그들은 다시 셋이란 아들을 낳게 되었다.

가인은 아내와 동침하여 자식을 낳았는데 그의 5대손 라멕은 아내를 둘 취하고(여기에서 일부다처제가 처음으로 등장한다) 사람을 죽이는 살인을 저지른다. 그리고 가인의 후손은 하나님께 저항하는 삶을 살아간다. 가인의 후손의 특징은 악이고 불경건이다.

반면에 셋의 후손은 사뭇 달랐다. 그들은 하나님을 섬기는 삶을 살았다. 셋은 아들 에노스를 낳았는데 그 때에 비로소 사람들이 여호와의 이름을 불렀다(창 4:26). 특히 셋의 5대손인 에녹은 "삼백 년을 하나님과 동행하며 자녀들을 낳았으며"(창 5:22), 하나님과 동행하는 삶을 살다가 하나님의 부르심을 받았다. 가인의 5대손인 라멕이 하나님의 일부일처혼 제도를 깨뜨렸을 뿐만 아니라 살인자가 된 반면에, 에녹은 셋의 5대손으로 하나님과 동행하면서 하나님을 섬겼다.

에녹과 그 이전 사람들의 삶에 대한 성서의 묘사에는 한 가지 중요한 차이점이 있다. 창세기 5장은 다른 사람들을 묘사하면서 각 사람에 대한 마지막 설명 부분에서 "낳았고…낳았으며…살고 죽었더라"고 기술하는 반면에 에녹에 대해서는 "낳았고…삼백년을 하나님과 동행하며 자녀들을 낳았으며…에녹이 하나님과 동행하더니 하나님이 그를 데려가시므로 세상에 있지 아니하였더라"고 기술하고 있다. 에녹은 그냥 살지 않고 의지적으로 하나님과 동행하며 살았다. 그리고 하나님은 그런 에녹과 의지적으로 동행하셨다. 하나님과 에녹의 동행하는 삶에는 상호간 의지적 추구가 있었던 것이다. 그래서 에녹의 하나님과 동행하는 삶은 동시에 그것에 대한 응답적인 행위로서의 하나님의 동행하시는 삶이 있는 상호적 동행의 삶이었다.

하나님과 동행하는 삶을 온전히 살아가려면 한 가지 절대 조건이 충족되어야 한다. 그것은 우리가 원하는 길로 가는 것이 아니라 하나님이 요구하시는 방향으로 가야 한다는 것이다. 로렌스 크랩(Laurence Crabb)이 말하는 것처럼, "만일 내가 하나님과 동행하려면 한 가지가 곧 분명해진다. 우리는 같은 방향으로 가야한다는 것이다. 그리고 하나님은 협상을 하지 않으신다. 그분은 자신과 합류하도록 나를 초청하신다. 그분은 내 간도(side trip)를 나와 함께 걸어가지 않으실 것이다."[2]

에녹의 삶을 성찰해 보면, 인간은 주어진 삶을 그럭저럭 살다가 죽을 수도 있고 자신을 지으신 창조주 하나님과 함께 적극적으로 인생길을 걸어가는 삶을 살 수도 있다.[3] 여러분은 어떤가?

나는 그럭저럭 살다가 죽고 싶은 마음이 전혀 없다. 내가 살았던 흔적은 남기고 싶다. 더욱이 창조와 구원의 주 하나님과 함께 힘차게 인생길을 걸어간 흔적을 남기고 싶다. 그런 다음 아벨처럼 내가 죽었으나 그 믿음으로써 후에도 말하는 사람(히 11:4)이 되고 싶다. 이것은 교만한 마음에서 나오는 것이 아니다. 부족한 점이 아주 많은 인생이지만 그럼에도 하나님 앞에서 충실한 믿음의 사람으로 살아가고 싶은 진정한 마음의 표현이다.

자녀들로 하여금 하나님과 동행하면서 그분을 섬기는 삶을 살도록 가정에서 교육할 수 있는 사람은 바로 자신이 먼저 하나님과 동행하는 삶을 사는 사람이다. 하나님을 위한 삶을 사는 사람의 계보는 바로 여기에서 나온다.

노아는 그런 사람이다. 노아는 셋의 8대손이자 에녹의 3대손으로 "의인이요 당대에 완전한 자"였고 "하나님과 동행하였"다(창 6:9-10). 그는 하나님의 홍수 심판을 겪은 후에 하나님의 은혜를 입고 함께 살아남은 세 아들-셈과 함과 야벳-과 며느리들과 함께 "여호와께 제단을 쌓고 모든 정결한 짐승과 모든 정결한 새 중에서 제물을 취하여 번제로 제단에 드렸"고 여호와 하나님은 그 향기를 받으"셨다(창 8:20-21).

하나님을 섬기며 살았던 노아의 삶에서 한 가지 아쉬운 점은, 그는 훌륭한 하나님의 사람이었음에도 불구하고 포도주에 취해 정신을 잃은 채 발가벗고 추한 행동을 함으로써 하나님과 맺은 언약을 훼손했다는 것이다. 가정에서의 신앙교육의 관점에서 보면, 그것은 결코 자녀들에게 모범적인 행동이 아니었다. 더욱이, 노아는 자신의 그런 모습을 비난했던 둘째 아들 함을 저주함으로써 가족사에 오점을 남겼다.

노아 이후에 세상은 다시 악해졌고 사람들은 하나님께 대해 집단적으로 저항함으로써 하나님은 그들을 온 땅으로 흩으셨고(창 10장), 역사 속에서 한 사람 아브라함을 부르시고 그를 통해 큰 민족—이스라엘 민족—을 이루게 하셨다.

아브라함으로부터 요셉까지 가정에서의 신앙교육에 대해서는 성서가 자세히 기록하고 있지 않지만(그것이 그들의 삶을 기록한 목적이 아니기에) 하나님을 섬기는 삶에 대해 어느 정도 교육이 이루어졌을 것이다. 왜냐하면 이삭은 아버지 아브라함이 자신을 하나님께 재물로 바치려 할 때 기꺼이 드려지려고 했고(창 22장) 묵상하는 삶을 살았기 때문이다(창24:63).

아브라함 이전에는 하나님이 사람들과 개인적인 관계를 맺는 것에 초점이 맞추어졌지만 아브라함 때부터는 더 큰 공동체와의 관계에 초점이 맞추어진다. 아브라함, 이삭, 야곱 그리고 요셉의 계보(메시야의 계보로는 요셉이 아닌 야곱의 아들 유다로 이어진다4))로 이어지는 이스라엘 민족은 하나님이 애굽에서 그들을 해방시키셨을 때 역사의 새로운 전기를 맞이하게 되었다.

하나님은 그 이스라엘 민족의 부모들에게 믿음의 공동체를 이어가도록 가정에서의 신앙교육을 실시하여 계속해서 믿음을 전수하라고 말씀하셨다. 그리고 경건한 부모들은 그 말씀을 따랐을 것이다. 예언자들은 그것에 대한 증거이다. 예언자들은 가정에서 부모들이 실시한 신앙교육의 결과임에 틀림없다. 이와 관련하여, 스마트는 이렇게 말한다. "구약 성경의 다른 곳에서는 교훈에 관한 기사를 별로 볼 수 없다. 그것은 물론 교훈이 주로 가정에서 행하여졌기 때문이다. 이스라엘 사람들의 가정교육이 얼마나 효과적이었냐는 이스라엘의 신앙사가 잘 증거해 주고 있다. 예언자들은 이러한 가정의 소산들이었다."5)

이러한 예들은 이스라엘의 역사에는 이스라엘 백성이 하나님께 불순종하는 삶을 살았고 그로 인해 심판을 받는 모습들이 있기도 했지만 그럼에도 다른 한편으로 가정에서의 신앙교육을 통해서 바른 믿음의 삶을 추구했던 사람들도 있었음을 볼 수 있다. 그것이 바로 이스라엘 민족의 특징이요 그들이 지닌 저력이다. 가정에서의 신앙교육이 살아 있는 가정과 민족은 생명의 힘이 있다.

### 실패한 이야기들

구약은 이스라엘 백성이 가정에서의 신앙교육을 집단적으로 실패한 것과 그것이 이스라엘 백성에게 미친 영향에 대해서 기록하고 있다. 사사기 2장 7-10절은 이스라엘 백성이 가나안 땅에 들어간 다음에 일어난 일에 대해 다음과 같이 기록하고 있다.

> 백성이 여호수아가 사는 날 동안과 여호수아 뒤에 생존한 장로들 곧 여호와께서 이스라엘을 위하여 행하신 모든 큰 일을 본 자들이 사는 날 동안에 여호와를 섬겼더라 여호와의 종 눈의 아들 여호수아가 백십 세에 죽으매 무리가 그의 기업의 경내 에브라임 산지 가아스 산 북쪽 딤낫 헤레스에 장사하였고 그 세대의 사람도 다 그 조상들에게로 돌아갔고 그 후에 일어난 다른 세대는 여호와를 알지 못하며 여호와께서 이스라엘을 위하여 행하신 일도 알지 못하였더라.

이 본문은 여호수아 이후 이스라엘 자손들의 신앙생활의 모습을 말해준다. 그들은 여호와 하나님을 알지 못했다. 그리고 하나님이 행하신 일도 알지 못했다. 참으로 믿기 어려운 일이다. 애굽으로부터 하나님의 해방과 구속함을 받고 또 가정에서의 신앙교육에서의 중요성에 대해 그토록 들었는데도 이스라엘 백성에게 어떻게 그런 일이 일어날 수 있었을까? 우리는 이미 앞서 언급된 바 있는 신명기 6장 4-9절과 시편 78편에서, 특히 1-8절에서 그것에 대한 힌트를 얻을 수 있다.

이스라엘아 들으라 우리 하나님 여호와는 오직 유일한 여호와이시니 너는 마음을 다하고 뜻을 다하고 힘을 다하여 네 하나님 여호와를 사랑하라 오늘 내가 네게 명하는 이 말씀을 너는 마음에 새기고 네 자녀에게 부지런히 가르치며 집에 앉았을 때에든지 길을 갈 때에든지 누워 있을 때에든지 일어날 때에든지 이 말씀을 강론할 것이며 너는 또 그것을 네 손목에 매어 기호를 삼으며 네 미간에 붙여 표로 삼고 또 네 집 문설주와 바깥문에 기록할지니라.(신 6:4-9)

내 백성이여…예로부터 감추어졌던 것을 드러내려 하니 이는 우리가 들어서 아는 바요 우리의 조상들이 우리에게 전한 바라 우리가 이를 그들의 자손에게 숨기지 아니하고 여호와의 영예와 그의 능력과 그가 행하신 기이한 사적을 후대에 전하리로다 여호와께서 증거를 야곱에게 세우시며 법도를 이스라엘에게 정하시고 우리 조상들에게 명령하사 그들의 자손에게 알리라 하셨으니 이는 그들로 후대 곧 태어날 자손에게 이를 알게 하고 그들은 일어나 그들의 자손에게 일러서 그들

로 그들의 소망을 하나님께 두며 하나님께서 행하신 일을 잊지 아니
하고 오직 그의 계명을 지켜서 그들의 조상들 곧 완고하고 패역하여
그들의 마음이 정직하지 못하며 그 심령이 하나님께 충성하지 아니하
는 세대와 같이 되지 아니하게 하려 하심이라.(시 78:1-8)

위의 두 말씀을 토대로 판단해 볼 때, 여호수아 이후 이스라엘
자손들이 하나님을 알지 못하고 또한 하나님이 행하신 일들을
알지 못했던 것은 그들의 조상들, 즉 부모 세대들이 자녀들에게
그것을 제대로 전하지 않았기 때문이라고 말할 수 있다.

C. B. 이비(C. B. Eavey)는 이것에 대해 이렇게 말한다.

이 모든 시대를 통하여 가정은 근본적인 교육의 기관으로 고려
되었다. 부모들은 그들의 자녀들을 교육하며 바르게 행하도록
가르칠 책임이 있었다. 물론 부모들이 그들의 교육적 책임을 충
실히 감당한 것은 아니었다. 이스라엘 백성이 가나안에 들어간
후 자녀교육을 게을리 하고 세속적인 일에 몰두한 적도 있었다.
이 같은 자녀 교육에 대한 나태 때문에 여호수아 시대 이후에
는 하나님을 알지 못하는 세대가 있었다. 하나님의 율법에 순종
하는 대신에 그들이 자행자지함으로써 혼돈의 시대가 다가왔
다.[6]

이비가 말하는 것처럼, 자녀들을 믿음으로 교육하는 일을 게
을리 하고 무관심하면서 온갖 세속적인 일에만 몰두하고 또 자
녀들의 세속적인 출세에만 관심을 갖는다면 우리 자녀들은 하나
님을 떠나는 세대가 되고 그 이후에는 하나님을 잃어버린 세대

가 될지도 모른다. 이것은 하나님께도, 하나님의 교회에도, 우리에게도, 다음 세대들에게도 그리고 결국에는 기독교 자체에도 매우 불행한 일이 될 것이다. 우리는 이 이야기를 반면교사로 삼을 필요가 있다.

특히, 구약에서 믿음의 부모가 자녀 교육에서 실패한 경우를 찾을 때 즉시 마음에 떠오르는 사람이 둘 있다. 하나는 엘리 제사장이고 다른 하나는 사무엘 선지자이다. 그 둘은 당시의 종교 지도자들이었음에 불구하고 그들의 자식들은 하나님 앞에서 불신앙적이었다.

제사장 엘리의 두 아들 홉니와 비느하스는 조상들의 계보를 따라 실로에서 대를 이어 제사장이 되어 그 역할을 감당하게 되었다. 그러나 그들은 이스라엘 백성에게 악행을 저질렀을 뿐만 아니라 "회막 문에서 수종 드는 여인들과 동침"을 하기도 했다(삼상 2:22). 엘리 제사장은 그 소식을 듣고 말렸으나 불효하게도 그들은 아버지의 말을 듣지 않았다. 하나님은 결국 그의 집을 심판하셨다. 홉니와 비느하스는 하나님의 말씀대로 같은 날 블레셋에게 언약궤를 빼앗기면서 함께 죽임을 당했고, 엘리는 언약궤가 빼앗겼다는 소식을 듣고 놀라 뒤로 넘어져 목이 부러져 죽었다.

사무엘의 두 아들 요엘과 아비야도 하나님 앞에서 다를 바 없었다. 그들은 아버지의 대를 이어 브엘세바에서 사사가 되었는데, 그들은 자기 아버지 사무엘의 행위를 따르지 않고 이익에 눈이 어두워 뇌물을 받고 잘못된 판결을 내렸다(삼상 8:3). 그로 인해 이스라엘 백성들은 하나님께 왕을 요구하게 되었다.

이 두 이야기에서 우리가 주목해야 할 것은 가정에서의 신앙교육이 제대로 실시되지 않으면 믿음의 가정에서도 그런 일이 일어날 수 있다는 것이다. 우리는 진정 이 점을 깊게 생각하면서 동일한 문제가 우리들 가정에서 일어나지 않도록 자녀들의 신앙의 문제를 진지하게 다룰 필요가 있다.

### 신약의 가정교육의 예들

위에서 살펴보았듯이, 한때 이스라엘의 역사에는 자녀교육에 대한 게으름과 나태 그리고 세속적인 일에 몰두함으로 인해 온 세대가 하나님을 잃어버린 때가 있었다. 그러나 이비가 말하듯이, "그러함에도 불구하고 교육적 관념은 남아 있었다. 이 당시에도 13세가 되면 율법을 알고 지켜야할 책임이 개인에게 주어졌다. 이 나이가 되도록까지는 그 자녀의 교육과 행동의 책임은 가장들에게 있었다."[7]

그와 같은 자녀의 신앙교육은 이스라엘 백성이 애굽에서 나와 가나안에 정착하여 살 때부터 예수 그리스도가 탄생하실 때까지 거의 가정을 중심으로 이루어졌다.[8] 그리고 그러한 형태는 그 이후에도 한 동안 계속되었고 초기교회에도 동일한 영향을 미쳤다.

특히, 초기교회는 가정을 중심으로 한 가정교회의 형태였고 (고전 16:19; 롬 16:3,5; 골 4:15 등),[9] 온 가족이 함께 하나님을 섬기는 공동의 신앙 실천을 해 갔다. 이것은 자녀들도 기독교 공동체의 신앙 풍토에서 부모의 신앙지도를 받고 하나님을 함께 섬기면서 자랐음을 의미한다.[10] 이에 대해 스톤하우스는 이렇게 말한다.

신약은 어린이들에게 신앙을 가르치는 것에 관해 무엇을 말하는가? 그것은 특정한 프로그램들과 방법들에 대해서 침묵한다. 초기 그리스도인들은 예배, 가르침, 배움 그리고 교제를 위해 가정에서 만났다. 가족 전체가 거기에 있었을 것이기 때문에, 우리는 어린이들이 성인들과 함께 기독교 공동체에 참여했을 것으로 여긴다.[11]

사도행전 10장은 이달리야 군대의 백부장 고넬료를 이렇게 소개한다. "그가 경건하여 온 집안과 더불어 하나님을 경외하며 백성을 많이 구제하고 하나님께 항상 기도하더니"(2절). 고넬료는 유대인이 아니었으면서도 하나님을 섬기는 사람―하나님을 경외하는 사람이라고 불림―이었는데 온 집안 식구가 그렇게 했다. 고넬료가 자기 자녀들을 믿음으로 양육했으리라는 것, 곧 그들로 하여금 자신과 같이 하나님을 경외하는 삶을 살도록 그들을 이끌어주었으리라는 것은 분명하며, 그로 인해 그들은 자신들의 아버지 고넬료처럼 하나님을 경외하는 사람들이 되었을 것이다. 더 정확히 말하면, 아버지의 영향으로 그리스도인들이 되었을 것이다.

신약에서 가정에서의 신앙교육의 모범들 중 하나는 단연 디모데의 경우일 것이다. 바울은 디모데에게 보내는 편지에서 그의 속에는 "거짓이 없는 믿음이" 있다고 말하면서, 그 믿음은 그의 외조모 로이스와 그의 어머니 유니게에 속해 있던 것이었는데 이제는 그의 속에도 있는 것이라고 말한다(딤후 1:5). 바울은 또한 디모데가 "어려서부터 성경을 알았"다고 말한다(딤후 3:15).

그러면 디모데는 어떻게 어려서부터 성경을 알았을까? 두말할 필요 없이, 그것은 분명 그의 어머니의 신앙교육 때문이었다. 그의 가정은 조상으로부터 믿음을 전수 받은 가정이었고 어머니의 양육을 통해서 어머니가 가졌던 믿음을 갖게 되었다. 그녀는 매우 경건한 여인이었는데, 디모데는 그러한 경건한 믿음의 어머니—반면에 아버지는 이방인이었음—로부터 어릴 때부터 하나님의 말씀을 배우며 자랐다. 가정에서의 영적 양육, 곧 신앙교육을 통해 어머니의 믿음이 그의 믿음이 된 것이다. 디모데 이야기는 "부모가 하나님과 어떤 관계를 맺고 있느냐가 자녀의 가치관이나 도덕적인 표준에 깊은 영향을 미친다는 것"[12]을 보여준다.

부쉬넬은 젊은 목회자 디모데에게 주었던 그의 어머니 유니게의 영향과 관련하여 이렇게 말한다.

그 어머니는 매우 경건한 여인이었으므로 그 아들의 훈련에 아무런 부족함이 없게 하였다. 사도 바울은 디모데후서에서 이 어머니가 경건을 디모데에게 유산으로 주었다고 말한다. 지금 사도 바울이 상기시키고 있는 내용은 그 어머니의 신실함에 대한 교훈이다. 하나님의 말씀이기 때문에 성경에서 배운 내용을 기억하라고 명하기도 하지만 또한 '그 말씀을 누구를 통해 배우게 되었는가를 알기' 때문에, 즉 은혜롭고 신실한 어머니를 통하였다는 것을 알기 때문에 더욱 가치 있게 생각하라고 명하고 있다.[13]

디모데가 하나님의 말씀—구약성서—을 알게 된 것은 그것을 자녀에게 알려주는 어머니가 있었기 때문이다. 한 자녀가 믿음의 세계로 들어가려면 살아계신 하나님의 말씀뿐만 아니라 그것을 알려주는 사람도 필요하다. 가정에서 자녀에게 그것을 알려주는 사람은 바로 믿음의 부모이다. 부모의 역할과 책임이 그만큼 큰 것이다.

부쉬넬은 사도 바울이 믿음의 아들 디모데에게 주는 권면에서 세 가지 요점에 주목한다.[14]

첫째, 자녀를 위한 신앙교육이 제대로 이루어지는 것이 매우 중요하다는 것이다. 왜냐하면 부모의 가르침의 말은 계속해서 자녀의 마음속에 남아 작용하게 되며 "그 영적 이해의 핵심"이 되기 때문이다.

둘째, 어머니의 가르침은 성경에 대한 가르침이었다는 것을 주목할 필요가 있다는 것이다. "단지 지혜로운 의견으로 정신을 채우는 것만이 아니라 성령의 빛과 말씀으로도 채운다는 것은 성경 가르침 혹은 성경 훈련에서 얻는 매우 중요한 유익이다." 자녀에게 말씀을 가르치는 것은 가정에서의 신앙교육의 기본이 되어야 한다.[15]

셋째, 참된 가르침은 "살아 있는 예로 진리를 해석하여 자녀의 마음에 닿게 하는 가르침"으로 그것을 가르쳐준 사람을 위해서 후에도 가르침 받은 진리를 사랑하게 만드는 가르침이라는 것이다. 우리는 가르치는 사람을 좋아할 때 그의 가르침을 좋아하는 경향이 있다. 가르치는 사람과 가르침의 효과는 밀접하게 관련되어 있다.

유니게는 디모데를 믿음으로 양육하는 것에 큰 관심을 가지고 있었을 뿐만 아니라 그것에 헌신되어 있었다. 그런 이유로, 어머니가 손수 아들에게 하나님의 진리의 말씀을 가르친 것은 더욱 소중하다. 어머니의 진리에 대한 가르침에는 그녀 자신의 배움과 기도, 그리고 경건한 삶과 신앙이 녹아들어 있었기 때문에 그것은 살아 있는 가르침이었다. 일종의 실물교육이었다.

이런 점에서, 부쉬넬의 다음의 말은 참으로 의미심장하다.

> 그가 '누구를 통해' 이러한 것들을 배웠는지 아는 것과 경건한 아버지와 경건한 어머니를 그 가르침 속에서 본다는 것은 자녀에게 그 후의 삶에서 참으로 중요한 일이다. 진리는 말로 배울 수 없으며, 지적 논리의 방법으로 해석되지도 않는다. 진리를 진정 알기 전에 반드시 생활 속에서 그 의미가 영위되어야 한다…참된 그리스도인 아버지와 어머니가 그 가르침에서 갖는 특권은 그들이 하나님의 진리와 함께 자녀의 마음에 파고들어 그 진리와 함께 기억되며 그 진리가 자녀에게 주는 영원 속에서 함께 산다는 것이다.[16]

아마도 디모데는 하나님의 말씀을 생각할 때마다 어머니가 함께 떠올랐을 것이고 어머니를 기억할 때마다 하나님의 말씀이 함께 생각났을 것이다. 이 얼마나 놀라운 영적 상호관계성인가!

이스라엘 역사가 보여주듯이 그리고 기독교 역사가 증명해주듯이, 자녀들을 위한 부모의 신앙교육의 책임과 힘은 매우 크다. 신앙의 부모들은 자녀들을 믿음으로 양육하는 일을 게을리하지 말아야 한다. 신앙의 가정과 신앙의 부모는 자녀들의 신앙

형성과 밀접하게 관련되어 있기 때문이다. 유니게와 디모데의 경우처럼, 부모의 신앙양육을 통해 부모의 믿음이 자녀에게 전해져 자녀의 믿음이 된다면 그것보다 더 귀중한 것이 어디 있을까? 성서적 관점에서, 그런 부모는 가장 성공한 삶을 산 것이 된다.

디모데를 향해 "이 믿음[디모데 속에 있던 '거짓이 없는 믿음']은 먼저 네 외조모 로이스와 네 어머니 유니게 속에 있더니 네 속에도 있는 줄을 확신하노라"(딤후 1:4-5)고 말했던 바울은 에베소 교인들에게 이렇게 권면했다.

> 자녀들아 주 안에서 너희 부모에게 순종하라 이것이 옳으니라 네 아
> 버지와 어머니를 공경하라 이것은 약속이 있는 첫 계명이니 이로써
> 네가 잘되고 땅에서 장수하리라 또 아비들아 너희 자녀를 노엽게 하
> 지 말고 오직 주의 교훈과 훈계로 양육하라.(엡 6:1-4)

가정에서 자기 자녀를 "주의 교훈과 훈계로 양육"하는 그리스도인 부모는 하나님의 말씀에 충실한 신앙인이다. 그런 하나님의 사람은 복되다. 그런 부모는 자녀들에게 최고의 선물과 최고의 유산을 물려주는 것이며, 오늘날뿐만 아니라 앞으로도 가정에서의 자녀 신앙교육에 대한 참된 본보기들이 될 것이다.

# 영적 관점에서 자녀들을 이해하기

인간이란 무엇인가? 이 물음은 신학자 위르겐 몰트만(Jürgen Moltmann)이 말하듯이 오직 인간만이 묻는 물음이다. 동물들은 자신이 누구인가? 라고 묻지 않는다. 아니, 그렇게 물을 수 없다. 왜냐하면 그런 물음은 하나님의 형상에 근거한 이성을 지닌 존재만이 물을 수 있는 것으로 동물들은 이성을 지니고 있지 않기 때문이다. 동물들에게는 그런 능력이 없다. 곧 개는 "개란 무엇인가?"라고 묻지 않고, 소는 "소란 무엇인가?"라고 묻지 않으며, 돼지는 "돼지란 무엇인가?"라고 묻지 않는다. 그것들은 그저 자기들 능력-본능-의 한계 안에서 살다 죽는다.

반면에 하나님은 "하나님이란 무엇인가?"라고 묻지 않는다. 왜냐하면 하나님은 이미 자신이 누구인지, 곧 자신의 정체성에 관해서 분명하게 알고 계시기 때문이다. 자기 정체성에 관한 물음은 오직 인간만이 갖는 물음이다. 인간은 우주 가운데 인간 현상을 보면서 "인간이란 무엇인가?"라고 물을 뿐만 아니라 자기를 의식하면서 존재론적인 물음인 "나는 누구인가?"라고 묻는다.

### 인간은 영적 존재

그러면 인간이란 무엇인가? 인간은 어디에서 온 것일까? 인간은 어떻게 이 세상에 존재하게 된 것일까? 이 물음은 일종의 세계관적 물음으로 모든 사람은 각자 자신의 세계관—일반적으로 유신론적 세계관 또는 무신론적 세계관—에 따라 다르게 대답한다. 그리스도인들은 성서의 진술에 근거하여 유신론적 세계관을 받아들인다. 그들은 그 문제에 대한 성서의 진술이 모두 참되다고 믿는다.

성서는 그 문제와 관련하여 이렇게 진술한다. "태초에 하나님이 천지를 창조하시니라"(창 1:1). 그래서 "땅과 거기에 충만한 것과 세계와 그 가운데에 사는 자들은 다 여호와의 것이"다(시 24:1). 이런 점에서, 하나님에 대해서 말하는 것은 존재에 대해서 말하는 것이다. 하나님은 모든 존재의 근원으로서 모든 것을 존재하게 하셨기 때문이다.

인간의 기원은 하나님께 있다. 그래서 바울이 에덴의 아레오바고에서 설교했던 것처럼 우리는 "그를 힘입어 살며 기동하며 존재"한다(행 17:28). 클라우스 베스터만(Claus Westermann)은 창조에 대한 성서의 진술과 관련하여 이렇게 말한다.

성서는 처음부터 끝까지 하나님의 행위와 말씀을 포함한다. 창세기는 시작에 대해서 말하며 요한계시록은 끝에 대해서 말한다. 성서의 첫 번째 책과 마지막 책에서 하나님은 전 인류, 전 세계 그리고 모든 피조물과 관계가 있다. 알파와 오메가, 곧 처음과 나중이신 하나님은 그분의 사역이 모든 것—전에도 있었고 지금도 있으며 앞으로도 있을 모든 것—을 포함하는 동일하신 하나님이시다. 만물의 기원에 대해서 말하는 것이 창세기의 목적이다. 그것은 '기원의 책'(Book of Beginnings)이다.[1]

만물의 기원이 하나님께 있는 것처럼, 인간의 기원이 하나님께 있고 하나님이 인간을 창조하셨다면, 우리는 "인간이란 무엇인가?"라는 물음에 대해 "인간은 하나님의 피조물이다"라고 분명하게 말할 수 있다. 그래서 우리는 창세기 1장 26-27절의 진술—"하나님이 이르시되 우리의 형상을 따라 우리의 모양대로 우리가 사람을 만들고 그들로 바다의 물고기와 하늘의 새와 가축과 온 땅과 땅에 기는 모든 것을 다스리게 하자 하시고 하나님이 자기 형상 곧 하나님의 형상대로 사람을 창조하시되 남자와 여자를 창조하시고"—을 믿음으로 받아들인다.

성서적 관점에서 인간은 분명 하나님의 피조물이다. 하나님이 없다면 우주도 없을 것이고 그 가운데 있는 모든 것도 없을 것이다. 인간도 없을 것임은 두말할 필요가 없다. 모든 것은 창조주 하나님 때문에 존재하게 되었다. 그리스도인들인 우리는 그것을 분명하게 믿는다.

그런데 위의 진술에서 독특한 점은 다른 모든 피조물들과는 달리, 인간은 창조주 하나님에 의해서 하나님의 형상대로 지음을 받았다는 것이다. "하나님의 형상"(the image of God)이 무엇을 의미하는가에 대한 논쟁이 여전히 있지만 분명한 사실은, 인간은 다른 피조물들과 다르게 지음을 받았다는 것과 하나님의 형상을 따라 지음을 받았다는 것은 인간을 영적 존재로 이해하는 근거가 된다는 것이다.[2] 왜냐하면 창조주 하나님은 영이시며(요 4:24), 그분은 인간을 자신을 섬기고 예배할 수 있는 존재로, 곧 의사소통적-대화적-존재로 지으셨기 때문이다.[3] 인간에게 인간성이 없이 동물성만 있다면 인간은 결코 인격적으로 하나님을 예배할 수 없다. 왜냐하면 동물은 자신을 지으신 창조주 하나님을 의식적으로 그리고 의지적으로 예배할 수 없기 때문이다. 우리는 동물을 영적 존재로 이해하지 않는다. 영성(spirituality)은 인간에게만 국한된 것으로 이해한다.

인간의 영성은 하나님의 영성과 존재성에서 비롯되었다. 이것은 창조주 하나님을 부정하는 무신론적 세계관을 지닌 사람들은 영성에 대해 말할 근거가 없다는 것을 말한다. 그래서 그들이 영성을 말하는 것은 우스운 것이다. 왜냐하면 그것은 마치 어떤 사람이 도자기를 보고는 그것은 우연히 생긴 것이라고 말하면서도 거기에는 장인의 혼이 담겨있다고 말하는 것과 같기 때문이다. 이 얼마나 우스꽝스러운 이야기인가? 따라서 영성은 오직 창조자 하나님을 믿는 사람들만 말할 수 있는 "신앙"의 용어이다.

그러면 영성이란 무엇인가? 영성에 대한 이해는 다양할 수 있고 또 다양하지만, 한 가지 분명한 것은 영성은 최소한 두 가지 면과 관계가 있다는 것이다. 하나는 인간의 존재성 또는 존재의 본질이고 다른 하나는 관계성이다. 이것은 인간 존재는 자신을 지으신 창조주 하나님과의 관계 안에서만 참된 의미와 만족을 누릴 수 있음을 의미한다.

## 아이들도 영적 존재: 아동의 영적 형성과 삶

영이신 하나님의 피조물인 모든 인간은 하나님의 형상을 따라 지음 받은 영적 존재들이다. 성서는 분명 그렇게 가르친다. 그리고 그 진술은 아이들에게도 동일하게 적용된다. 곧 어른들이 인간으로서 영적 존재인 것처럼, 아이들도 인간으로서 영적 존재들인 것이다. 물론, 그렇다고 해서 어린이들이 어른들의 축소판은 아니다. 어린이들은 그들 나름의 고유한 속성을 지니고 있다.

어린이들의 영적 삶에 관해 오랫동안 연구해 온 중요한 학자들의 중의 한 사람은 로버트 콜즈(Robert Coles)다. 그는 임상 의사(clinician), 곧 소아과 의사이자 아동 정신의학 의사로서 "어린이들 안에 있는 영성"을 이해하려고 또 "어린이들 안에 있는 감정과 사고의 범위"를 탐구하려고 부단한 노력을 기울여왔다. 그는 자신의 책 『어린이들의 영적 삶』(The Spiritual Life of Children)에서 어린이들의 영적 삶과 관련하여 이렇게 말한다.

> 분명히 이 책은 많은 어린이들이 표현하려고 애썼던 것에 대한 한 사람의 묘사, 곧 그들이 진심으로 나에게 제공했던 이야기들에 대한 나의 이야기이다. 다른 사람들 역시 이 길, 곧 상당히 세속적이고 과학적인 교육을 받아온 우리들이 다소 무시해온, 심지어는 피해온 길을 따라 즐겁게 걸어갈 수 있을 것이다. 그와 같은 다른 사람들로부터 틀림없이 우리는 언어와 양심을 지

닌 인간이 된다는 것이 무엇을 의미하는지에 대해 더 많이 배우게 될 것이다. 그리고 종교인들로부터 우리는 위대한 교사[예수님]가 영적 삶에 대해 말씀하셨던 것-'어린 아이들을 용납하고 내게 오는 것을 금하지 말라 천국이 이런 사람의 것이니라'-을 배우게 될 것이다.[4)]

같은 맥락에서, 도널드 래트클리프(Donald Ratcliff)와 스코티 메이(Scottie May)는 이렇게 말한다. "모든 인간이 공유하는 영적 본질이 있다. 그것은 초월과 의미에 대한 내면 깊은 곳의 열망이다…성인들이 자신들의 삶에서 영적 존재들인 것만큼이나 어린이들도 영적 존재들이다. 인생의 아주 초기부터, 유아들은 경외와 경이의 삶을 사는 것 같다."[5)]

자녀들을 특히 영적 관점에서 이해할 필요성에 대한 인식은 발달론적 관점에서 전인에 대해 설명하는 테드 워드(Ted Ward)의 진술을 고려할 때 절실해진다. 그는 발달의 다섯 가지 면-신체적, 정신적, 정서적, 사회적 그리고 도덕적-을 다섯 손가락에 맞추어서 설명한다. 그는 엄지손가락부터 새끼손가락까지 각 손가락을 발달의 면과 연결 지어 설명하는데 그 순서는 신체적 발달(엄지손가락), 정신적 발달(집게손가락), 정서적 발달(가운데 손가락), 사회적 발달(약손가락) 그리고 도덕적 발달(새끼손가락)로 진행하며 그것의 바탕이 되는 영적 발달을 손바닥에 위치시킨다. 다시 말하면, 영적 발달은 모든 발달의 바탕이자 핵심에 해당된다는 것이다. 그는 이렇게 말한다. "영적 발달은 한 인간의 '가장 깊은 존재'(inmost being) 또는 '영적 핵심'(spiritual

core)의 성숙에 대한 총칭이다."[6] 그의 설명은 의미심장하며 성
서적 인간이해에 근거한 올바른 설명이다. 물론, 무신론적 관점
에서 보면, 우스운 이야기이겠지만 말이다.

이런 점에서, 부모들은 무엇보다도 자신들 뿐만 아니라 자녀
들을 영적 존재들로 이해하는 것이 중요하다. 그리고 자녀들도
영적 존재들이란 말은 그들도 영적 필요를 충족 받을 필요가 있
다는 것과 영적으로 바르고 적절하게 발달될 필요가 있음을 의
미한다는 것을 명심할 필요가 있다.

분명, 어린이들에게도 영적 삶이 있다. 그래서 그들의 영적 삶
을 위한 양육—가정적으로 그리고 교회적으로—이 있어야 한다.
영성은 영적 삶, 곧 하나님과의 관계적 삶을 통해 발달해간다.[7]
육신이 자라는 것처럼, 영성도 하나님과의 관계 안에서 성장하
고 성숙해 가며 깊어진다. 그것의 근원이신 하나님을 향해 발달
해 간다.

## 가정, 영적 형성 센터

영성은 우리들 존재와 삶의 바탕이다. 그것은 우리들 삶 전체
에 영향을 준다. 곧 영성은 "우리가 생각하는 방식, 우리가 중시
하는 것, 우리가 행하는 방식 그리고 특히 우리가 신뢰하는 곳
에 영향을 준다."[8] 그래서 하나님 앞에서 우리의 삶이 바르려면
우리는 영성에 대한 더 많은 관심을 기울일 필요가 있다. 이것은
자녀들의 삶에 대해서도 마찬가지이다. 우리 자녀들이 믿음 안
에서 바르게 자라기를 바란다면, 우리는 자녀들의 영적 삶에 대
해 더 깊은 관심을 가져야 한다.

어린이들이 영적 존재로서 영적 발달의 필요가 있다는 것은 누군가 그들의 필요가 충족 받도록 지도해 줄 사람이 필요함을 말한다. 그 일차적인 대행자와 자리는 부모와 가정이고 그 중심적인 자리는 신앙 공동체로서의 교회이다. 교회는 한 인간에게 영적 공급을 제공해 주는 절대 필요한 장이다. 교회를 무시하고 온전히 영적 필요를 충족 받기란 불가능하다. 왜냐하면 하나님을 섬기는 신앙은 공동체를 통해서 성취되기 때문이다. 하나님은 자신을 믿고 섬기는 삶의 중요한 면을 신앙공동체와 연결시켜 놓으셨다. 그래서 개인적인 존재일 뿐만 아니라 공동체적 존재로서의 인간이 영적으로 깊어지려면 반드시 신앙공동체와 관계를 맺고 있어야 한다.

그렇지만 인간의 영적 필요, 특히 어린이의 영적 필요는 가능하다면 가정에서부터 충족되어야 한다. 워드는 인간의 삶에서, 특히 아동의 삶에서 환경의 중요성을 언급하면서 동시에 양육의 중요성도 강조한다. "부모들은 어린이가 태어날 때까지 발생 과정(genetic process)에서 자신들의 역할을 수행했다. 그러나 부모로서의 그들의 책임은 단지 시작에 불과하다. 부모들은 특히 가장 이른 시기에 자신들이 창출하는 환경을 통해 발달하는 어린이에게 절대적인 영향을 준다."[9]

어린이들은 양육을 필요로 한다. 영적 돌봄을 필요로 한다. 그리고 아동기 동안의 영적 형성은 가정이 중요한 역할을 한다. 가정은 교회와 더불어 영적 형성 센터이다. 그것은 분명한 사실이다. 그러므로 그리스도인 부모들은 가정을 영적 분위기가 넘치는 장으로 만들어가면서 어떻게 하면 자녀들을 영적으로 더 잘 양육할 수 있을까를 숙고하고 탐구해야 한다.

그것을 위해 교회의 도움, 전문가의 도움 그리고 책의 도움을 받아야 한다. 그러한 노력은 드릴만한 충분한 가치가 있다. 만일 우리가 믿음을 우리 자신과 우리 자녀의 삶의 가장 중요한 요소로 여긴다면 진정 그렇게 해야 한다. 워드는 이렇게 말한다. "당신의 삶은 당신이 중요하다고 믿는 것들에 의해서 형성된다. 당신이 하는 모든 것은 당신의 가치를 나타낸다."[10] 우리가 자녀에게 하는 모든 것은 우리의 가치를 나타낸다. 그 가치들의 바탕과 중심에 자녀들의 영적 형성과 성장과 발달이 있는가? 아니면 그 밖의 다른 것이 있는가? 그것에 대한 대답은 분명 우리의 관심과 믿음에 따라 저마다 다를 것이며 동시에 우리의 관심사가 어디에 있는지를 보여줄 것이다. 우리의 관심과 믿음의 초점은 어디에 있는가? 진지하게 묻고 답할 문제이다.

CHAPTER
# 09

# 자녀들에 대한 부모의 영적 지도

지금까지 계속해서 강조해온 것처럼, 인간의 삶에서 가정의 중요성은 아무리 강조해도 지나치지 않다. 마찬가지로, 가정에서의 자녀를 위한 신앙교육의 중요성 역시 아무리 강조해도 지나치지 않다. 더욱이, 그것은 하나님의 명령이고 성서 속 신앙인들의 실천이다. 자녀의 신앙형성에는 가정에서의 부모의 역할이 중요한 부분을 차지함은 두 말할 필요가 없다.

자녀의 신앙형성과 관련하여 부모의 기본적인 역할은 신앙으로 양육하는 것으로 그것의 기본인 가르치는 것, 곧 교사의 역할이다. 가정은 교육─특히, 신앙교육─의 일차적인 장이며 부모는 일차적인 교사─특히, 신앙교사─이다. 신앙교사로서의 부모는 어린이들에게 성서와 기독교 신앙의 기본적인 내용을 가르쳐야 한다. 가르칠 뿐만 아니라 가르침의 내용을 바탕으로 자녀들을 믿음의 길로 안내해야 한다. 부모는 하나님의 길로 갈 수 있도록 자녀들을 잘 이끌어 주어야 하는 것이다.

이런 점에서 볼 때, 교사로서의 부모에게는 또한 지도(direction)의 책임도 있다. 교사인 부모는 지도자(director)인 부모이기도 한 것이다. 비록 오늘날 많은 사람들에게 "지도"란 말이 부정적인 의미로 다가오기도 하지만,[1] 지도는 분명 배움과 바른 형성의 중요한 차원이다(지도는 훈련[discipline]을 포함한다). 지도가 없다면 우리는 많은 것들을 제대로 배우지 못하게 될 것이다. 우리가 무엇에 대해 스스로 배우거나 깨우쳐 알게 되는 데는 많은 한계점들이 있다.

지도가 배움의 중요한 차원이라는 것은 영적 삶에도 동일하게 적용된다. 기독교적 양육에는 영적 지도(spiritual direction)가 필수적이다. 왜냐하면 신앙은 언제나 바른 길로 인도함 받는 '따름의 과정'을 본질적인 속성으로 지니기 때문이다. 그래서 영적 지도는 "교회의 아주 이른 초기 이후로 기독교적 양육의 형식적 관계들의 중요한 부분이 되어왔다. 그것은 전문적으로 연구한 소수의 사람을 위한 것이라기보다는 오히려 영적 여정을 진지하게 받아들이는 모든 그리스도인들과 대단히 관계가 있다."[2]

신앙인—그가 어린이이든, 성인이든—은 자기가 가고 싶은 길로 가는 것이 아니라 성령의 가르침과 인도 그리고 하나님이 말씀을 통해 이끄시는 대로 가야한다. 그것이 올바른 길이고 태도이다. 그러려면 영적 지도는 필수적이다. 그것이 모든 그리스도인들에게는 영적 지도가 필요한 이유이다. 이런 점에서, 사이몬 챈(Simon Chan)의 말은 옳다.

그리스도인의 삶은 본질적으로 다른 사람들의 도움이 없이는 그 누구도 영적으로 성장하지 못하는 삶이다. 엄격하게 말해서, 스스로 깨우친 성도는 없다…가장 성숙한 그리스도인이라 하더라도 다른 사람들의 도움을 필요로 할 때가 있다. 영적 지도는 단순히 이 기본적인 삶의 현실을 공식화한 것에 불과하다.[3]

　그리스도인 부모들은 자녀들의 영적 형성과 영적 삶과 관련하여 영적 지도자들이다. 그들에게는 자녀들을 잘 지도하여 바른 걸음으로 믿음의 길을 걸어가도록 할 책임이 있다.

## 기독교 신앙과 영적 지도

　위에서 언급했듯이, 지도는 신앙생활의 본질적인 차원이다. 왜냐하면 기독교 신앙은 사람의 마음에 저절로 생기지 않을 뿐만 아니라 믿음의 속성상 지도를 필요로 하며 신앙생활은 훈련을 필요로 하기 때문이다. 그래서 시인은 "주는 나의 하나님이시니 나를 가르쳐 주의 뜻을 행하게 하소서"(시 143:10)라고 기도했다. 하나님의 선물로서의 믿음은 '하나님의 역사'와 '인간의 응답'에 의해서 생기며, 그것은 그 두 요소의 상호작용을 통한 계속적인 변화의 과정에 의해 새롭게 형성되고 재형성되어지는 역동적 사건이다. 이런 점에서, "영적 지도의 중심적인 관심"은 "하나님과의 연합"(union with God)이다.[4]

　그러나 기독교적 관점에서 예수 그리스도는 하나님의 참된 형상이시기 때문에(고후 4:4; 골 1:15) 하나님과의 연합은 곧 그리스도와의 연합을 의미한다. 그래서 본질적으로 그리스도와의 연합은 또한 하나님과의 연합이 된다. 이것이 바로 기독교 영성의 특징이요 핵심이다. 데이비드 베너(David G. Benner)는 이렇게 말한다.

> 그리스도인들에게 있어서 영적 여정(spiritual journey)은 인간 여정(human journey)의 핵심에 있다. 우리 인간성의 궁극적인 형성은 그리스도를 통한 하나님과의 연합에서 발견된다고 우리는 믿는다. 그러므로 나의 영원한 운명(destiny)이신 그리스도 안에 있는 독특한 자아(the unique self-in-Christ)를 발견하고 실현하는 것보다 더 중요한 것은 없다.[5]

이렇듯, 기독교적 관점에서 영적 삶의 궁극적인 목표는 그리스도와의 연합을 통한 그분을 닮는 것(Christlikeness)이다. 바울은 그것을 이렇게 말했다. "하나님이 미리 아신 자들을 또한 그 아들의 형상을 본받게 하기 위하여 미리 정하셨으니 이는 그로 많은 형제 중에서 맏아들이 되게 하려 하심이니라"(롬 8:29). 모든 사람들이, 특히 그리스도인들이 하나님의 아들 예수 그리스도를 믿고 따르면서 본받는 것은 하나님이 의도하신 것이다. 그래서 기독교적 형성(Christian formation)[6]을 통한 기독교적 닮음(Christian likeness)은 기독교적 삶(Christian living)의 계속적인 지향점이 된다. 기독교적 영적 지도는 바로 이 차원들-기독교적 형성, 기독교적 닮음 그리고 기독교적 삶-을 모두 포함한다.

영적 지도의 주제는 영적 삶이다.[7] 영적 지도는 궁극적으로 올바른 영적 형성에 근거하여 날마다 온전히 영적 삶을 살게 하는 것을 그 목표로 한다.[8] 그래서 그것은 기독교적 영적 삶에 반드시 필요한 것이다. 그러나 영적 형성, 곧 기독교적 형성은 영적 삶, 곧 기독교적 삶에 우선한다. 비록 기독교적 형성이 평생의 과정이어서 기독교적 삶과 함께 진행되지만, 기독교적 삶은 본래 기독교적 형성에 근거하기에 기독교적 형성이 더 근본적이다. 기독교적 형성은 예수 그리스도의 형상(image)이 우리 안에서 이루어지는 것, 곧 예수 그리스도가 우리 안에 형성되는 것이다(갈 4:19). 그런 이유로, 자녀들에 대한 우리의 영적 지도는 예수 그리스도를 따라 살도록 지도하는 것보다 먼저 그들 안에 예수 그리스도가 형성되는 일에, 곧 그들 안에 예수 그리스도의 형상이 이루어지도록 하는 일에 더 큰 관심을 가져야 한다.

보혜사 성령의 인도하심을 따라 기독교적 영적 지도가 제대로 이루어지고 또 그 지도를 제대로 받으면, 예수 그리스도가 점차로 우리 안에 형성된다. 그로 인해 우리는 예수 그리스도를 더욱 닮게 되고 그리스도와 같은 삶을 살아갈 수 있게 된다. 물론, 그것은 이 세상에서는 미완성적이며 과정적이다. 기독교적 영적 형성은 위에서 자기를 부르신 분, 곧 예수 그리스도를 얼굴과 얼굴로 대하여 볼 때까지 계속적으로 해가는 여정이기 때문이다.

사도 바울은 자신이 예수 그리스도와 함께 십자가에 못 박혔기 때문에 이제는 자기가 사는 것이 아니라 오직 자기 안에 그리스도께서 사신다고 고백한다(갈 2:20). 그리스도가 내 안에 사시고 그로 인해 내가 그리스도 안에 사는 것은 육신의 삶 그 이상의 것이다. 그것은 영적인 문제이다.[9] 그래서 기독교적 형성은 영적 형성의 문제이고 영적 형성은 우리의 영(spirit)의 문제이다. 그러니까 영적 형성은 우리의 영이 어떤 형태로-기독교적 관점에서는, 예수와 같이-형성되는 것을 말한다.[10]

이렇듯, 영적 형성은 우리의 적극적인 응답을 필요로 한다. 그것은 "수동적 과정이 아닌 능동적 과정, 곧 우리의 냉철하고 (clear-headed) 끈질긴 참여를 필요로 하는 과정이다."[11] 그러니까 성령의 주도로 이루어지는 영적 형성의 이면에는 인간적 차원, 곧 인간의 응답적이며 참여적인 차원과 이끌어 주는 이-개인과 신앙 공동체-의 영적 지도의 차원이 있는 것이다.[12] 따라서 영적 형성과 변형은 근본적으로 하나님의 영에 의해서만 가능한 초자연적 사건이기 때문에 영적 형성의 바탕은 성령의 역사와 지도라는 사실을 우리는 늘 기억해야 하지만 동시에 우리의 능동적인 참여도 필요하다는 것을 늘 잊지 말아야 한다.

### 자녀들의 영적 지도자로서의 부모의 역할

그리스도인 부모는 자녀들에 대해 영적 교사(spiritual teacher)와 영적 안내자(spiritual guide)로서의 역할 뿐만 아니라 지도자로서의 역할도 감당해야 한다. 모턴 겔리(Morton Kelly)는 "모든 부모와 모든 좋은 교사는 그들이 그것을 좋아하든 그렇지 않든 영적 지도자(spiritual director)이다"[13]라고 말함으로써 영적 지도자로서의 부모의 역할을 강조한다.

사도 바울은 에베소 교회에 보내는 편지에서 "아비들아 너희 자녀를 노엽게 하지 말고 오직 주의 교훈과 훈계로 양육하라"(엡 6:4)고 권면한다. 주의 교훈과 훈계로 하는 양육은 "영적으로 아동을 훈련하고 지도하고 바르게 하며 발전시킴을 뜻하는 말"인 "규율"을 포함하고, 여기에서의 "훈계"라는 말은 "자녀가 의롭게 살아가도록 타이르고 경계하는 것"을 말한다.[14]

이런 일들은 기본적으로 그리스도인 부모들에게 주어진 특권이자 의무요 책임이다. 그래서 그것들을 등한시하는 것은 주님이 주시는 복을 외면하는 것이고 주의 말씀을 어기는 것이 된다. 게다가, 부모의 영적 지도를 통해 자녀들이 하나님의 비전을 가지고 영적으로 풍성한 삶을 살아갈 수 있도록 할 수 있는데도 그런 기회를 차단시키는 것은 자녀에게 줄 수 있는 최고의 선물과 유산을 포기하는 것이 된다. 그리스도인 부모들이 반드시 기억해야 할 것은, 가정생활과 육아는 "영적 길"(spiritual path)이라는 사실이다.[15]

영적 지도는 무엇보다도 자녀들이 믿음을 갖고 하나님을 경외하는 삶을 살도록 인도해주고 또 그리스도의 제자로서 하나님의 말씀에 순종하는 삶을 살도록 이끌어주는 것이다. 그로 인해 자녀가 부모인 자신처럼 한 사람의 그리스도인과 그리스도의 제자로 살아가도록 하는 것이다. 이것은 예수님의 대위임령인 "너희는 가서 모든 민족을 제자로 삼아 아버지와 아들과 성령의 이름으로 세례를 베풀고 내가 너희에게 분부한 모든 것을 가르쳐 지키게 하라 볼지어다 내가 세상 끝 날까지 너희와 항상 함께 있으리라"(마 28:19-20)는 말씀을 가정에서 실천하고 구현하는 것이다.

이 맥락에서 보면, 그리스도인 부모는 교사일 뿐만 아니라 제자 삼는 사역자이다.[16] 다시 말하면, 그리스도인 부모는 가정에서 자녀들을 믿음으로 양육할 때 자녀의 기독교적 형성을 위한 교사로서 그렇게 할 뿐만 아니라 자녀의 평생에 걸친 예수 따름을 위한 제자 삼는 사역자로서 그렇게 하는 것이다. 이렇듯, 그리스도인 부모에게 있어서 예수님이 명하신 제자 삼는 사역은 다른 곳에 가서 하는 것이 아니라 먼저 집에서부터 시작하는 것이다. 그리고 가족 내에서의 이러한 사역의 목표는 "가족 제자도"(family discipleship)[17]이다. 곧 전 가족이 그리스도의 제자가 되어 그분을 따르는 것이다.

그런데 "영적 지도의 사역은 기도생활, 제자도 그리고 거룩을 위한 고투에서 나온다."[18] 그런 이유로 영적 지도자는 자신이 먼저 영적으로 바르게 형성되어야 한다. 이것은 가정에서 자녀들의 영적 지도인 부모는 성령의 역사 안에서 자신이 먼저 영적으로 형성되어야 한다는 것을 의미한다. 그런 과정을 통해 부모의 영적 삶이 자녀의 영적 삶이 된다. 슬로터는 이렇게 말한다. "부모는 자녀가 영적인 인격을 갖춘 경건한 사람이 되도록 도울 수 있는 가장 멋진 기회를 가진 사람이다…학생인 자녀는 그의 교사인 부모처럼 될 것이다. 부모는 자녀를 가르칠 때 예수 그리스도처럼 된다는 의미를 염두에 두고 삶을 살아야 한다."[19]

참된 영적 지도자는 영적 근원과 중심이신 하나님으로부터 살며 그러한 삶을 바탕으로 다른 사람들을 영적으로 지도한다. 그래서 하나님과의 바른 관계가 정립되지 않았다면 진정한 의미에서 영적 지도자가 될 수 없다. 이것은 가정의 영적 지도자로서의 부모에게도 그대로 해당된다. 따라서 영적 지도자인 부모는 자신들의 영적 형성을 바탕으로 자녀들에게 기독교 신앙에 관해 가르치면서 그들을 지도하고 그들이 믿음의 길을 잘 걸어가도록 인도하고 지도해야 한다. 하나님의 나라와 그분의 영광을 위해서 그렇게 해야 한다.

## 부모와 자녀는 영적 동료들

앞에서 인간의 기원과 관련하여 이미 언급한 바 있듯이, 사도 바울은 아덴 사람들을 향해 이렇게 설교했다. "우리가 그를 힘입어 살며(live) 기동하며(move) 존재하느니라(have our being.)"(행 17:28). 바울이 강조하는 것처럼, 우리는 하나님 안에서 산다. 하나님 안에서 기동한다. 곧 하나님 안에서 움직인다. 그리고 하나님 안에서 우리 존재를 가진다. 왜냐하면 우리는 하나님의 피조물이기 때문이다. 하나님이 우리의 생명이시고 동력이시며 존재의 근원이시다.

살고 움직이고 존재를 가지는 것은 행동하는 것이다. 매일 앞을 향해, 곧 도래하고 있는 하나님 나라를 향해 두 발로 걸어가는 것이다. 이런 점에서, 생활하는 것과 걸어가는 것은 같은 의미를 지닌다고 말해도 과언은 아니다. 살아가는 사람은 걸어가는 존재이다.

이것은 정확히 성서가 말하는 것이다. "삶을 위한 가장 공통적인 성서의 메타포들 중 하나는 걸어가는 것(walking)이다."[20] 이것은 영이신 하나님께도 동일하게 적용된다. 창세기 저자는 하나님을 거니시는 분으로 묘사한다. 아담과 하와가 하나님 앞에 불순종하여 범죄했을 때 그들은 "그 날 바람이 불 때 동산에 거니시는 여호와 하나님의 소리를"(창 3:8) 들었다. 여기에서 묘사된 하나님은 "거니시는"(walk) 분이다. 물론, 하나님은 영이

시기 때문에 육신의 다리가 없으시다. 그럼에도 그분은 거니시
는 분이시다(창 18장을 보라).

하나님이 거니시는 분이시듯이, 그분의 아들이며 하나님의
참 형상이신 예수 그리스도도 거니시는 분이다. 예수님은 육신
을 입고 이 세상에 오셔서 자신이 지으신 세상 이곳저곳을 거니
셨다. 제자들과 함께 갈릴리 거리들을 거니셨고 유대와 사마리
아 땅을 거니셨다. 더욱이, 부활하신 후에는 엠마오로 가는 두
제자와 함께 걸어가셨다. "그들이 서로 이야기하며 문의할 때에
예수께서 가까이 이르러 그들과 동행하시나"(눅 24:15).

믿음의 삶은 하나님과 함께 걸어가는 것이다. 하나님과 함께
인생길을 가는 것이다. 구약과 신약 모두 믿음의 사람들은 하나
님과 함께 그리고 예수님과 함께 인생길을 걸어갔다(에녹, 노
아, 아브라함, 광야의 이스라엘 백성, 예수님의 제자들 그리고
바울 등이 대표적인 예다).

이처럼, 걸어가는 것은 신앙생활의 중요한 메타포이다. 그리
고 신앙생활이 하나님의 영이신 보혜사 성령의 인도를 따라 하
나님과 그분의 아들 예수 그리스도와 동행하는 삶을 사는 것이
라면, 오늘날 그리스도인들에게 그 방식은 동일하다. 모든 그리
스도인들은 하나님과 동행하는 삶을 추구하는 것이다.

영적 지도자는 영적 지도를 받는 사람의 영적 동료이다. 그들은
함께 믿음의 길을 가는 예수 그리스도의 제자들이며 하나님의 자
녀들이다. 영적 지도자는 자신이 영적 삶을 살아가면서 다른 사람
들을 영적으로 지도한다. 그래서 그 둘은 영적 여행의 동료이다.

동행하는 삶은 또한 부모와 자녀의 관계에서도 동일하다. 우리

는 하나님과 함께 인생길을 걸어가되 믿음의 선배인 부모와 함께 걸어가고 믿음의 후배인 자녀들과 함께 걸어간다. 이런 점에서, 영적 지도자들인 믿음의 부모와 그 지도를 받는 믿음의 자녀는 영적 동료들이다. 부모와 자녀는 모두 하나님의 자녀들로서 함께 믿음의 길을 가는 그리스도의 제자들이다. 그래서 모든 그리스도 인들이 그러하듯이 부모와 자녀는 영혼의 친구들, 곧 영적 친구들이다. 케네스 리치(Kenneth Leech)는 그것을 이렇게 말한다.

> 영적 지도자(spiritual director)는 영혼의 친구, 곧 하나님의 도성(the City of God)을 향해 가는 도상의 안내자(guide)가 되기 위해 존재한다…영적 지도자는 인도자(leader)가 아니라 안내자(guide)이며, 언제나 자신을 넘어 하나님의 나라(the Kingdom)와 하나님의 영광(the Glory)을 가리킨다. 자신의 사랑, 자신의 침묵, 자신의 기도를 통해서 영적 지도자는 (그것을 찾아가는) 사람들에게 빛이 되려고 애쓴다.[21]

부모가 많은 어려운 상황에도 불구하고 자녀들의 영적 삶을 위해 그리고 자녀들에게 믿음을 전수하기 위해 영적 지도자의 삶을 충실히 살아가는 것은 아름답고 복되다. 그들은 "결단코 상을 잃지"(마 10:42) 않을 것이다. 그러나 그보다 더 중요한 것으로 훗날 우리 자녀들이 "나의 부모님이 나에게 믿음을 가르쳐 주고 신앙으로 양육하며 영적으로 지도해 주심으로 부모님에게 있던 믿음이 나의 믿음이 되었노라"고 고백한다면 부모로서 우리 인생에서 그보다 더 보람된 것이 또 있을까?

# 교회가 가정에서의 신앙교육을 돕는다

인간의 삶은 공동체-또는 사회-를 제외하고서 그 성격을 말하기가 어렵다. 인간은 본질적으로 공동체적 존재이며 각 개인의 삶은 공동체적-또는 사회적-삶을 바탕으로 영위되기 때문이다. 인간은 공동체-사회-적 정황 안에서만 자신의 자아를 실현할 수 있고 자신의 인간됨을 온전히 느낄 수 있게 된다. 물론, 이것은 성서적 인간 이해의 핵심이기도 하다.

창세기 1장 1절은 "태초에 하나님이 천지를 창조하시니라"고 증언한다. 존재하는 모든 것이 "태초에"(in the beginning) 시작되었다. 즉 "태초"가 창조된 모든 것의 출발점이라는 것이다.

그러면 태초 이전에는, 곧 만물이 생겨나기 이전에는 무엇이 있었는가? 창조주 하나님과 그분의 통치인 하나님의 나라, 곧 하나님의 왕국(the kingdom of God)이 있었다. 그리고 성서적, 기독교적 관점에서 하나님은 삼위일체 하나님으로 고백되기 때문에, 곧 공동체의 하나님이시기 때문에 태초 이전에는 삼위일체 하나님의 상호적 사랑—"하나님은 사랑이시다"(요일 4:16)—과 상호적 교제가 있었다.[1]

따라서 존재하는 모든 것과 마찬가지로, 신앙 공동체로서의 교회는 삼위일체 하나님의 이 상호적 사랑과 교제에 근거하여 형성되었다.

## 공동체 하나님과 신앙 공동체 교회

우리가 이미 3장에서 하나님의 우리 됨, 곧 하나님의 공동체성과 그 공동체성에 근거한 인간의 우리 됨에 대해 탐구하면서 언급한바 있듯이(이 장에서는 교회의 공동체성과 관련하여 하나님의 삼위일체적 우리 됨, 곧 하나님의 공동체성을 강조한다), 성서적, 기독교적 관점에서 하나님은 삼위일체의 하나님, 곧 성부와 성자와 성령 하나님이시다. 그래서 하나님은 공동체이시다. 이와 관련하여, 존 웨스터호프(John H. Westerhoff)는 이렇게 말한다.

삼위일체는 우리에게 하나님은 공동적 존재—세 인격이면서도 한 분, 곧 거룩하고 완전하신(undivided) 삼위일체—라는 것을 상기시켜준다. 그 함의는 분명하다. 하나님의 형상 안에 있는 우리도 공동적 존재들이 되도록 의도되었다는 것이다. 하나님은 공동체 안에서 사시며 공동적 존재로서 하나님 자신을 창조자와 구속자 그리고 완성자(perfecter)로 나타내신다.[2]

인간의 공동체적 성격은 바로 삼위일체 하나님의 공동체적 성격에서 비롯되었다. 그리고 교회도 이 삼위일체 하나님의 사랑과 교제에서 비롯되었다. 그래서 교회의 생명력은 하나님의 사랑과 교제 안에서 유지된다. 교회는 하나님의 사랑을 온전히 받고 하나님과의 바른 교제를 누릴 때만 교회다운 교회로 존재해 갈 수 있다.

이전과 마찬가지로, 지금도 공동체이신 삼위일체 하나님은 사람들을 부르셔서 믿음의 공동체를 세우고 계신다. 하나님은 믿음의 건축가이시다. 그래서 그리스도인들은 하나님의 부르심에 응답하여 하나님을 섬기는 삶을 살되 언제나 신앙공동체를 바탕으로 그렇게 해가야 한다. 웨스터호프가 바르게 말하듯이, "기독교는 애초부터 공동적 실체(corporate reality)로서, 하나의 공동체로서 존재해왔다. 그리스도인이 되는 것은 공동체에 속하는 것을 의미한다. 아무도 홀로 그리스도인이 될 수 없다."[3]

신앙의 공동체와 무관한 그리스도인은 없다. 물론, 우리는 신앙의 개체성을 무시할 수 없다. 무시되어서도 안 된다. 그러나 성서적 신앙은 언제나 신앙의 공동체성에 근거한 신앙의 개체성을 강조한다. 이 순서가 바뀌면 교회는 바르게 세워질 수 없다. "기독교적 삶의 토대는 교회 안에서의 삶이다."[4] 기독교적 삶의 본질은 교회 안에서 그리스도를 향해 함께 자라가는 것이다. 바울은 이것을 이렇게 말했다.

우리가 다 하나님의 아들을 믿는 것과 아는 일에 하나가 되어 온전한 사람을 이루어 그리스도의 장성한 분량이 충만한 데까지 이르리니…오직 사랑 안에서 참된 것을 하여 범사에 그에게 까지 자랄지라 그는 머리니 곧 그리스도라 그에게서 온 몸이 각 마디를 통하여 도움을 받음으로 연결되고 결합되어 각 지체의 분량대로 역사하여 그 몸을 자라게 하며 사랑 안에서 스스로 세우느니라.(엡 4:13-16)

## 신앙교육: 신앙공동체를 중심으로

교회의 사역에 교육이 없었다면 신앙은 전수되기 어려웠을 것이고 결국 교회는 역사 속으로 사라지고 말았을 것이다. 왜냐하면 교육은 신앙전수의 핵심 수단이기 때문이다. 교육은 신앙공동체의 본질적인 차원이며 "충실한 의도적인 형성에 이르는 열쇠"[5]이다.

특히, "충실한 제자도는 어린이들이 배우고 성장하고 그리고 궁극적으로 이전 세대들이 행했던 대로 그리스도를 믿는 믿음(faith of Christ)을 포함할 수 있는 형성적 공동체를 제공하는 것과 함께 시작된다."[6] 본래는 그리고 이상적으로는 신앙교육은 세 곳, 곧 가정, 하나님의 가족(the family of God)으로서의 교회 그리고 학교-신앙교육의 삼위일체적 구조-에서 이루어지는 것이 바람직하지만,[7] 세속교육이 지배하고 있는 학교에서는 현실적으로 불가능하기 때문에, 우리는 신앙교육의 장을 두 곳-가정과 교회-으로 제한하여 생각할 수 밖에 없다(물론, 미션스쿨을 염두에 둘 수는 있지만 그것은 특수한 경우에 해당하기에 일반적으로는 가정과 교회를 신앙교육의 장으로 보는 것이 적절하다고 여겨진다).

하지만 불행하게도 실제로 신앙교육은 교회교육으로만 한정되고 있으며, 더 불행하게는 교회교육마저도 제대로 이루어지지 않는 경우가 적지 않다는 것이다. 많은 경우, 부모들은 자녀들의 신앙문제를 교회학교(또는 주일학교)에 일임해놓고는 아무런 관심도 기울이지 않는 것이 오늘날의 현실이다. 그것은 일종의 태만이자 무책임이요 하나님의 명령을 저버리는 것이다. 분명, 자녀의 신앙교육이 더 좋은 효과와 결과를 거두려면 언제나 가정에서의 신앙교육과 교회에서의 신앙교육이 함께 가야 한다. 기독교적 형성과 제자도를 위해 "가정들과 교회들은 공생관계 안에서 지상에서 하나님의 화육적(incarnational) 능력의 부분으로 역할을 한다."[8] 자녀의 신앙형성을 위한 가정과 교회의 연계의 필연성은 대부분의 기독교교육학자들이 동의하는 주장이다. 특히, 이 점과 관련하여 웨스터호프는 이렇게 말한다.

> 그리스도인 부모들은 교회에서 자기 자녀들을 양육하도록 부름을 받았다. 그들은 신앙 공동체 안에서 자녀들과 함께 신앙의 여정에 참여해야 한다. 교회는 기독교 신앙으로 자기 자녀들을 양육하는 모든 책임을 가족들에게 지움으로써 가족들에게 영향을 미치는 것을 중단해야 한다. 교회는 또한 신앙으로 어린이들을 양육할 모든 책임을 짐으로써 가족들이 해야 할 일을 대신하는 것을 중단해야 한다.[9]

자녀의 신앙교육에 대한 가정과 교회의 책임은 균형이 필요하다. 가정과 교회가 자기 역할에 맞게 각기 책임을 다하는 것이다. 가정과 교회가 아이들의 신앙교육을 위해 협력할 때 좋은 열매를 맺을 수 있게 된다. 이것은 지금까지 말해온 것-가정은 신앙교육의 샘터로서 신앙교육은 가정에서부터 시작된다-과 모순되지 않는다. 신앙교육은 가정이 "양육을 위한 일차적인 정황"[10])이기에 가정에서부터 실시하는 것이 바람직하지만, 그것이 더 큰 효과와 견고한 토대를 지니려면 더 큰 맥락, 곧 신앙공동체로서의 교회를 중심으로 이루어져야 한다. 웨스터호프는 이 점을 다음과 같이 역설한다. "만일 그리스도인 부모들의 자녀들이 기독교 신앙을 갖고 기독교적 삶을 살려면, 그들은 그 신앙과 삶으로 양육 받을 필요가 있다. 그리고 그것은 신앙의 공동체 밖에서는 적절하게 행해질 수 없다."[11])

부모들은 자녀들과 함께 신앙 공동체인 교회 안에서 하나님을 섬기면서 또 하나의 신앙 공동체인 가정에서 자녀들을 믿음으로 양육해야 한다. 그것이 옳다.

## 부모의 가정 신앙교육을 돕는 교회의 사역

사도 바울은 "믿음은 들음에서 나며 들음은 그리스도의 말씀으로 말미암았느니라"(롬 10:17)고 말한다. 이것을 앎 또는 지식과 관련시켜 이렇게 말해도 적절할 것이다. '앎은 배움에서 나며 배움은 부모로(그리고 교회로) 말미암는다.' 배움이 형식적이든 비형식적이든, 경험적이든 개념적이든, 앎은 언제나 배움에서 비롯된다. 우리는 배우지 않고서는 어떤 것도 제대로 알 수 없다. 그러므로 배움에는 가르침-의도적인 가르침-이 있어야 한다. 이것이 바로 배움과 가르침/학습-교수(learningteaching), 가르침과 배움/교수-학습(teaching-learning)이 서로 연결되어 있는 이유이다.

기독교적 앎은 기독교적 배움에서 나오며 기독교적 배움은 그리스도인 부모와 교회로 말미암는다. 그렇기 때문에 부모와 교회는 부지런히 자녀들에게 믿음에 대해 가르치면서 하나님의 사람으로 성장하도록 양육해야 한다. "가정과 교회에 의해 제공된 균형 잡힌 기독교인의 양육은 기독교인의 생활에 필요한 역동적인 능력을 보여줄 수 있다."[12]

그러나 비록 부모가 자녀들에게 믿음에 관해 가르치고 믿음으로 양육하려고 해도, 현실적으로 여러 가지 이유로 해서 어려움과 한계를 경험할 수 밖에 없다. 때문에 교회는 부모들이 그런 어려움과 한계를 극복하고 계속해서 가정에서의 신앙교육을 실천해 갈 수 있도록 도움을 줄 필요가 있다. 이런 점에서, 진 게츠(Gene Getz)와 월러스 게츠(Wallace Getz)의 말은 옳다.

> 부모들은 자녀들을 하나님의 역사(things) 안에서 양육하는데 중요하고도 대신할 수 없는 역할을 가지고 있다. 그러나 다행히도 이 엄청난 과업은 아무런 도움 없이 수행되지 않아야 한다. 주의를 게을리 하지 않는 지역 교회는 부모들이 자녀를 훈련시키는 역할을 감당해 갈 때 그들을 지원하고 도울 수 있는 중요한 일을 할 수 있다.[13]

그러면서 그들은 교회가 가정을 위해 해야 하는 세 가지를 제시한다.[14] 첫째, "교회는 자기 자녀들을 이해하고 기르는 방법에 관해서 부모들을 훈련시켜야 한다." 둘째, "교회는 부모들이 자녀 양육에 관한 자신들의 과업을 수행해 갈 때 부모들의 부족을 보완해주고 그들을 지원해줄 기독교 교육의 프로그램을 가정에 제공해야 한다." 셋째, "교회는 자녀 양육의 성서적 원리들을 구체화하는 기독교 교육의 프로그램을 제공할 필요가 있다."

물론, 그와 동시에 교회—목회자—는 그리스도인 부모들에게 가정에서의 신앙교육의 필요성과 책임을 늘 강조할 필요가 있다. 가정에서 기독교 신앙에 관해 가르치고 신앙으로 양육해야 함을 늘 강조할 필요가 있다. "교회는 교회 생활에서 부모의 위치와, 어린이들을 기독교적으로 양육하는 일에서 부모의 책임을 분명히 해야 한다."[15]

그러나 부모들은 가정에서의 신앙교육을 홀로 할 수 없다. 가정은 자녀들을 믿음으로 양육하는데 절대적으로 교회를 필요로 한다. 교회가 가정을 도와야 한다. 슐츠가 바르게 말하는 것처럼 "교회가 성도들을 위하여 제공할 수 있는 가장 위대한 노력은 부모들로 하여금 자녀들의 교육문제에 스스로 직면하도록 돕는 것이다."[16] 교회들은 자기 교회의 상황에 맞게 가정에서 할 수 있는 프로그램을 제공함으로써 가정들을 도울 수 있다. 그렇게 함으로써 교회는 오히려 가정으로부터 도움을 얻는 것이 된다. 부모들이 가정에서 자녀들을 믿음으로 잘 양육하면 결국에는 지역 교회에 유익이 되기 때문이다. 이런 점에서, "기독교 교육은 쌍방 도로이다. 가정은 교회를 필요로 하지만, 교회가 가정을 필요로 하는 것 또한 사실이다. 지역 교회는 기독교 가정으로부터 특정한 도움이 없이는 어린이들에 대한 자신의 목적들을 적절히 충족시킬 수 없다."[17]

가정은 가정대로, 교회는 교회대로 각기 맡은 책임에 따라 자녀들을 신앙으로 교육시키되 함께 협력하면서 최선의 노력을 기울이다보면 하나님의 성령이 그러한 노력을 사용하셔서 어린 생명들을 진리 안에서 자라게 하시고 또 청년이 되고 어른이 되어도 교회를 떠나지 않게 하실 것이다. 교회의 기둥들이 되어서 하나님의 백성이요 그리스도의 몸으로서의 교회를 세우고 헌신하는 일에 중추적인 역할을 할 수 있게 될 것이다. 그런 일이 일어나려면, 교회는 성도들이 가정에서 신앙교육을 적절하게 실시하도록 돕지 않으면 안 된다. 그리고 부모들은 교회로부터 도움을 받으면서 최선을 다해 자녀들을 믿음으로 양육해야 한다.

# 가정에서의 신앙교육을 위한
# 실제적인 지침들

# 가정에서의 신앙교육의 내용-
# 무엇을 가르칠 것인가?(1)

지금까지 우리는 자녀들의 신앙형성을 위해서는 교회에서의 신앙교육과 더불어 가정에서의 신앙교육이 참으로 중요할 뿐만 아니라 필수적이라고 강조해 왔다. 하나님의 말씀을 존중하는 그리스도인은 누구도 이 점을 부인할 수 없다. 그런 이유로, 가정에서의 신앙교육의 책임과 중요성은 아무리 강조해도 지나치지 않다.

그러면 그리스도인 부모는 가정에서 자녀의 신앙형성과 관련하여 무엇을 가르쳐야 하는가? 바람직한 신앙교육의 내용은 무엇인가? 대부분의 경우 그리스도인 부모가 막상 가정에서 자녀들을 믿음으로 양육하면서 그들에게 기독교 신앙에 대해 가르치려고 할 때 어떤 교재로 무엇을 가르쳐야 할지 어려움을 겪을 수 있다. 여기서는 그 점을 고려하면서 기독교 신앙과 관련하여 무엇을 가르쳐야 할지를 함께 생각해 보려고 한다.

기독교 신앙교육의 내용은 본질적으로 하나님의 말씀으로서의 성서에 근거한다. 교회 역사적으로 "성서는 언제나 기독교 교육의 중심에 서 있다…19세기의 주일학교의 발생과 함께 성서는 모든 가르침을 위한 주된 근원이었다."[1] 실제로, 성서를 떠난 기독교 신앙교육이란 불가능하다. 그런 경우는 생각할 수 없다. 그런 이유로, 부모는 자녀들을 기독교 신앙으로 가르치려고 할 때 무엇보다도 먼저 성서의 내용을 존중하고 그것을 바탕으로 해야 한다.

그러나 불행하게도 여기에 문제가 있다. 많은 그리스도인들이 하나님의 말씀을 잘 모르듯이, 부모들도 하나님의 말씀을 잘 모르기 때문이다. 대부분의 그리스도인들은 말씀을 읽지 않을 뿐만 아니라 공부하지도 않는다(읽지도 않는데 공부하기를 바라는 것은 너무 큰 기대일까?). 그래서 하나님의 말씀을 잘 모르며 그로 인해 하나님의 말씀을 가르치지 못하는 것은 당연한 결과이다(이것은 참으로 모순이다. 성서를 하나님의 말씀이라고 말하면서도 거의 읽지 않는 것은 참으로 불행한 일이다. 정말로 슬프게도 교회 안에는 이런 불행한 사람들이 너무나 많다!).

이런 점을 고려할 때, 더글라스 윌슨(Douglas Wilson)의 다음의 말은 참으로 공감이 간다. "너무나 자주 우리는 우리 자녀들을 가르치지 않는다. 왜냐하면 우리에게는 말할 것이 없기 때문이다. 우리에게는 말할 것이 없다. 왜냐하면 우리는 하나님의 말씀이나 능력을 알지 못하기 때문이다."[2]

대부분의 그리스도인 부모들은 무책임하게도 자녀교육의 책임을 교회에 떠넘길 뿐만 아니라 대부분 무엇을 어떻게 가르쳐야 할지도 잘 모른다. 하나님의 말씀에 대한 무지 때문일 뿐만 아니라 기독교 신앙의 핵심 내용들에 대해서도 구체적으로 그리고 체계적으로 말하지 못하기 때문이다.

그러므로 그리스도인 부모들이 자녀들에게 바른 신앙교육을 제공하려면 자신들이 먼저 성경을 읽고 공부하면서 하나님의 말씀을 배우고 기독교 신앙의 핵심 내용들에 대해서도 구체적이고도 체계적으로 알 필요가 있다. 배우면서 가르쳐야 한다. 하나님을 바르게 섬기면서 양육해야 한다.

### 신앙교육의 기본 내용들

기독교 교육학자 밀러는 성서를 바탕으로 하나님의 구원 역사의 수평적 차원의 요소를 다섯 가지(5C)로 제시한다. 그것들은 창조(Creation), 언약(Covenant), 예수 그리스도(Christ), 교회(Church) 그리고 완성(Consummation)[3]으로 성서를 관통하는 성서 이야기—하나님의 구속 드라마—의 핵심 요소들이며, 그런 이유로 성서에 근거하여 기독교 신앙교육을 실시할 때 반드시 고려하고 다루어야 할 요소들임에 틀림없다.

다른 한편으로, 주크는 성서를 바탕으로 자녀의 신앙교육의 내용을 다섯 가지로 구분하여 제시한다.[4] 첫째는 "하나님이 행하신 일들"이고, 둘째는 "하나님의 계명"이며, 셋째는 "하나님의 성품"이다. 그리고 넷째는 "하나님을 경외함"이고, 다섯째는 "경건한 행동"이다.

밀러의 견해와 주크의 견해를 고려하면서, 성서를 바탕으로 자녀들을 믿음으로 양육하는데 필요한 신앙교육의 내용을 재구성해보면 기독교 교육의 핵심 내용을 여섯 가지로 구분할 수 있을 것 같다. 첫째는 창조신앙이고, 둘째는 구속신앙이며, 셋째는 예수신앙이다. 넷째는 신앙 공동체인 교회를 바탕으로 한 공동체신앙이고, 다섯째는 생활신앙이며, 여섯째는 부활신앙이다.

이러한 내용들은 분명 기독교 교육의 성서적, 신학적 토대를 구성하는 것들로서 가정에서의 신앙교육의 토대를 구성하는 내용들이기도 하다. 그것들은 가정에서의 신앙교육을 위한 교육신학을 구성하는 것들이다(물론, 이러한 내용들은 자녀들의 발달수준과 연령을 고려하면서 적절하게 가감할 필요가 있을 것이다).

이러한 내용들에 대해 좀 더 상세히 기술해 보면 다음과 같다.

### 자녀에게 창조신앙을 가르쳐라

나는 누구인가? 여러분은 누구인가? 그리고 우리 자녀들은 누구인가? 나는 어디에서 왔는가? 여러분은 어디에서 왔는가? 그리고 우리 자녀들은 어디에서 왔는가? 이 물음들은 우리와 우리 자녀들의 정체성 이해뿐만 아니라 우리들 삶의 행태와도 밀접하게 관련된 중요한 것들이다. 사실, 오늘날 많은 사람들이 이 문제-존재론적 문제-에 봉착하고 있으며 또 이 문제로 서로 갈린다. 그래서 오스 기니스(Os Guinness)가 말하는 것처럼, "오늘날 우리가 겪고 있는 정체성의 위기는 현대인에게 항상 붙어다니는 불기피한 질문, 곧 '나는 누구인가?'라는 전기의 문제로 요약될 수 있다."[5]

그러면 진정 나는 누구이고 여러분은 누구인가? 더욱이 우리는 우리 자녀들이 "엄마, 아빠, 나는 누구예요? 나는 어디에서 왔어요?"라고 물으면 어떻게 말해 주어야 하고 또 어떻게 말해 줄 수 있을까?[6] 여러분은 어떻게 대답하겠는가? 하나님의 피조물이라고 말하겠는가?(유신론적/창조론적 관점) 아니면 그저 우연히 생겨난 존재라고 말하겠는가?(무신론적/진화론적 관점)

**1) 하나님의 피조물로서의 인간:** 시인은 "땅과 거기에 충만한 것과 세계와 그 가운데 사는 자들은 다 여호와의 것이로다 여호와께서 그 터를 바다 위에 세우심이여 강들 위에 건설하셨도다"(시 24:1-2)고 고백한다. 이것은 시인 자신이 자신의 기원뿐만 아니라 우주만물의 기원이 하나님께 있으며 그 모든 것은 하나님에 의해서 지음 받았다고 말하는 것이다.

이런 고백의 토대는 창세기 1-2장에 나와 있는 창조이야기이다. 성서는 분명하게 진술한다. "태초에 하나님이 천지를 창조하시니라"(창 1:1). "하나님이 자기 형상 곧 하나님의 형상대로 사람을 창조하시되 남자와 여자를 창조하시고"(창 1:26-27). 우리는 이 진술을 받아들이거나 거부할 수 있다. 이 진술을 받아들이면 유신론적 입장을 취하는 것이다. 반면에 그것을 거부하면 무신론적 입장을 취하는 것이다. 우리가 유신론적 입장을 취하고 또 성서의 진술을 받아들인다면 우리는 우리의 정체성과 믿음에 대한 분명한 근거를 지니게 된다. 곧 창조신앙을 지니게 되는 것이다. 모든 것의 기원은 창조자 하나님께 있다고 믿는 것이다.

하나님을 섬기는 신앙의 토대는 창조신앙이다. 우리가 하나님을 섬기는 첫 번째 이유는 성서에 근거하여 그분은 우리를 만드셨다는 확신을 가지기 때문이다. 만일 그분이 우리를 만들지 않았다면 우리는 그분을 섬길 이유가 하나도 없다. 만일 우리가 우연히 존재하게 된 존재라면 무신론자들이 주장하는 것처럼 하나님을 창조주 하나님으로 섬기는 것은 망상이고 아편이다. 그럴 경우, 우리는 우리 자신의 신념-진화신앙-에 따라 자신이 원하는 대로, 자신이 살고 싶은 대로 살면 된다. 자신이 곧 자기 인생의 주인이 되기 때문이다.

그러나 만일 하나님이 진정 우리를 지으신 창조자이시라면, 우리가 그분을 섬기는 것은 당연하고 올바르다. 그리고 우리가 하나님을 창조자로 섬기면, 그분의 피조물로서의 우리는 우리를 향한 그분의 의도와 계획을 존중해야 한다. 하나님의 의도와 계획은 모든 인간이 그분 자신을 섬기면서 일하고 그분 자신의 뜻 안에서 복된 삶을 살아가는 것이다(소명[calling/vocation]은 창조신앙에 근거한다).

**2) 창조신앙, 신앙교육의 출발점:** 기독교 교육의 출발점은 바로 이것-창조신앙-이다. 그런 이유로, 가정에서의 신앙교육은 바로 창조신앙에서부터 시작되어야 한다. 그리스도인 부모는 자녀에게 창조신앙을 분명하게 가르쳐야 한다. 부모인 우리는 성서를 바탕으로 우리는 누구이며 어디에서 왔는지를 분명하게 말해야 하고 또한 우리 자녀들은 누구이며 어디에서 왔는지를 분명하게 제시해야 한다. 그로 인해 우리 자녀들은 자기의 존재론적 근원과 정체성 그리고 소명을 바르게 이해하게 된다.

우리가 자녀에게 창조신앙을 가르쳐야 하는 것은 우리가 자녀에게 우리의 기원을 가르치지 않을 경우 우리 자녀들은 자기

들의 참된 기원을 바로 알지 못하게 되기 때문이다. 세속교육
은 우리 자녀들에게 인간은 동물에서 진화된 존재라고 가르친
다. 자녀들을 세속교육의 가르침에 방치하면 결국 자녀들은 자
기들의 참된 기원을 알지 못하고 동물의 왕국에서 사는 것처럼
살다가 결국에는 무덤으로 가는 꼴이 되고 만다. 프랜시스 쉐퍼
(Francis A. Schaffer)는 창조신앙을 가르쳐야 하는 이유와 관
련하여 아주 설득력 있게 말한다.

> 역사의 흐름은 계속된다. 역사는 어딘가에서 온다. [그리고] 역
> 사는 어딘가로 가고 있다. 우리는 배경 없이는 태어나지 못한
> 다. 그리고 역사의 한복판에는 인간의 딜레마에 대한 해결책이
> 있다…많은 사건들이 우리가 태어나기 전에 일어났고, 우리가
> 기억할 수 없는 많은 다른 일들이 우리의 초기의 삶에서 일어났
> 다. 만일 우리가 그것들에 관해서 알고자 한다면, 우리 부모들
> 이나 다른 사람들이 [그것들을] 우리에게 말해주어야 한다. 내
> 시간 이전에 일어났고 또 나에게 개인적으로 중요한 많은 일들
> 을 나는 다른 사람들로부터 배워야 한다. 역사는 [서로] 관련되
> 어 있다. 정말로 일어났던 일들, 하지만 내가 다른 사람들에게
> 서 들어야만 하는 일들은 관련되어 있다. 그것은 정확히 전 인
> 류에게도 마찬가지이다.[7]

우리는 우리의 기원 이야기, 곧 하나님이 우리를 지으신 이야
기를 들어야 한다. 그리고 우리 자녀들도 들어야 한다. 그래야
알 수 있고 믿을 수 있다. 하나님에 대한 우리와 우리 자녀들의
"믿음은 들음에서 나며 들음은 그리스도의 말씀으로 말미암"기

때문이다(롬 10:17).

**3) 하나님은 아버지, 그리고 우리-육신의 부모와 자녀-는 모두 그분의 자녀:** 우리가 창조신앙을 받아들이고 가르칠 때 깨닫게 되는 한 가지 중요한 사실은, 하나님은 우리의 참된 부모가 되신다는 것이다. 하나님은 우리를 낳으셨다(시인은 이렇게 읊었다. "내가 여호와의 명령을 전하노라 여호와께서 내게 이르시되 너는 내 아들이라 오늘 내가 너를 낳았도다"[시 2:7]). 그리고 하나님은 양육자로서 우리를 기르신다(마 6:26).

예수님은 사람들을 가르치실 때 하나님을 가리켜 "하늘에 계신 너희 아버지"(마 5:45)라고 말씀하셨다. 그리고 제자들이 기도를 가르쳐 달라고 요청할 때는 이렇게 기도하라고 가르치셨다. "하늘에 계신 우리 아버지여"(마 5:45). 게다가, 더 직접적으로는 이렇게 말씀하셨다. "땅에 있는 자를 아버지라 하지 말라 너희의 아버지는 한 분이시니 곧 하늘에 계신 이시니라"(마 23:9). 이 말씀은 상당히 과격하고 무례하고 비윤리적이고 패륜적으로 들릴지도 모르지만, 아주 정확하고 참된 말씀이다. 인간에게 진정한 부모는 오직 하나님 한분 밖에 없기 때문이다. 육신의 부모는 그 성질이 이 세상으로만 한정되는 일시적인 부모이다.

하나님은 "하늘에 계신 우리 아버지"이시다. 아버지이시되 유일하고 참되신 아버지이시다. 하나님의 아버지 되심은 우리에게도 적용되고 우리 자녀들에게도 적용된다. 그래서 우리는 자녀들과 함께 주님이 가르치신 이 기도를 할 때 동일하게 이렇게 기도한다. "하늘에 계신 우리 아버지." 우리가 자녀와 함께 이 기도를 드릴 때 하나님은 우리의 참된 부모이심을 고백하는 것이다. 영적인 관점에서 볼 때, 함께 그 기도를 하는 부모와 자녀들은 하나님 나라에서 형제자매 관계가 된다. 실제로, 하늘에 계신 창조주 하나님에 대한 믿음 안에서 부모와 자녀들은 "하나님의 권속(members of God's household)"(엡 2:19), 곧 하나님의 가정의 형제들과 자매들이다. 하나님은 나의 가장이시고 우리 자녀들의 가장이시다. 그래서 육신의 부모와 자녀들은 하나님 앞에서 형제자매 관계가 되는 것이다. 조금은 이상하게 들릴지 모르지만 그것은 분명 성서적 사실이다.

티모시 폴 존스(Timothy Paul Jones)는 이 입장을 취하면서 이렇게 말한다.

> 그리스도 안에 있는 우리 모두는 형제들과 자매들, 곧 "하나님의 상속자요 그리스도와 함께 한 상속자"(롬 8:17, 또한 갈 4:7; 히 2:11; 약 2:5; 벧전 3:7을 보라)이다. 이 관점에서 보면, 나의 자녀들과 나의 관계는 매우 다른 의미를 지니게 된다. 내가 귀여워하는 나의 딸들은 단지 이 세상에서만 나의 자녀들로 있을 것이다. 나는 죽을 때까지 한나(Hannah)와 스카일라(Skylar)의 아버지이다. 그러나 그들이 복음을 수용하는 한에서, 나는 영원히 그들의 형제로 있을 것이다. 달리 말하면, 만일 여러분의 자녀들이 하늘의 영광 가운데 여러분의 곁에 선다면, 그들은 여러분의 자녀들로 여러분 곁에 서는 것이 아니라 여러분의 구속 받은(blood-redeemed) 형제들과 자매들, 곧 하나님 나라의 상속자들로서 서게 될 것이다.[8]

나도 우리 아이들에게 그렇게 가르친다. "나와 너희 엄마는 너희의 참된 부모가 아니다. 우리는 너희의 육신의 부모이고 생물학적인 부모이다. 너희의 참된 부모는 따로 있다. 그분은 우리를 지으신 하늘에 계신 하나님 아버지이시다. 그분은 나의 참된 아버지이시고 또한 너희의 참된 아버지이시다. 육신의 부모로서의 나와 너희 엄마의 책임은 너희를 믿음으로 잘 양육하여 너희의 참된 부모이신 하늘에 계신 하나님 아버지의 자녀가 되도록 하는 것이다. 그것을 위해 우리는 믿음으로 너희를 양육한다. 때문에 너희는 육신의 부모인 우리의 말을 잘 듣고 가르침을 잘 받아—너희의 참된 부모이신 창조주 하나님이 너희의 육신의 부모인 우리에게 그러한 권한을 주셨다—믿음의 사람들로 잘 자라서 죽을 때까지 참된 부모인 하나님 아버지를 잘 섬기며 살아야 한다.

"물론, 너희의 참된 부모가 하늘에 계신 하나님 아버지라고 해서 육신의 부모인 우리를 함부로 대하거나 불순종하면 안 된다. 왜냐하면 우리의 참된 하나님 아버지가 '네 부모를 공경하라'(출 20:12; 신 5:16; 엡 6:2)고 말씀하셨고 또 '주 안에서 너희 부모에게 순종하라'(엡 6:1)고 명하셨기 때문이다. 그래서 우리는 하나님의 영적 자녀이자 우리의 육신의 자녀들인 너희를 노엽게 하지 않으려고 노력하면서 '주의 교훈과 훈계로 양육하'(엡 6:4)려고 하는 것이다. 따라서 너희는 하나님 아버지를 섬기며 살되 육신의 부모인 우리를 공경해야 한다. 그것이 우리의 참된 부모이신 하나님의 뜻이고 옳은 행동이다." 나는 실제로 이렇게 가르친다.

우리가 하나님이 우리와 우리 자녀들의 아버지가 되심을 인정한다면, 우리 자녀들은 본질적으로 우리 자녀들이 아니다. 우리에게 잠시 맡겨주신 하나님의 자녀들이다. 때문에 자녀에 대한 소유권은 우리에게 있지 않다. 자녀에 대한 소유권은 하나님께 있다. 우리에게는 자녀에 대한 청지기직(stewardship)만 있다. 우리에게는 하나님으로부터 자녀를 위탁받아 믿음으로 양육하여 하나님께로 돌려보낼 책임이 있다. 이것은 참되다. 그래서 우리의 자녀 양육은 청지기직이다. 위탁교육이다. 부모로서의 우리는 하나님이 우리에게 맡겨주신 자녀들을 믿음 안에서 바르게 잘 양육하여 그분에게 돌려드려야 한다. 그것이 육신의 자녀의 신앙교육에 대한 바른 태도이다. 이와 관련하여, 슐츠는 이렇게 말한다. "내가 내 자녀들을 교육하는 과제를 끝마쳤을 때, 나는 그들을 하나님 나라의 사역을 위하여 쓰시도록 하나님께 돌려드렸다. 성경 여러 곳에서 이 일을 영적 전쟁이라고 말한다."[9]

이런 점에서, 가정에서의 신앙교육의 궁극적인 목표는 육신의 부모이자 생물학적인 부모인 우리 품에서 책임적으로 양육하여 참되신 부모, 곧 영적 부모이자 본래의 부모이신 하나님 품으로 돌려보내는 것이다. 하나님이 교회와 세상에서 하나님의 나라를 위해 그들을 사용하실 수 있도록 말이다. 이와 같이, 우리 품을 떠나 하나님 품으로 가도록 인도하는 것이 성서적 관점에서 참된 자녀 교육이다.

지금까지 살펴본 것처럼, 가정에서의 신앙교육은 창조신앙으로부터 시작되어야 한다. 그래야 신앙교육이 제대로 실시될 수 있다. 그래야 자녀들이 바른 정체성을 가지고서 가치 있고 의미 있는 생명의 길로 걸어갈 수 있게 된다.

# 가정에서의 신앙교육의 내용-
# 무엇을 가르칠 것인가?(2)

우리는 앞 장에서 신앙교육(그리고 기독교 신앙)의 출발점은 창조신앙이어야 한다고 말했다. 왜냐하면 우리의 존재와 삶에 창조의 차원이 없다면 신앙의 차원은 넌센스이기 때문이다. 그래서 성서의 맨 앞에 창세기(Genesis-기원 또는 발생을 의미함)가 놓이고 창세기의 첫 번째 진술이 "태초에 하나님이 천지를 창조하시니라"로 시작된다.

그러나 성서적 관점에서 "창조"와 "구속"은 서로 나뉠 수 없다. 왜냐하면 하나님의 창조는 창조주 하나님 자신이 보시기에 완전하고 좋았지만 하나님의 피조물인 인간-아담과 하와-의 반항과 타락으로 인해 불완전해지고 훼손되었기 때문이다. 하나님은 죄와 사망 가운데 있는 인간과 "썩어짐의 종노릇"(롬 8:21)을 하고 있는 피조물을 구원하시기로 계획하시고 자신의 아들 예수 그리스도를 이 세상에 보내시고 십자가에 달려 죽게 하심으로 인간의 구원과 만물의 구속을 이루셨다. 그래서 하나님의 창조는 필연적으로 하나님의 구속과 나뉠 수 없게 되었다.

바울은 인간의 타락으로 인한 인간 자신의 실존적 운명과 다른 모든 피조물의 운명에 대해서 각각 이렇게 말한다. "그러므로 한 사람으로 말미암아 죄가 세상에 들어오고 죄로 말미암아 사망이 들어왔나니 이와 같이 모든 사람이 죄를 지었으므로 사망이 모든 사람에게 이르렀느니라"(롬5:12). "그 바라는 것은 피조물도 썩어짐의 종노릇 한 데서 해방되어 하나님의 자녀들의 영광의 자유에 이르는 것이라 피조물이 다 이제까지 함께 탄식하며 함께 고통을 겪고 있는 것을 우리가 아느니라"(롬 8:21-22).

그래서 창조와 구속은 하나님의 역사적 활동에서 필연적으로 "창조-구속"의 형태로 묶여져 복합어가 된다. 성서적 신앙은 창조신앙뿐만 아니라 구속신앙, 곧 창조-구속신앙인 것이다. 그리고 그러한 사실을 받아들이면 가정에서의 신앙교육과 관련하여 한 가지가 분명해진다. 가정에서의 신앙교육은 그 내용으로 창조신앙뿐만 아니라 구속신앙도 포함시켜야 한다는 것이다. 그래야 바른 신앙교육이 된다.

### 자녀에게 구속신앙을 가르쳐라

우리가 살아가는 이 세상은 창조세계와 구속세계로 이루어진다. 그래서 창조세계만 말하는 것은 본질적으로 성서적이 아니다. 마찬가지로, 구속세계만 말하는 것도 성서적이 아니다. 우리의 신앙에 관한 언급이 바르려면, 우리는 언제나 창조세계/창조신앙뿐만 아니라 구속세계/구속신앙도 말해야 한다. 그것이 옳다.

그러면 왜 이 세상은 창조세계뿐만 아니라 구속세계인가? 앞에서 진술한 바 있듯이, 이 세상이 창조세계인 것은, 이 세상은 창조주 하나님의 창조사역에 의해서 존재하게 되었기 때문이다. 그리고 이 세상이 구속세계인 것은 창조주 하나님이 자신의 아들 예수 그리스도를 구원자로 세상에 보내셔서 타락한 인간을 구원하시고 우주만물을 구속하시기 때문이다. "하나님이 세상을 이처럼 사랑하사 독생자를 주셨으니 이는 그를 믿는 자마다 멸망하지 않고 영생을 얻게 하려 하심이라"(요 3:16).

그래서 삼위일체 하나님의 한 위이시면서 성부 하나님의 아들이신 예수 그리스도 안에 창조의 기원이 있는 것처럼 인류의 구원자이신 그 분 안에 구원과 새 생명이 있다. 아직은 온전한 구원과 구속의 성취가 나타나지 않았지만 그럼에도 그것이 이미 예수 그리스도의 십자가에서의 죽으심과 부활을 통하여 이루어진 것은 분명하다. 때문에 성서는 창조신앙뿐만 아니라 구속신앙을 가르친다. 성서의 근본 목적은 "우리에게 모든 것에 대해 모든 것을 말하는 것이 아니라, 구속 역사에서 하나님이 그리스도 안에서 행하시는 구원 활동의 진행 과정을 가급적 가장 평범하고 기본적인 언어로 설명하는 데 있"[1]기 때문에 우리는 성서를 읽을 때 하나님이 그리스도 안에서 행하신 구원의 역사를 보게 된다. 그래서 진정한 그리스도인은 성서를 바탕으로 창조신앙뿐만 아니라 구속신앙도 받아들인다.

기독교 신앙은 창조신앙뿐만 아니라 구속신앙이라는 사실은, 그리스도인 부모는 자녀들에게 창조신앙-자신들의 근본 기원이 하나님께 있음을 믿는 신앙-뿐만 아니라 구속신앙-창조주 하나님께 대해 죄인인 인간은 하나님의 아들 예수 그리스도를 통해 구원과 영생을 얻게 된다는 것을 믿는 신앙-도 가르쳐야 함을 말한다. 그리스도인 가정은 창조신앙에 뿌리를 두고 있는 동시에 구속신앙에 근거한다. 마이클 호튼(Michael Horton)은 이렇게 말한다. "가족 간의 관계는 사람의 본성에 가장 기본적인 것이다. 그렇지만 성경은 신자의 가정을 불신자의 가정과 선명히 구별한다…신자의 가정은 그리스도의 몸을 가장 구체적으로 표현하기 때문에, 창조에 뿌리를 둔 사회 제도인 동시에 구속에 뿌리를 둔 거룩한 제도다."[2] 그래서 참된 그리스도인들, 참된 그리스도인 부모들은 자신들이 하나님에 의해서 존재하게 되었지만 또한 모든 인간은 하나님 앞에서 죄인이기 때문에 자신들도 죄인이라는 것을 고백하며 예수 그리스도의 구속의 은혜를 받아들임으로 구원을 받고 하나님의 자녀가 된다는 것을 믿는다.

뿐만 아니라 그리스도인 부모는 자녀들에게도 그것-인간의 죄인됨과 구원의 필요성-을 분명하게 설명하고 그들로 하여금 개인적으로 그것을 받아들이도록 해야 한다. 그것이 바로 가정에서의 신앙교육의 기본 목표이기 때문이다.

### 자녀에게 예수신앙을 가르쳐라

사도 바울은 "죄의 삯은 사망이요 하나님의 은사는 그리스도 예수 우리 주 안에 있는 영생이니라"(롬 6:23)고 말한다. 죄는 인류에게 사망을 가져다주었지만 예수 그리스도는 하나님의 영생을 가져다주셨다는 것이다. 그래서 모든 인간은 "그리스도 예수 안에 있는 속량으로 말미암아 하나님의 은혜로 값없이 의롭다 하심을 얻"게 된다(롬 3:23-24). 성서는 그것을 복음, 곧 좋은 소식이라고 부른다. 그런 이유로, "그리스도인들에게 있어서, 예수 그리스도와의 개인적인 관계는 그것이 우리의 가장 기본적인 필요를 충족시키기 때문에 그 밖의 무엇보다도 귀하게 여김을 받는다."[3] 참된 그리스도인들은 복음을 받아들이고 예수 그리스도를 확실하게 믿는다.

기독교 신앙의 중심에는 예수 그리스도와 그분의 복음이 있다.[4] 예수 그리스도의 복음은 "모든 믿는 자에게 구원을 주시는 하나님의 능력"(롬 1:18)인데, 그것의 핵심은 하나님이 자신의 아들 예수 그리스도 안에서 행하신 구원 사역이다. 그러므로 누구든지 예수 그리스도를 믿으면 구원과 영원한 생명을 얻게 된다. 이런 점에서 볼 때, 예수신앙과 구속신앙은 서로 나뉠 수 없다. 예수신앙은 구속신앙을 가능하게 하고, 구속신앙은 예수신앙을 바탕으로 한다.

복음은 "하나님의 말씀의 필수적인 요소"[5]이다. 그래서 그것은 "어린이 교육[그리고 모든 신앙 교육]의 모든 측면에 중심이 되어야 한다."[6] 복음은 인간이 하나님 앞에서 타락하여 하나님의 심판과 징벌을 받은 직후에 곧바로 주어졌다. "내가 너로 여자와 원수가 되게 하고 네 후손도 여자의 후손과 원수가 되게 하리니 여자의 후손은 네 머리를 상하게 할 것이요 너는 그의 발꿈치를 상하게 할 것이니라"(창 3:15).

하나님께 저항한 인간은 하나님께 대해 죄인이며 구원을 필요로 하는 존재이다. 성서는 인간의 구원이 예수 그리스도에 의해서 성취되었다고 전하기 때문에 "기독교인이 되기 위해서는 예수 그리스도에 대한 신앙을 가져야 하고, 그리스도의 몸인 교회에 속해야 한다."[7] 예수 그리스도는 하나님의 아들로 이 세상의 구원을 위해 보냄 받으신 유일한 길이다.[8] "내가 곧 길이요 진리요 생명이니 나로 말미암지 않고는 아버지께로 올 자가 없느니라"(요 14:6).

신앙교육은 본질적으로 복음교육이다. 신앙은 구속을 지향하고 구속은 "하나님의 능력"인 복음의 정수이다(롬 1:16). 그래서 구속신앙은 복음에 근거한다. 복음은 구원 받은 사람들의 모임인 "교회를 존재케 하는 원인이다."[9] 복음이 없다면 교회도 없다. 마찬가지로, 복음은 한 사람으로 하여금 그리스도인이 되게 하는 원인이다. 복음이 없다면 그리스도인도 없다. 복음은 이 세상을 향한 하나님의 유일한 구원계획이다. 그래서 "복음은 기독교 교육의 중심 되는 문제이다."[10]

그리스도인 부모는 가정에서 자녀들을 기독교 신앙으로 양육할 때 반드시 복음신앙인 예수신앙을 가르쳐야 한다. 기독교 교육의 목표는 '기독교적 형성,' 곧 예수 그리스도가 한 사람 안에 형성되는 것—사도 바울은 갈라디아서 4장 19절에서 "나의 자녀들아 너희 속에 그리스도의 형상을 이루기까지 다시 너희를 위하여 해산하는 수고를 하노니"라고 말함으로써 이것을 제시한다—이기 때문에 가정에서의 신앙교육의 목표도 기독교적 형성을 지향해야 한다.[11]

슐츠가 말하는 것처럼, 참된 교육은 "예수 그리스도와 하나님의 말씀이 없이는 결코 존재할 수 없"기에,[12] 예수 그리스도가 빠진 신앙교육, 곧 복음이 없는 신앙교육은 그 자체로서 기독교 교육이 아니며 잘못된 것이다. 이런 점에서, 밀러의 다음의 말은 전적으로 옳으며 계속해서 되새길 필요가 있다.

어떤 교육적 과정을 '기독교적'이라고 정당하게 칭하려면 전 체계의 중심에 예수 그리스도가 있어야 한다. 성숙하고 고백적인 기독교인에게 요구되는 가장 오래된 질문은 '당신은 예수 그리스도를 당신의 주와 구세주로 따르기를 약속하는가?'이다. 이것이 기독교 신앙의 핵심요지이고, 기독교의 목적에 적합한 모든 교육 철학에서도 근본적으로 자리하고 있는 신학적 전제다. 부모와 교사가 자녀들에게 그리스도 안에 거하는 믿음을 주려 한다면, 생명과 죽음의 주인이신 분과 그들 각자의 관계를 이해해야 한다. 기독교의 모든 것은 궁극적으로 신자와 예수 그리스도의 하나님간의 인격적 관계에 있다. 나아가서 이런 관계성에서 발생하는 제자의 온전함으로 인도하는 것이 그리스도에 대한 충성이다.[13]

### 자녀에게 공동체 신앙을 가르쳐라

앞에서 이미 탐구한 바 있듯이, 기독교 신앙은 본질적으로 공동체적이다. 기독교 신앙의 근원이신 하나님, 곧 삼위일체 하나님이 공동체–성부, 성자 그리고 성령의 공동체–이시기 때문이다. 그래서 삼위일체 하나님의 교회도 공동체이다. 웨스터호프는 기독교 신앙과 교회의 공동체성과 관련하여 이렇게 말한다.

"한 사람의 그리스도인은 그리스도인이 아니다. 왜냐하면 우리는 홀로 그리스도인이 될 수 없기 때문이다—우리는 공동체를 위해 지음 받았다."[14] 이것은 하나님의 본성과 성서에 바탕을 둔, 교회의 공동체성에 대한 정확한 진술이다.

성서적 관점에서 볼 때, 기독교 신앙은 일차적으로 예수 그리스도를 통한 하나님과의 관계형성이기 때문에 그것은 분명 개인적인 측면이 있다. 그것을 무시하는 것은 기독교 신앙의 중요한 면을 왜곡하는 것이다. 그러나 기독교 신앙은 본질적으로 공동체적이기 때문에 그것의 개인적인 측면은 그것의 공동체적 측면과 관련하여 이해되어야 한다.

교회의 공동체성에 관한 강조는 먼저 예수 그리스도의 사역과 가르침에서 드러난다. 예수님은 일차적으로 새로운 공동체를 만들기 위해서가 아니라 하나님의 백성—이스라엘 백성—을 모으고 회복하기 위해 오셨고 그것을 위해 사역하셨다(마 15:24).[15] 그러나 그분의 사역은 이스라엘에만 국한되지 않았다. 하나님이 아브라함을 부르시고 한 민족을 형성하여 온 민족을 복되게 하실 계획을 하신 것처럼, 예수님의 사역은 전 인류 공동체—모든 족속—를 지향했다(마 28:18-20). 예수님은 그 계획을 이루시기 위해 사람들을 부르셔서 제자 공동체를 만드시고 그들에게 하나님 나라의 복음을 전하실 뿐만 아니라 그들로 하여금 전하게 하셔서 다른 제자 공동체들을 형성하도록 하셨다.[16]

사도 바울 역시 교회의 공동체적 삶을 강조했다. 그는 교회를 유기체, 곧 하나의 몸—그리스도의 몸—으로 이해했다(롬 12:4-5; 고전 12:12-13; 엡 4:13, 15-16). 몸은 함께 자라가는 것이 정상이고 특징이다. 어느 한 부분만 자라거나 어느 한 부분을 제외하고 다른 부분들만 자라는 것은 건강하지 않으며 바람직하지도 않다. 그래서 바울은 이렇게 강조했다. "그의 안에서 건물마다 서로 연결하여 주 안에서 성전이 되어 가고 너희도 성령 안에서 하나님이 거하실 처소가 되기 위하여 예수 안에서 함께 지어져 가느니라"(엡 2:21-22).

> 우리가 다 하나님의 아들을 믿는 것과 아는 일에 하나가 되어 온전한 사람을 이루어 그리스도의 장성한 분량이 충만한 데까지 이르리니…오직 사랑 안에서 참된 것을 하여 범사에 그에게까지 자랄지라 그는 머리니 곧 그리스도라 그에게서 온 몸이 각 마디를 통하여 도움을 받음으로 연결되고 결합되어 각 지체의 분량대로 역사하여 그 몸을 자라게 하며 사랑 안에서 스스로 세우느니라.(엡 4:13, 15-16)

그리스도인은 예수 그리스도의 몸인 교회의 한 지체이다. 이런 점에서, 교회는 가거나 다니는 것이 아니라 그 몸의 일부가 되는 것이다. 그런 이유로, "교회는 공동체에 의하여 그 모습이 드러나는데, 그 공동체 중심에는 예배가 자리하고 있다."[17] 교회의 공동체성의 기본적인 형태는 예배에서 가시화된다. "예배는 사람들이 하나님을 찬양하고 경배하기 위해서, 성서를 읽고 설교하는 것을 듣기 위해서, 복음 이야기를 말하고 다시 말하기 위해서 그리고 인생의 무게와 기쁨을 함께 나누기 위해서 모일 때 형성적이고 변형적이다."[18] 그리스도인들이 예배를 위해 모일 때 하나님의 공동체가 드러난다. 이와 같이, 모이는 교회로서의 모습을 이어갈 때 교회는 언제나 자신들이 공동체-신앙 공동체-임을 확인받고 되새기게 된다.

교육적인 관점에서 볼 때, "신앙은 오직 자의식적인 의도적인 신앙 공동체 안에서 양육될 수 있다."[19] 참된 그리스도인들로서 "우리는 항상 은혜와 믿음의 관계를 기독교 생활의 중심으로 삼아야 한다. 이러한 생활은 성령이 교통하시는 공동체에서만 가능하다."[20]

기독교 신앙은 신앙 공동체를 떠나서는 제대로 형성될 수 없고 자랄 수도 없다. 더욱이, 기독교 신앙은 하나님의 성령의 가르침을 따라 성장해 가려는 신자의 자발적인 참여에 의해서 자란다. 그러므로 그리스도인 부모들은 이 점을 늘 기억하고 자신들이 먼저 교회의 공동체적 삶에 적극적으로 참여하면서 자녀들이 교회생활을 바탕으로 하나님을 섬기도록 그들을 가르치고 이끌어주어야 한다. 특히, 신앙생활에서 신앙공동체로서의 교회의 중요성을 강조하고 가르칠 필요가 있다. 오직 그럴 때만 그리스도인 부모로서 우리는 우리의 책임과 역할을 제대로 감당하는 것이다.

# 가정에서의 신앙교육의 내용-
# 무엇을 가르칠 것인가?(3)

우리는 앞 장에서 가정에서의 신앙교육의 내용으로 구속신앙,
예수신앙 그리고 공동체신앙에 대한 이유와 필요성을 말하고 그것
에 대한 내용을 탐구했다. 그것들은 기독교신앙의 근본적이면서
핵심적인 차원들이다. 그것들이 빠지면 기독교신앙과 교회는 존
재할 수 없다. 그래서 그것들은 아무리 강조해도 지나치지 않다.

그러나 기독교 신앙교육의 내용은 그것들만으로는 충분하지
않다. 왜냐하면 기독교신앙은 본질상 그 이상의 것을 담고 있기
때문이다. 오히려 그것들은 생활신앙과 부활신앙까지 이어져야
하는데, 왜냐하면 성서적, 기독교적 관점에서 예수 그리스도에
대한 믿음의 고백은 믿음의 삶과 나뉘지 않기 때문이다. 바르고
참된 믿음은 언제나 고백 다음에 삶이 뒤따른다. 야고보 사도가
말하는 것처럼, 예수 신앙은 "그의 행함[삶]과 함께 일하고 행함

으로 믿음이 온전하게" 된다(약 2:22).

뿐만 아니라, 성서적, 기독교적 신앙은 궁극적으로 하나님이 이루실 하나님 나라의 완성을 지향하기 때문에 가정에서의 신앙교육은 그것에 대한 분명한 가르침을 포함해야 한다. 그런데 하나님 나라의 완성은 예수 그리스도의 재림과 함께 실현되기 때문에 예수 그리스도의 재림과 더불어 이루어질 부활에 대해서도 함께 가르쳐야 한다. 그래야 신앙교육의 내용이 온전할 수 있다.

## 자녀에게 생활신앙을 가르쳐라

칼 마르크스(Karl Marx)는 "종교는 민중의 아편이다"라고 말했는데, 실제로, 교인들 중에는 기독교신앙을 아편처럼 느껴지게 만드는 사람들이 있다. 한편으로는 현세—이 세상—를 등한시하고 미래—오는 세상—를 중시하면서도 아이러니하게도 다른 한편으로는 지나칠 정도로 끊임없이 현세에서의 성공과 잘됨을 추구하는 이중적인 모습을 지니고 있다. 세상 사람들은 그런 사람들의 이중적인 모습을 비판한다. 그런 사람들에게 있어서 종교는 아편으로 여겨진다.

그러나 기독교신앙은 결코 정신적인 유희나 종교적인 자기만족 또는 위로가 아니다. 그것은 역사에 기반을 둔 살아 있는 생명신앙이다. 그래서 그것은 인간 역사의 흐름 가운데 삶의 세계에서 구체적이고 현실적으로 진행되는 역사적 신앙이다. 때문에 그리스도인들은 역사와 삶을 진지하게 받아들일 필요가 있다.

예수님은 산상수훈에서 제자의 삶과 하나님의 영광을 연결시키신다. "이같이 너희 빛이 사람 앞에 비치게 하여 그들로 너희

착한 행실을 보고 하늘에 계신 너희 아버지께 영광을 돌리게 하라"(마 5:16). 사람들이 하나님께 영광을 돌릴 수 있는 가능성은 그분을 섬기고 예배하는 사람들의 삶에 근거한다는 것이다. 이것은 오늘날 더욱 절실히 요구되는 요소이다. 사실, 예수님의 가르침의 중심에는 신자의 실천적인 삶이 있다. 그분에게 있어서 신앙의 진위는 말씀에 대한 순종과 실천에 의해 가려진다. 다음의 두 말씀은 그것에 대한 분명한 예다. "너희가 나를 사랑하면 나의 계명을 지키리라"(요 14:15) "가서 너도 이와 같이 하라"(눅 10:37).

신앙인의 또는 이신칭의(justification by faith)를 강조하는 사도 바울도 그리스도인의 삶과 하나님의 영광을 연결시킨다. "그런즉 너희가 먹든지 마시든지 무엇을 하든지 다 하나님의 영광을 위하여 하라"(고전 10:31). "값으로 산 것이 되었으니 그런즉 너희 몸으로 하나님께 영광을 돌리라"(고전6:20). 예수 그리스도의 죽으심을 통해 대속함을 받은 신자의 삶은 모든 차원이 하나님의 영광과 관계가 있다는 것이다. 왜냐하면 예수 그리스도를 믿는 모든 사람은 "자기를 위하여 사는 자가 없고 자기를 위하여 죽는 자도 없"으며 "살아도 주를 위하여 살고 죽어도 주를 위하여 죽"기 때문이다. 우리는 진정 살든지 죽든지 주님의 것이다(롬 14:7-8).

실제로, 하나님께 영광을 돌리는 것, 곧 하나님을 영화롭게 하는 것은 기독교 신앙의 궁극적인 목표이다. 우리들 삶의 모든 면은 그것과 관계가 있어야 한다. 그러기 위해서는 계속해서 그것을 추구하는 삶을 살아야 한다.

그러면 구체적으로 우리는 어떻게 하나님을 영화롭게 하는 삶을 살아갈 수 있을까? 예수 그리스도를 닮는 삶(Christlikeness)을 통해서다. 그분은 "보이지 아니하는 하나님의 형상이시"다(골 1:15; 또한 고후 4:4; 히 1:3을 보라). 그리고 그리스도를 닮는 삶은 그리스도의 복음에 합당한 삶을 살아갈 때만 가능하다. 사도 바울은 빌립보서 1장 27절에서 "오직 너희는 그리스도의 복음에 합당하게 생활하라"고 권면한다. 복음에 합당하게 생활하는 것은 "주께 합당하게 행하"는 것이다(골 1:10). 더욱이, "그리스도를 닮는 삶은 하나의 목표(goal)가 아니라 과정(process)"[1]이기 때문에 우리는 평생 동안 그리스도를 닮는 삶을 추구해야 한다. 평생에 걸쳐 그리스도를 닮아가면서 매일 복음에 합당한 삶을 살려고 노력해야 한다. 그러면 "예수님이 [과거에] 행하셨고 [현재에] 행하시며 [장래에] 행하실 모든 것이 우리가 그분께 순종함에 따라 우리들 삶을 직접적으로 형성한다."[2]

복음에 합당하게 살아감으로써 예수 그리스도를 닮는 삶을 통해 하나님께 영광을 돌리는 것이 기독교 신앙의 궁극적인 목표요 생활신앙이라면, 가정에서 자녀들을 신앙으로 양육하려 할 때도 그것을 진지하게 받아들여야 한다. 곧 가정에서 신앙교육을 통해 창조신앙, 구속신앙, 예수신앙 그리고 공동체신앙을 알게 할 뿐만 아니라, 기독교신앙은 삶의 차원에서 분리될 수 없음을 가르치면서 기독교적 삶에서 계속 자라가도록 이끌어주어야 하는 것이다. 그것이 제대로 된 기독교 영적 형성(Christian spiritual formation)이기 때문이다.

가정은 신앙생활의 다양한 면을 배울 수 있는 가장 기본적이고도 중요한 장이다. 믿음의 자녀들은 부모를 통해 그리스도인으로 그리스도인답게 사는 법을 배우게 된다. 기독교 신앙에는 그리스도인다운 삶으로서의 윤리적, 도덕적 삶이 있다. 우리의 도덕성/윤리성과 도덕적 삶/윤리적 삶은 하나님으로부터 온다. 하나님은 사랑과 은혜의 하나님이시지만 동시에 "도덕성의 하나님"[3]이시기도 하다. 그래서 하나님은 거룩한 사랑이다.

도덕성의 하나님의 한 피조물로서의 인간은 또한 '도덕성의 인간'이다. "도덕성은 모든 사람이 지니고 있는 삶의 기본 요소"이며, 그것은 "인간으로서의 우리의 인간됨(what we are)에서 나온다."[4] 그런 이유로, 도덕성은 인간성과 나뉘지 않는다. 도덕성은 인간성의 한 부분이며, 그래서 도덕적 삶은 인간 삶의 본질적 차원이다. 더욱이 그리스도인의 삶의 본질적인 차원이다.

어린이의 도덕적 가치관의 형성, 도덕적 삶의 바탕은 일차적으로 가정에서 시작된다. 왜냐하면 "가족은 하나의 가치"[5]이며 "가족 경험을 통해 우리는 가장 중요한 가치들 중 많은 것을 배우기"[6] 때문이다. 그리고 그 중심에는 부모가 있다.[7] 페그 랜킨(Peg Rankin)과 리 랜킨(Lee Rankin)은 이렇게 말한다. "각 개인은 자신의 부모로부터 어떤 특성들을 물려받고 또 자신의 자녀에게 그것을 전달해 준다. 이렇게 물려받고 물려주는 것에는 신체적 특성들과 명백한 성향들이 포함된다. 하지만 이것보다 더 중요한 것은 문화적 전통, 가족의 역사 그리고 도덕적 가치관이다."[8]

믿음의 부모는 자녀들의 기독교적 형성을 위해 그러한 특성을 잘 활용할 수 있어야 한다. 부모는 시간을 내어 자녀들과 함께 '어떻게 하면 복음에 합당한 삶을 살 수 있을까?' '어떻게 하면 도덕적으로 성숙하고 바른 삶을 살 수 있을까?' 등의 여러 가지 문제를 놓고 이야기를 나눌 수 있어야 한다. 자녀들이 계속적으로 도덕적 성장과 바른 기독교적 형성에 근거하여 복음에 합당한 삶을 살게 하려면 그러한 대화는 꼭 필요하다. 그리고 그런 대화의 일차적인 장은 가정이고 또 가정이어야 한다.

## 자녀에게 부활신앙을 가르쳐라

기독교 신앙의 절정은 부활신앙이다. 부활신앙은 기독교 신앙의 꽃이다. 부활신앙은 인류의 구원자 예수 그리스도가 인류의 죄를 대속하시기 위해 십자가에 달려 죽으셨다가 삼일 만에 다시 살아나시고 하늘에 계신 아버지께로 가셨다는 것을 믿는 것이다. 그러니까 예수 그리스도의 삶의 끝은 무덤이 아니라 부활이라는 것을 믿는 것이다(그래서 모든 그리스도인의 삶의 끝도 무덤이 아니라 부활의 영광과 하나님 나라에서 부활의 주님과 함께 영원히 사는 것이다). 그리스도의 부활은 그리스도인들로 하여금 현재를 긍정하게 함과 동시에 미래를 긍정하고 기대하게 만든다. 그것은 그리스도인들이 이 세상에서 소망 가운데 믿음으로 사는 삶의 원동력이다. 그런 이유로, 사도 바울은 다음과 같이 고백하고는 믿음의 길을 온전하게 걸어갈 수 있었다. "내가 그리스도와 그 부활의 권능과 그 고난에 참여함을 알고자 하여 그의 죽으심을 본받아 어떻게 해서든지 죽은 자 가운데서 부활에 이르려 하노니 내가 이미 얻었다 함도 아니요 온전히 이루었다 함도 아니라 오직 내가 그리스도 예수께 잡힌 바 된 그것을 잡으려고 달려가노라"(빌 3:10-12).

기독교 신앙은 과거와 관계가 있을 뿐만 아니라 현재와 미래 곧 영원과도 관계가 있다. 켄트 존슨(Kent L. Johnson)이 바르게 말하는 것처럼, "기독교 신앙은 하나님이 과거에 행하신 것만이 아니다. 그것은 또한 현재와 미래의 문제이다. 그것은 미래가 있고 그 미래는 하나님께 속해 있다고 추정한다. 우리는 그것과 동일시하고 그것의 일부가 되고 그것을 위해 노력하고 그것을 바라며 그것을 위해 기도하라고 부름을 받았다."9)

미래를 말하지 않고 기독교 신앙을 말할 수 없다. 기독교 신앙을 말하는 것은 미래를 말하는 것이고 미래를 말하는 것은 기독교 신앙을 요청하는 것이다. 기독교 신앙에 미래가 있다는 것은 하나님과 그분의 아들 예수 그리스도가 영원하신 분이며 그분의 나라가 영원하기 때문이다. 영원하신 하나님과 그분의 영원한 나라가 없다면 우리는 결코 미래―궁극적인 미래―를 기대할 수 없을 뿐만 아니라 말할 수도 없다. 그럴 경우, 인생의 목적지는 결국 무덤이 되고 말 것이다.

그러면 영원한 하나님의 나라에 들어가려면 무엇이 필요한가?(하나님의 나라는 가는 것이 아니라 들어가는 것이다. 천국은 가는 것이 아니라 들어가는 것이다. 그래서 천국에 간다는 말은 비성서적인 용어이다. 예수님은 "나더러 주여 주여 하는 자마다 다 천국에 들어갈 것이 아니요 다만 하늘에 계신 내 아버지의 뜻대로 행하는 자라야 들어가리라"[마 7:21]라고 말씀하시면서, 천국, 곧 하나님의 나라는 가는 것이 아니라 들어가는 것이라고 가르치셨다.) 예수 그리스도 안에서 하나님에 대한 믿음이다. 그리고 그 믿음이 있으면 부활의 첫 열매인 하나님의 아들 예수 그리스도께서 부활하신 것처럼 우리도 언젠가 부활하게 될 것이다. 이것과 관련하여 예수님은 "나는 부활이요 생명이니 나를 믿는 자는 죽어도 살겠고 무릇 살아서 나를 믿는 자는 영원히 죽지 아니하리니 이것을 네가 믿느냐"(요 11:25-26)라고 말씀하셨다. 그리고 그분의 복음을 전한 사도 바울은 각각 이렇게 말했다. "만일 우리가 그의 죽으심과 같은 모양으로 연합한 자가 되었으면 또한 그의 부활과 같은 모양으로 연합한 자도 되리라"(롬 6:5).

> 그리스도께서 다시 살아나신 일이 없으면 너희의 믿음도 헛되고 너희가 여전히 죄 가운데 있을 것이요 또한 그리스도 안에서 잠자는 자도 망하였으리니 만일 그리스도 안에서 우리의 바라는 것이 다만 이 세상의 삶뿐이면 모든 사람 가운데 우리가 더욱 불쌍한 자이리라 그러나 이제 그리스도께서 죽은 자 가운데서 다시 살아나사 잠자는 자들의 첫 열매가 되셨도다 사망이 한 사람으로 말미암았으니 죽은 자의 부활도 한 사람으로 말미암는도다.(고전 15:17-21)

그리스도인 부모는 자녀를 기독교 신앙으로 양육할 때 부활신앙을 분명하게 말하고 가르쳐야 한다. 성서를 바탕으로 장차 인간과 우주만물의 운명이 궁극적으로 어떻게 될 것인지에 대한 이야기를 명확하게 들려주어야 한다. 그것이 바른 기독교 신앙교육이다. 그리고 자녀가 절망을 넘어서는 영원한 희망을 갖기를 바란다면, 부모는 반드시 마음에 부활신앙을 심어주어야 한다.

부활신앙은 그리스도인들로 하여금 이 세상에서의 삶을 다르게 이해하고 다르게 살게 한다. 어떤 점에서 보면, 영원한 세계가 없다면 이 세상에서의 삶은 허무한 것이 되고 말며, 굳이 도덕이니 윤리니 바른 생활이니 논하면서 살 필요도 없다. 자기가 살고 싶은 대로 살면 된다. 왜냐하면 결국 오늘날 포스트모더니즘이 강조하는 것처럼 모든 것은 다 상대적이며 이 세상에서는 참된 가치를 논하고 평가할 수 있는 절대 기준을 찾을 길이 없기 때문이다. 그래서 쉐퍼는 이렇게 말한다. "세속 역사는 우리가 발견하는 것의 최종적인 '이유'(why)를 설명하는 것을 도울 단서를 밝혀내지 못했다…어린아이는 자신의 개인 역사에 대해 무언가 들을 필요가 있듯이, 인류는 자신의 역사에 대해서 들을 필요가 있다."10)

그러나 부활신앙을 가진 사람은 다르다. 비록 그리스도인들도 불완전하고 여전히 죄성을 지니고 있어서 실수를 하고 넘어지기도 하며 죄 가운데 빠지기도 한다. 그러나 그들은 자신들의 불완전함과 잘못과 죄인됨을 깨닫고 슬퍼하면서 계속해서 하나님을 향하여 앞으로 나아간다. 그들의 마음속에는 이 말씀이 새겨져 있다. "사랑하는 자들아 우리가 지금은 하나님의 자녀라 장래에 어떻게 될지는 아직 나타나지 아니하였으나 그가 나타나시면 우리가 그와 같을 줄을 아는 것은 그의 참 모습 그대로 볼 것이기 때문이니 주를 향하여 이 소망을 가진 자마다 그의 깨끗하심과 같이 자기를 깨끗하게 하느니라"(요일 3:2-3).

## 모든 신앙교육과 신앙내용의 토대로서의 하나님 나라 신앙

성서에 근거한 모든 신앙교육은 성서의 바탕 개념인 하나님 나라(the kingdom of God, 또는 천국, 마태복음은 "하나님의 나라"란 말보다 "천국"이란 말을 사용한다) 신앙에 기초해야 한다. 하나님 나라는 성서 이야기의 중심 개념이다. 그것은 성서 전체를 꿰뚫는 광맥이다. 그래서 예수님은 자신의 사역을 시작하시면서 도래하고 있는 하나님의 나라를 선포하셨고(막 1:14-15), 또한 그것을 가르침의 핵심 개념으로 삼으셨다. 예수님의 가르침-특히, 비유의 말씀-은 대부분 하나님의 나라와 관계가 있었다.

구체적으로 '하나님의 나라란 무엇인가?'에 대해서는 여러 가지 견해가 있지만 그 가운데 공통된 인식은, 그것은 본질적으로 하나님의 통치/다스림/지배를 의미한다는 것이다. 그래서 우리가 하나님의 나라란 말을 듣거나 사용할 때 그 바탕은 일차적으로 공간적 개념보다는 통치 개념을 생각할 필요가 있다. 물론, 하나님의 나라라는 말에는 공간 개념이 있다. 그것은 무시될 수 없다. 그러나 더 근본적으로는 하나님의 나라라는 말에는 하나님이 자신의 피조물을 다스리신다는 근본적이고 본질적인 의미가 있다.

하나님의 나라, 곧 하나님의 통치/다스림/지배는 성서 전체를 관통하는 개념이다.[11] 성서는 전체적으로 하나님을 다스리는 분으로 묘사한다. 그리고 성서 이야기의 최종 형태도 하나님이 자신이 지으신 우주 만물, 곧 새 하늘과 새 땅을 영원히 그리고 완전하게 다스리는 형태로 막을 내린다. 따라서 모든 신앙교육의 내용은 하나님 나라 신앙을 이야기해야 한다. 이것은 가정에서의 신앙교육의 내용도 그러해야 함을 뜻한다. 우리는 장차 완성될 하나님의 나라-새 하늘과 새 땅으로 이루어진 또 다른 창조세계-에서 하나님과 함께 영원히 살게 될 것이다.

부모는 가정에서 자녀들을 신앙으로 양육할 때 이점을 분명하게 가르쳐야 한다. 하나님 나라 신앙은 모든 믿는 자에게 부활신앙과 더불어 희망의 토대가 된다. 특히 부활신앙은 하나님 나라 신앙에 근거한다. 왜냐하면 하나님의 나라가 없다면 부활도 무의미하기 때문이다.

신자에게 부활이 있다는 것은 희망이다. 마찬가지로 신자에게 부활을 통해 영원히 살게 될 곳이 있다는 것도 희망이다. 부활이 없고 하나님의 나라가 없다면 기독교 신앙은 헛되다. 성서의 모든 것도 거짓말이고 예수 그리스도의 말도 당연히 거짓말이 된다. 그럴 경우, C. S. 루이의 말대로, 예수 그리스도는 "미치광이거나 그보다 못한 인간"[12]일 것이다. 그리고 인간의 삶의 결국은 무덤이 된다. 무덤에는 희망이 없다. 절망만 있다. 자녀들에게 희망을 말하고 싶으면 반드시 부활과 하나님 나라를 이야기해야 한다.

예수님은 "나는 부활이요 생명이니 나를 믿는 자는 죽어도 살겠고 무릇 살아서 나를 믿는 자는 영원히 죽지 아니하리니"(요 11:25-26)라고 말씀하셨다. 어떻게 그런 이야기를 하실 수 있었을까? 그분에게는 하나님 나라 개념과 그것의 실체에 대한 이해가 있었기 때문이다. 그분은 성부 하나님으로부터 보내심을 받았으며 영원한 하나님의 나라에 대한 분명한 인식이 있었다. 더 정확히 말하면, 영원한 삶에 대한 가장 확실하고 분명한 증인이 었다. "너희는 마음에 근심하지 말라 하나님을 믿으니 또 나를 믿으라 내 아버지 집에 거할 곳이 많도다 그렇지 않으면 너희에게 일렀으리라 내가 너희를 위하여 거처를 예비하러 가노니 가서 너희를 위하여 거처를 예비하면 내가 다시 와서 너희를 내게로 영접하여 나 있는 곳에 너희도 있게 하리라"(요 14:1-3). 그래서 시인이 고백했던 것처럼, 우리는 하나님 나라 신앙을 가지고 "내가 여호와의 집에 영원히 살리로다"(시 23:6)라고 확신 있게 고백할 수 있다.

부활신앙과 하나님 나라 신앙이 있는 사람은 살아가는 오늘의 삶과 현실이 조금 힘들고 어려워도 소망 가운데 그것을 극복하면서 살아갈 수 있게 된다. 그것에서 온전하게는 벗어나지 못한다하더라도 하나님이 주시는 능력을 힘입어 그것과 마주 대하여 싸워 이기면서 앞으로 나아갈 수 있다. 하나님 나라의 영원한 생명이 있는 사람은 그렇게 해 간다.

우리는 지금까지 가정에서의 신앙교육의 중심 내용으로 창조신앙, 구속신앙, 예수신앙, 신앙공동체를 중시하는 신앙, 생활신앙, 부활신앙, 그리고 그 모든 것의 바탕이 되는 하나님 나라 신앙에 대해서 탐구했다. 그것이 올바르게 작용하려면, 부모인 우리들 자신부터 그것을 충분히 알아야 하고 그런 과정에서 자녀들에게 성서 이야기를 들려주면서 그들에게 기독교의 핵심사항들을 말과 행위로 가르치고 보여주어야 한다.

그것은 어려운 과제임이 분명하다. 그러나 이 세상 무엇과도 바꿀 수 없는 귀한 열매임에 틀림없다. 그리스도인 부모로서 우리는 우리들 가정에서 그러한 열매가 맺히기를 바라면서 성령의 도우심을 따라 신앙교육을 실시해야 한다. 그것이 하나님의 뜻이자 명령이기 때문이다.

# CHAPTER
# 14

# 가정에서의 신앙교육의 방법-
# 어떻게 가르칠 것인가?(1)

　우리는 앞에서 가정에서의 신앙교육-그리고 기독교신앙-의
내용으로 창조신앙, 구속신앙, 예수신앙, 공동체신앙, 생활신앙
그리고 부활신앙을 탐구했다. 그것들은 모든 신앙교육의 기본적
이면서도 핵심적인 내용이다. 그러므로 가정에서 자녀들을 성서
에 근거한 바른 신앙으로 양육하려면 반드시 그것들을 가르쳐야
한다.

　그러면 우리는 자녀들에게 기독교신앙에 관해 가르칠 때 어떤
방법으로 가르쳐야 할까? 어떻게 가르치는 것이 바르고 바람직
하고 적절한 방법일까? 이것은 분명 어려운 물음이며 사람에 따
라 여러 가지로 답할 수 있을 것이다.

　그러나 사람들이 그 물음에 대해 어떤 대답을 하든, '우리는
자녀들을 어떻게 가르쳐야 하는가?'라는 물음을 할 때 반드시

고려해야 하는 문제가 하나 있는데, 그것은 바로 '자녀들은(그리고 우리는) 어떻게 배우는가?'하는 것이다. 왜냐하면 우리의 가르침의 방식은 자녀들의 배움의 방식에 의해 크게 영향을 받기 때문이다. 그래서 캐런 타이(Karen B. Tye)가 바르게 말하는 것처럼, "우리 학생들[자녀들]을 아는 것은 우리의 가장 중요한 가르침의 실천들 중의 하나이다. 우리가 가르치는 사람들에게 주의를 기울이는 것은 우리의 사역에 기본적이다. 효과적으로 가르치려면, 우리는 우리 학생들[자녀들]에 관한 것, 곧 그들은 누구이고 그들은 어디에서 오고 그들에게 중요한 것은 무엇이며 그들은 어떻게 배우는가 등을 알 필요가 있다."[1]

이처럼, 자녀들(학생들)에 대한 지식, 곧 자녀들의 상황을 아는 것은 바르고 좋은 가르침을 수행하는 데 있어서 매우 중요하다.

### 자녀들이 신앙을 배우는 최고의 방법

앞에서 강조해 온 것처럼, 인간에게 배움은 아주 본질적이고 자연적인 것이다. 우리가 매일 호흡하는 것처럼, 배움은 우리들 삶 가운데 매순간 일어난다. 그런 이유로, "그것은 종종 주목을 받지 못한다. 배움은 그와 같이 공통된 경험이기 때문에 우리는 그것의 복잡성을 간과한다."[2]

이렇듯, 배움에는 자연적인 차원—비형식적인 차원—이 있다. 삶 자체가 배움의 과정이기 때문이다. 그런 의미에서, 우리는 우리의 의지와 상관없이 태어나면서 죽을 때까지 배우는 일을 계속한다. 그것이 인간의 삶이다.

하지만 배움에는 의도성도 있다. 더 정확히 말하면, 특정한 지식과 관련된 배움은 대부분 의도성을 지닌다. 예를 들면, 운동을 잘하려면 그 운동과 관련된 지식을 의도적으로 배우고 그대로 따라서 해야 한다. 피아노를 잘 치려면 피아노를 치는 방법과 악보를 보는 방법을 의도적으로 배우고 그대로 따라서 연습해야 한다. 어떤 분야이든, 그러한 의도적인 배움이 없이는 잘 할 수 없다.

의도적인 배움이 잘 되려면 분명한 목적과 정해진 목표가 있어야 하고 그것에 대한 동기부여가 있어야 한다. 그래야 바르게 배울 수 있고 능동적으로 배울 수 있게 된다. 이런 점에서, 배움의 의도성은 필연적으로 교육의 의도성, 곧 가르침의 의도성을 합리적으로 만든다. 그러니까 배움의 의도성이 온전히 충족되려면 가르침의 의도성은 필수적이다. 의도적인 가르침이 없이 의도적인 배움은 거의 불가능한 것이다. 좋은 목적과 목표를 위한 의도적인 가르침은 결코 나쁘지 않다.

이 점은 기독교 신앙교육—가정에서의 신앙교육—에도 그대로 적용된다. 기독교 신앙교육은 의도적이다. 그것은 "공동체의 의도적인 활동"3)으로 분명한 목적과 목표가 있다. 하지만 그것에 대한 배움은 강압적이거나 수동적이어서는 안 된다. 그럴 경우, 학습자는 진정한 배움을 이룰 수 없을 뿐만 아니라 어느 시점이 되면 그 모든 것을 부정하고 떠날 수 있다.

그러면 학습자들은 어떻게 배우는가? 그들은 어떤 방식으로 배우는가? 이 물음에 대한 대답은 다양할 수 있다. 왜냐하면 학습자들의 발달 단계와 그들의 학습 스타일(learning styles) 그리고 개인적인 학습 선호도(learning preferences)가 저마다 다르기 때문이다.[4] 그래서 우리는 이런 점을 감안하면서 자녀들에 대한 가정에서의 신앙교육을 어떻게 할 것인가를 생각할 필요가 있다.

실제로, 신앙의 부모들이 이러한 교육이론들에 대해 어느 정도 알고 그것들을 활용하면서 자녀들에게 기독교 신앙에 대해 가르치는 것은 좋고 바람직할 것이다. 그러나 현실적으로 가정에서 평범한 부모들이 분주한 생활을 하면서 그런 식으로 하기란 쉽지 않다. 따라서 우리는 현실적인 상황을 고려하면서 좀 더 간편하고도 실천 가능한 방법들을 모색할 필요가 있다. 타이는 자신의 경험을 바탕으로 이렇게 말한다. "여기에서 나 자신의 사역을 이끌어주는 가르침의 원리는, 우리는 우리가 알고 있는 것과 함께 시작하는 것이 아니라 우리 학생들이 알고 있는 것과 함께 시작한다는 것이다. 교사들로서 우리는 가르치기 위해 준비할 때 우리 학생들이 이미 알고 있는 것에 관해 생각할 필요가 있다."[5]

타이의 제안은 바르고 적절한 것이기에 따를 만한 가치가 충분히 있다. 그리스도인 부모들로서 우리가 가정에서 자녀들을 기독교 신앙으로 양육하려 할 때, 우리는 자녀들이 기독교 신앙에 대해 알고 있는 것과 함께 시작해야 한다. 그런 이유로, 무엇보다도 먼저 우리는 우리 자녀들이 이미 알고 있는 것이 무엇인지를 알아야 한다.

그러면 우리 아이들이 이미 알고 있는 것이 무엇인지를 우리는 어떻게 알 수 있는가? 대화, 곧 믿음의 이야기를 나누는 삶을 통해서이다. 묻고 대답하는 과정 속에서 우리는 자녀들이 무엇을 알고 무엇을 알지 못하는지를 알게 된다. 그런 과정은 자동적으로 부모와 자녀 사이를 친밀하게 해 준다. 그런 이유로, 부모와 자녀간의 대화는 그들의 관계를 증진시켜주는 효과도 있다. "사람들 사이에서 성장을 촉진하는 유일한 방법들은 대화적이다."[6] 이것이 바로 자녀들의 신앙형성을 위해 믿음의 가정, 믿음의 부모가 필요하고 중요한 이유이다. 당연히, 우리 아이들이 처음에는 기독교 신앙에 관해 아는 것이 아무 것도 없다. 그러나 부모가 가정에서 믿음의 이야기를 들려주고 또 신앙 공동체인 교회에 참여하게 하여 계속해서 믿음의 이야기를 듣게 함으로써 우리는 자녀들이 믿음의 세계를 접하고 신앙을 갖도록 이끌어 줄 수 있다. 그러는 과정에서 자녀들과의 계속적인 대화를 통해 그들이 무엇을 배워 알고 있는지를 파악하고 그것을 바탕으로 계속해서 그들에게 필요한 것들을 가르치는 것이다.

이런 점에서, 부모가 실천할 수 있는 좋은 방법들 중 하나—실제로 그것은 자녀의 신앙교육을 위한 가장 바람직한 방법이라고 여겨진다—는 가정 외적으로 자녀들과 함께 신앙공동체로서의 교회에 참여하면서 그들로 하여금 어릴 때부터 신앙에 대해 듣고 배우게 하고 가정 내적으로 기독교적 실천들을 해가면서 믿음의 본을 보이고 계속해서 그들과 믿음의 대화를 나누는 것이다. 그런 과정을 통해 부모들은 자연스럽게 자녀들에게 묻고 자녀들은 대답하고, 역으로 자녀들은 부모에게 묻고 부모는 대답하는 상호 관계적이고 생명력 있는 장을 마련할 수 있게 된다. 분명, 그러한 실천적 과정은 자녀들의 신앙형성에 중요한 역할을 하게 될 것이다.

## 신앙 형성에 대한 신앙 공동체적 접근—사회화

앞에서 우리는 자녀들에게 신앙을 가르치는 좋은 방법, 더 정확히 말해서 가장 바람직한 방법으로 자녀들을 신앙 공동체에 참여하게 하여 기독교 신앙을 배우게 하면서 동시에 가정에서도 부모가 본을 모이면서 신앙으로 양육하는 것이라고 말했다.

그러면 왜 자녀의 신앙교육—그리고 모든 신앙교육—이 신앙공동체를 바탕으로 하는 것이 좋고 바람직한가? 그것은 기독교 신앙의 공동체적 성격 때문이다. 인간은 "공동체를 위해 지음 받은"[7] 것처럼, 그리스도인은 공동체를 위해 그리고 공동체를 향해 구속을 받는다. 곧 그리스도인의 구속은 공동체를 지향한다. 그리스도인과 공동체—신앙 공동체—는 나뉠 수 없다.

또한 신앙공동체에 근거한 신앙교육이 좋고 바람직한 것은 "교육은 항상 공동체 내에서 발생하는 것"[8]이기 때문이다. "교육의 사명은 전 공동체에 속한 것"[9]이다. 그런 이유로, 신앙교육은 우선적으로 공동체적 환경을 중시해야 한다.

기독교 신앙은 본질적으로 공동체적이며,[10] 그런 이유로 그것은 신앙 공동체로서의 교회와의 관계에서 가장 잘 형성되고 발달한다. 기독교 신앙이 공동체적이기 때문에 교회의 본질적 성격도 공동체이다(하나님의 백성과 그리스도의 몸으로서의 교회 이미지가 그것에 대한 좋은 예다). 교회는 단순히 개인들의 집합이 아니다. 그것은 "신자들이 사귐 안에서 성숙해 가는 공동체이다."[11] 물론, "신앙 공동체의 내용은 그것과 예수 그리스도와의 관계이다…기독교 가르침과 배움의 궁극적인 목적은 사람들이 살아계신 분(person), 곧 예수 그리스도와 관계를 맺도록 이끌어주는 것이다."12)

사도 바울은 "에베소에 있는 성도들과 그리스도 예수 안에 있는 신실한 자들에게"(엡 1:1) 이렇게 쓴다. "우리가 다 하나님의 아들을 믿는 것과 아는 일에 하나가 되어 온전한 사람을 이루어 그리스도의 장성한 분량이 충만한 데까지 이르리니…오직 사랑 안에서 참된 것을 하여 범사에 그에게까지 자랄지라 그는 머리니 곧 그리스도라"(엡 4:13, 15). 이 말씀은 기독교 신앙의 공동체적 성격과 그리스도인들의 예수 그리스도에 대한 공동체적 관계를 분명하게 제시한다.

기독교 신앙은 각 그리스도인이 구주와 주님이신 하나님의 아들 예수 그리스도 안에서 그리고 예수 그리스도를 향하여 함께 자라가는 공동체적 신앙이다. 이런 점에서, 신앙교육의 방식은 본질적으로 신앙 공동체적 접근방식이 바람직하다고 볼 수 있다.13)

로렌스 리차즈(Lawrence O. Richards)는 "'우리 자녀들을 가르치는 것'은 정말로 무엇을 의미하는가?"라고 묻고는 이렇게 대답한다.

너무나 자주 심지어는 오늘날에도 어떤 사람이 '가르친다'(teach)라고 말할 때 그리스도인이 갖는 첫 번째 생각은 '성서적 정보를 전달하는 것'이다. 이것은 가르침의 부분이지만 단지 부분일 뿐이다. 실제로, 만일 이것이 기독교 가르침의 전부라고 오해받는다면, 그것은 필연적으로 뒤틀리고 생명이 없는 기독교에 이른다. 여기 던시(Dunsea)에서는 가르침을 훨씬 더 폭넓게 간주한다. 아마도 동의어인 훈련하다(train), 안내하다(guide), 훈련시키다(discipline), 인도하다(lead) 그리고 함께 나누다(share)가 그것의 의미를 더 온전하게 만드는데 도움이 될 것이다. 특히, 우리가 변형시키는 한 단어인 생명(life)을 덧붙일 때 말이다.[14]

그는 계속해서 말한다.

아시다시피, 기독교 가르침은 삶의 방식에 대한 훈련(training in a way of life)과 관계가 있다. 살아 계신 하나님의 생명으로의 안내. 하나님의 생명의 방식의 훈련. 하나님의 생명의 길로 다른 사람을 인도하기. 하나님이 우리와 함께 나누신 생명을 함께 나누기. 내용이 중요한 역할을 하지만 삶이 기독교적 양육의 핵심이다.[15]

신앙공동체적 접근 방법은 일차적으로 신앙 공동체에 참여하면서 그 속에서 기독교 신앙의 삶을 배우는 것을 말한다.[16] "공동체는 궁극적으로 사람들에게 공동체의 삶을 알려 주어야 할 책임"[17]이 있기 때문에, "공동체의 교육은 공동체에 들어온 사람에게 공동체 삶을 소개하고 그들에게 힘을 부여하여 공동체의 미래에 공헌하게 하는 것"[18]이어야 한다. 그 경우에 신앙공동체 자체가 교사가 된다.[19] 신앙공동체의 존재 방식과 생활 방식 자체가 그것의 구성원들을 가르친다. 교회생활이 신앙교육의 커리큘럼인 것이다. 노마 에버리스트(Norma Cook Everist)는 하나님과 하나님의 백성을 커리큘럼으로 보면서 이렇게 말한다. "하나의 공동체는 커리큘럼을 살 수 없다. 그것은 커리큘럼 자료들을 연구하고 구입하고 사용하고 검토할 수 있다. 그러나 커리큘럼은 본질적으로 하나님과의 공동적 만남이자 하나님 말씀 주변에 모인 서로와의 공동적 만남이다."[20]

신앙 공동체의 접근 방법을 흔히 '사회화' 또는 '문화화'(enculturation) 방식-더 정확히 말하면, 종교 사회화(religious socialization) 또는 종교 문화화(religious enculturation)-이라고도 부른다(종교란 말 대신에, 기독교란 말을 사용하여 기독교 사회화, 기독교 문화화라고 칭하면 더 특정적이고 구체적일 것이다). 웨스터호프에 따르면, 사회화란 "사람들이 삶에 대한 자신들의 이해와 방식을 습득하는 그 모든 형식적이고 비형식적인 영향"[21]이다. 그는 바른 의미에서 교육은 학교 교육(schooling)과 동일시될 수 없음을 분명히 하면서 교육을 다음과 같이 정의한다. "교육은 지식, 태도, 가치, 행위 또는 감성을 전하거나 이끌어내려는 모든 의도적(deliberate)이고 체계적(systematic)이며 지속적인(sustained) 노력들과 관련되어 있는 사회화의 한 면이다."[22]

신앙교육에 대한 사회화 방식은 신앙 공동체 안에서의 관계와 모방/닮음을 통한 신앙형성을 중시하는데, 그 방식의 관점에서 보면 가정에서의 신앙교육을 포함하여 모든 기독교 교육은 기독교적 사회화(Christian socialization)를 이루는 것이 그 목표이다. 기독교적 사회화란 모든 인간의 예수 제자화, 하나님 나라의 백성화 그리고 그리스도 몸의 지체화를 의미한다. 곧 모든 사람이 예수 그리스도를 구주와 주님으로 믿음으로 그리스도의 몸을 이루는 제자들이 되어 그분의 복음을 중심으로 하나님 나라의 백성으로 그 나라를 위해 사는 것이다. 이것이 바로 성서의 핵심 메시지이다.

그래서 기독교적 사회화는 각 그리스도인이 홀로 이루어갈 수 있는 것이 아니다. 그것은 그리스도인들이 함께 모여 좋은 신앙 공동체를 이룸으로써만 가능한 것이다. 신앙교육에 대한 사회화 접근에서 고려해야 할 중요한 점 한 가지는 좋은 환경, 곧 좋은 영적 공간을 창출하는 것이다. 신앙 공동체 자체가 교사이고 커리큘럼이기 때문에, 신앙 공동체의 영적 환경이 어떠하냐에 따라 교육의 질과 기독교적 형성이 다르게 됨으로 신앙공동체는 그것이 교회든 가정이든 무엇보다도 자체를 가능한 한 최고의 영적 풍토로 만들려고 노력해야 한다. 그것은 모든 구성원의 책임이다. 그러나 그리스도인 가정이라면, 그 모든 것은 당연히 가정에서 그리스도인 부모로부터 시작되어야 한다. 그리스도인 부모들은 항상 자신의 가정을 신앙이 호흡되고 느껴질 수 있는 최고의 영적 공간으로 만들려고 노력해야 한다.

## 가르치면서 보여주고 보여주면서 가르치라

그리스도인 부모가 자녀로 하여금 좋은 신앙 공동체에 속해 예수 그리스도 안에서 하나님을 충실히 섬기는 좋은 신앙인들과 관계를 맺고 그들의 신앙생활을 닮도록 이끌어줄 뿐만 아니라 부모 자신이 그러한 모습을 보여주려고 노력하는 것은 영적으로 바람직하고 참으로 귀하다(부모가 그런 그리스도인들이라면, 그들의 자녀는 참으로 복을 받은 것이다). 그것은 신앙교육에 대한 신앙공동체 접근, 곧 사회화 방식이 지니는 장점이다. 분명, 자녀들은 그러한 과정을 통해 생생하고도 실제적인 믿음을 보고 느끼게 될 것이다.[23]

그러나 신앙의 고백(기독교적 앎)과 신앙의 삶(기독교적 삶) 두 가지 모두를 강조하는 신앙교육은 사회화 방법만으로는 충분하지가 않다. 그래서 그 방법을 충분히 활용해야 하지만 그것만을 고집해서는 안 된다. 왜냐하면 그것은 "믿음의 내용을 잃거나 축소하게 되는 위험"[24]을 안고 있기 때문이다. 그 방법은 경험에 초점을 두고 있어서 우리가 그것만을 신앙교육의 방법으로 국한할 때 자녀들은 기독교 신앙이 지니는 분명한 명제적 진리-이것은 언어적 가르침을 통해 가장 잘 표현되고 전달된다-를 간과할 수 있다. 또한 다른 사람들의 행동을 보고 실제적인 믿음을 느끼면서도 하나님을 알지 못할 수도 있다.[25]

이 점을 고려할 때, 올바른 신앙교육은 두 가지 방법, 곧 성서적 진리를 분명하게 가르치는 교수적 방법(teaching/instruction)과 그것을 실제적인 삶으로 보여주는 사회화 방법 모두를 필요로 한다. 다시 말하면, 부모는 기독교 신앙을 "말"로 분명하게 가르치면서 그것을 "행위," 곧 "삶"으로 보여 주어야 한다. 그와 동시에 행위/삶으로 보여주면서 말로 가르쳐야 한다.

이와 관련하여, 찰스 포스터(Charles R. Foster)는 이렇게 말한다.

계속되는 공동체적인 삶은 모든 성원의 삶에서 중요한 교육적인 힘이 된다…공동체의 삶에서의 어떤 활동이나 관심은 문화화의 과정을 통하여 사용되어질 수 있다. 그러나 그와 같은 과정들은 대부분 무의식적인 것이다. 교육이란 그런 가치와 관습들을 의식 가운데로 끌어올리고 또한 가장 가치 있다고 여겨진 공동체 삶의 부분을 의식적으로 전달하고 해석하는 기회가 되는 공동체의 활동인 것이다. 교육이란 항상 계속적인 문화화의 형태로 발생한다는 것이다. 그러나 교사는 일정한 방법을 동원하여 사람들로 하여금 '의도적으로' 그러한 정황을 보도록 하는 것이다…교육이 효과적으로 수행되려면, 의도적으로 사람들의 성장 과정에 민감하게 침투해야만 한다.[26]

같은 맥락에서, 페리 디운즈(Perry Downs)도 이렇게 말한다.

하나님의 말씀을 가르치는 일은 본보기, 의식, 예전 등을 통해서 행해질 수 있지만, 또한 체계적이고 의도적인 교육을 통해서 이루어져야 한다. 양육에는 사회화 방법이 필요하지만, 성경의 명제적 진리를 선포하는 교훈적 방법이 가미되어야 한다. 그것은 '둘 중 하나'를 택해야 하는 상황이 아니라 '둘 모두'를 택해야 하는 상황이다. 효과적인 기독교 교육에는 모델을 세우는 것과 모방하는 것 두 가지 모두가 필요하다.[27]

교육에서(그리고 신앙교육에서도) "말"과 "행위" 두 가지 모두의 방식으로 가르치는 것이 진정 바르고 바람직하다는 것을 우리는 엘리엇 아이스너(Elliot W. Eisner)의 커리큘럼 이론을 통해 확신하게 된다. 그는 커리큘럼을 세 가지로 구분하여 설명하는데, 명시적 커리큘럼(the Explicit Curriculum), 숨은 커리큘럼(the Hidden/Implicit Curriculum) 그리고 영의 커리큘럼(the Null Curriculum)이 그것이다.[28]

명시적 커리큘럼은 교육기관이 학생들을 위해 개설하는 명백한 정규 교과과정을 말한다. 여기에는 의도성, 곧 분명한 교과 과목과 교육목표가 담겨 있다. 숨은 커리큘럼은 교육기관이 차지하는 위치 때문에 저절로 이루어지는 교과과정을 말한다. 여기에는 비의도성, 곧 의도하지는 않았지만 부수적으로 얻어지는 결과가 있는데, 그것은 실제로는 가장 중요한 학습 효과들 중의 하나이다. 영의 커리큘럼은 교육기관이 가르치지 않는 것을 말하는데 그것은 교육기관이 가르치는 것과 다름없이 중요하다.

아이스너의 커리큘럼 이해는 신앙공동체의 교육이해와 실천에도 매우 중요하다. 특히, 명시적 커리큘럼과 숨은 커리큘럼에 대한 설명은 신앙교육의 방법으로 가르침과 사회화 두 가지 모두가 중요함을 재확인시켜준다. 곧 성서적으로 올바른 기독교 신앙교육은 부모가 자녀와 함께 신앙공동체에 속해 하나님을 섬기면서 명제적 진리—그것은 성서에 근거한다—를 말로 가르칠 뿐만 아니라 그 진리를 행위/삶으로 보여주는 것이다. 그러한 신앙교육을 통해 우리 자녀들은 하나님의 진리를 "귀"로 듣고 "눈"으로 보면서 전인적으로 그리고 통전적으로 하나님께 응답할 수 있게 된다. 그것이 진정한 신앙교육이다.

사도 바울은 고린도전서 11장 1절에서 "내가 그리스도를 본받는 자 된 것 같이 너희는 나를 본받는 자가 되라"고 말한다. 바울은 이런 말을 하기 전에 자신이 예수 그리스도를 만나 복음의 진리를 깨닫고 경험한 것에 대해 이렇게 말했다. "내가 그리스도와 함께 십자가에 못 박혔나니 그런즉 이제는 내가 사는 것이 아니요 오직 내 안에 그리스도께서 사시는 것이라 이제 내가 육체 가운데 사는 것은 나를 사랑하사 나를 위하여 자기 자신을 버리신 하나님의 아들을 믿는 믿음 안에서 사는 것이라"(갈 2:20). 바울은 예수 그리스도 복음의 진리로 변화를 받은 후 계속해서 그리스도를 닮아가는 삶을 살았다. 그에게는 명제적 진리를 바탕으로 한 복음에 합당한 삶이 있었다. 그런 모습으로 그는 "나의 자녀들아 너희 속에 그리스도의 형상을 이루기까지 다시 너희를 위하여 해산하는 수고를 하노니"(갈 4:19)라고 말하면서 복음사역을 해 갔다.

　"내가 그리스도를 본받는 자 된 것 같이 너희는 나를 본받는 자가 되라"고 했던 바울의 말은 모든 그리스도인 부모와 그리스도의 몸인 신앙공동체로서의 교회가 본받아 그대로 해야 할 값진 고백이다. 실제로, 진정 쉽지 않은 것이어서 많은 노력이 필요한 일임에 틀림없지만, 그럼에도 그리스도인 부모는 자녀들에게 '우리가 그리스도를 본받는 자들이 된 것 같이 너희도 우리를 보면서 그리스도를 본받으라'고 말할 수 있어야 한다. 그렇게 되기 위해 부모들은 늘 노력해야 한다. 그리고 교회는 바른 공동체적 삶과 가르침으로 그들에게 본을 보이면서 세상을 향해 '우리가 그리스도를 믿고 섬기는 것 같이 너희도 그분을 믿고 섬기라'고 말할 수 있어야 한다. 그렇게 되기 위해 교회는 늘 노력해야 한다. 그렇게 하는 것이 결코 쉬운 일은 아니지만 그것이 옳다. 그렇게 할 때만 우리 부모들은 자녀들에게, 그리고 교회들은 세상에 영적으로 영향을 줄 수 있다.

우리 그리스도인 부모들이 신앙교육을 통해 자녀들을 바울 같은 복음의 사람으로 양육하면 장차 부모인 우리가 세상을 떠나 하나님께로 간 후에도 그들은 이 세상에 남아 또 다른 그리스도인 부모들이 되어 우리가 했던 것처럼 가정에서의 신앙교육을 이어가게 될 것이다. 그로 인해 교회는 생명력을 이어갈 수 있게 되고 복음은 계속해서 전수될 것이다.

CHAPTER
# 15

# 가정에서의 신앙교육의 방법-
# 어떻게 가르칠 것인가?(2)

　우리는 앞 장에서 '어떻게 하면 가정에서 우리 자녀들을 믿음으로 잘 양육할 수 있을까?'라는 물음에 대한 답으로 두 가지 방법을 살펴보았다. 곧 부모가 자녀와 함께 신앙공동체에 참여하여 하나님을 섬기면서 명제적 진리를 말로 가르치고 그것을 삶으로 보여주는 것이라고 말했다. 그것은 분명 가장 바람직하고 균형 잡힌 신앙교육의 형태일 것이다.

　그러면 우리 가정에서 좀 더 구체적으로 활용할 수 있는 방법들에는 어떤 것들이 있을까? 아래에 제시되는 방법들은 그러한 방법들 중의 몇 가지이며 잘만 활용하면 많은 유익을 제공해 줄 수 있는 것들이다. 따라서 그것들 각각에 대해서 마음을 담아 경청하고 가정에서 시도해보면 좋을 것이다.

## 기본적인 신앙교육 방법들

가정에서 부모가 자녀들에게 기독교 신앙에 대해 가르칠 수 있는 방법들에 대해서는 여러 전문가들이 여러 가지 타당한 방법들을 제시해 왔다. 또한 부모들 각자는 자기들만의 방법을 개발하여 사용할 수도 있을 것이다. 하지만 먼저 부모가 자기 방법들을 개발하는 것을 도울 수 있는 전문가들의 견해를 살펴보는 것은 유익할 것이다. 여기서는 세 사람의 이야기를 들어보고자 한다.

**첫째, 슬로터가 제시하는 방법이다.** 그는 가정에서의 신앙교육의 중요성에 대해 말할 때 그 이유와 내용을 첫 번째와 두 번째의 필수적인 요소로 말한 다음에 방법론을 세 번째의 필수적인 요소로 제시한다. 그는 이렇게 말한다. "효과적인 교육방법들을 어느 정도 이해함으로써, 교사된 부모는 가정에서 자신의 책임을 완수하기 위해 스스로 더 잘 준비되어 있고 더욱 높은 동기를 가지고 있음을 알게 될 것이다."[1]

그런 다음 그는 네 가지 방법을 제시한다.

첫째는 모델링이다. 모범은 모든 교육-특히, 신앙교육-의 중요한 방식이다. 실제로, 부모의 모범은 "자녀의 삶에 중요한 힘"[2]이며, "부모가 설정한 경건한 분위기는 교육학적인 병기고에서 가장 힘 있는 무기이다…부모는 자녀가 영적인 인격을 갖춘 경건한 사람이 되도록 도울 수 있는 가장 멋진 기회를 가진 사람이다…학생인 자녀는 그의 교사인 부모처럼 될 것이다. 부모는 자녀를 가르칠 때 예수 그리스도처럼 된다는 의미를 염두에 두고 살아야 한다."[3] 이것은 앞에서 탐구했던 교육에 대한 사회화 접근이다.

그러나 부모가 자녀의 본보기이며 또 본보기가 되어야 한다는 것은 부모는 완전하고 완벽한 본보기가 되어야 한다는 의미가 아니다. 그것은 불완전한 부모에게 있어서 불가능한 것이다. 다만 부모는 자녀들에게 "성숙한 본보기"가 되어야 한다는 의미이다. 성숙한 본보기가 될 때만 우리는 자녀들에게 우리들 삶을 통해 영향을 미칠 수 있게 된다.

둘째는 잘 계획된 가정예배이다. 가정예배의 필수적인 특징은 정기적이어야 하고 적용 중심이어야 하고 자녀 중심이어야 하며 미리 계획된 것이어야 한다고 그는 말한다. 뿐만 아니라 식사 기도와 잠자기 전의 성경읽기 그리고 기도는 계획적인 방법이 되어야 한다. 많은 그리스도인 가정이 그것을 등한시하는 경향이 있지만, 실제로 온 가족 구성원이 함께 드리는 가정예배는 자녀들의 기독교적 영적 형성을 위해 중요하다. 자녀들은 가정예배를 통해 하나님을 섬기고 예배하는 삶을 호흡하게 된다. 물론, 가정예배가 그저 의무적으로 행해지거나 생명력이 없이 판에 박힌 하나의 형식에 불과한 습관적이고 지루한 행사가 되어버리면, 그것은 오히려 자녀들에게 부정적으로 작용할 수도 있다. 예배와 하나님을 섬기는 삶에 대해 역효과를 낼 수도 있다. 그러므로 부모들은 자녀들과 함께 대화를 나누면서 가족 모두가 함께 마음을 담아 참여할 수 있는 가정 예배를 구상하고 실천해 가는 것이 중요하다.[4]

셋째는 가르침의 순간을 잘 활용하는 것이다. 가정생활 가운데서 예기치 못했던 일들이나 상황이 벌어질 때 그것들은 가르침의 기회가 될 수 있다. 그것이 긍정적이든, 부정적이든 삶의 모든 순간은 배움의 순간이고 가르침의 순간이다. 그래서 그리스도인 부모는 자녀들의 삶과 관련해서는 물론이고 신앙과 관련해서도 삶 가운데 일어나는 여러 가지 중대한 사건들과 중요한 순간들을 가르침의 기회로 삼을 필요가 있다. 그러기 위해서는 자녀들에게 관심을 가지고 그들의 삶을 잘 관찰할 필요가 있고 또 그들과 대화를 나누는 것을 게을리 하지 않아야 한다.

넷째는 교육의 방법으로서 징계와 벌을 사용하는 것이다. 징계와 벌은 "가정교육의 가르침에서 중요한 부분"[5]이다. 그것들은 성서적 관점에서 적절하고 바르게 행해지면 가정에서의 신앙교육의 중요한 방법이 될 수 있다. 징계는 "자녀의 삶에서 표준을 정하고 우수성을 개발하는 것을 포함"하며, "벌은 성경의 테두리를 넘어가거나 의로운 생활의 한계를 긋는 울타리들이 무너질 때 일어난다."[6] 부모는 하나님 앞에서 자녀를 징계와 벌을 사용하면서 가르칠 책임이 있지만 반드시 사랑과 관심으로 해야 한다는 것을 명심해야 한다.[7]

슬로터가 제시하는 방법들은 우리가 가정에서 믿음으로 자녀를 양육할 때 매우 바람직하고 활용할 만한 좋은 것들이다.

**둘째, 주크가 제시하는 방법이다.** 그는 자녀들을 "하나님 중심으로 교육할 수 있는" 방법들로서 성경이 제시하는 자녀교육의 방법을 다섯 가지로 든다.[8]

첫째는 "주의를 끌라"는 것이다. 그것은 부모가 해야 할 첫 번째 일이다. 곧 부모는 자녀들의 주의를 끌고 그들의 시선을 사로잡고 배울 내용에 초점을 맞추도록 이끌어주고 도와주어야 한다는 것이다. 그렇게 하려면 부모는 자녀들을 존중하는 마음으로 대해야 한다.

둘째는 "대화로 진리를 전달하라"는 것이다. 가정에서 자녀들을 인격적으로 대하면서 그들과 "탁 터놓고 격의 없는 대화를 나누는 것"은 하나님의 진리를 효과적으로 가르치는 방법들 중 하나이다. 일상생활 가운데서 자연스럽게 성서에 근거한 특정한 가치들에 대해 대화를 나누면서 성서적인 도덕적 가치관을 가르치라는 것이다.

셋째는 "하나님의 진리를 눈으로 보게 하라"는 것이다. 집안에 성서에 나오는 하나님의 명령을 써서 붙여놓아 자녀들이 눈으로 보게 함으로써, 부모는 자녀들에게 "가정은 하나님을 경외하는 곳임을 분명하게 심어줄 수 있다."

넷째는 "호기심을 자극하라"는 것이다. 이스라엘 부모들은 종교의식을 거행하면서 자녀들에게 그것이 지니는 의미를 가르쳐 주었다. 오늘날 부모들은 신앙생활과 관련된 여러 가지 질문을 통해서 자녀들의 호기심을 자극할 수 있고 그런 과정을 통해 그들의 삶과 신앙을 연결시킬 수 있게 된다.[9]

다섯째는 "규칙을 세울 때는 근거를 제시하라"는 것이다. 부모가 자녀들을 믿음으로 양육할 때 특히 주의해야 할 것이 두 가지가 있는데, 하나는 일방적으로 어떤 것을 하거나 따르라고 명령하지 않는 것이고, 다른 하나는 최대한 그것에 대한 이유와 근거를 말해 주어야 한다는 것이다. 예를 들면, "왜 사람은 하나님을 섬겨야 하는가?" 곧 신앙생활의 필요성을 설명해야 할 때, 우리는 성서의 내용을 언급하면서 인간은 하나님이 지으셨고 그분이 우리를 죄에서 구원하셨기 때문에 우리가 하나님을 섬기는 것은 당연한 일이라고 가르칠 필요가 있다.

또한 인생의 목적, 곧 '나는 무엇을 하면서 살아야 하는가?'라는 물음과 관련해서는 고린도전서 10장 31절 "너희가 먹든지 마시든지 무엇을 하든지 다 하나님의 영광을 위하여 하라"를 말하면서 하나님을 위해서 사는 것이 가장 본질적이고 가장 의미 있고 가치 있는 일임을 말해줄 수 있다.

주크가 제시하는 가정에서의 교육방법론 역시 매우 유용하며 사용할만한 가치가 충분히 있다. 그의 가르침에 귀를 기울이면서 그의 통찰력을 활용하면 좋은 열매들을 많이 맺을 수 있을 것이다.

**셋째, 스코트 플로이드(Scott Floyd)가 제시하는 방법이다.**[10] 그는 "성서에서 한 가지 피할 수 없는 가족들의 과업은 신앙의 전달자들이 되는 것이다"[11]라고 말하면서 교사로서의 부모의 역할과 책임에 대해서 이렇게 말한다.

> 성서는 부모들로 하여금 하나님에 관해 자녀들을 가르치라고 분명하게 가르친다. 부모들은 다음 세대에게 하나님의 일(things)을 전할 책임이 있다. 그러나 이 과업, 곧 하나님에 관해 자녀들을 교육시키는 것은 간단한 일이 아니다. 이 과업을 성취하려면 가족생활에서 우선적인 것으로서의 가르침, 곧 가르침에 대한 의도적인 접근이 수반되며 자녀들을 가르치는 과업에 대한 헌신과 결단(commitment)의 수준이 필요하다.[12]

그는 이렇게 자녀의 신앙교육에 대한 부모의 책임에 관해 말하고는 부모가 자녀들에게 가르칠 수 있는 일곱 가지의 특별한 방법들을 제시한다.

첫째는 "모범(modeling)을 통한 가르침"이다. 위에서 슬로터가 제시하는 방법에서 이미 살펴본 것처럼, 모범은 대부분의 교육 전문가들이 빼놓지 않는 매우 중요하고 필수적인 교육의 방법이다. 그것은 그만큼 학습자들에게 직접적인 영향을 줄 수 있는 강력한 힘을 지니고 있다. 흔히 하는 말 중에 "백문이 불여일견"이나 "욕하면서 배운다"는 말은 정확히 그 점을 나타낸다. 보는 것은 배우는 것이고 영향을 받는 것이다. 함께 하는 것은 의도적이든 의도적이지 않든 시각을 통해 영향을 주는 것이다. 데보라 캐롤(Deborah Carroll)은 "자녀들에게 삶의 기술을 가르치는 것"과 관련하여 다음과 같이 말할 때 정확히 이것을 의미한다. "당신의 자녀가 인생에서 배우는 것은 또한 대단히 중요하다. 그리고 그 인생 교훈들은 그가 당신에게서 배우게 될 것들이다."[13]

이러한 삶의 차원들은 신앙교육과 관련하여 자녀들에게도 그대로 적용된다. 자녀들은 부모가 하는 행동을 보면서 그대로 배운다. "어린이는 부모가 기도하고 교회에 정기적으로 참여하고 다른 사람들과 신앙에 관해 대화하고 궁핍한 사람들을 돌보고 일관되게 하나님을 존중하는 삶을 사는 것을 볼 때, 그 아이는 능률적으로 그리고 효과적으로 배울 수 있다." 이런 점에서도 부모는 자녀에게 교사의 역할을 한다.

둘째는 "훈련(discipline)을 통한 가르침"이다. 훈련은 징계-

비록 영어단어 discipline에는 징계라는 뜻이 있을지라도-가 아니라 훈육이다. 그것은 "자녀들을 삶과 존재의 소중한 양식으로 안내하는 것"[14]이다. 그것의 목적은 배움이며 그래서 그것은 배움의 방법이다. 우리는 훈련을 통해 상황이나 여건에 좌우됨 없이 일관성을 유지하는 힘을 기르게 되고 영적 습관을 지니게 된다. 그런 의미에서, 훈련은 그 자체로서 배움이다.

배우는 자, 곧 학생을 의미하는 제자(disciple)와 훈련(discipline)은 밀접한 관계가 있다. 제자는 훈련을 통해 충실한 제자가 된다. 부모는 자녀가 무언가를 배우기를 원한다면 그것을 습득할 수 있도록 계속해서 반복하게 할 필요가 있다. 부모는 자녀의 영적 삶에 대한 훈련의 책임을 지니고 있다. 부모는 가정에서 성서 읽기, 기도, 예배, 섬김, 헌금 등과 같은 영적 생활을 훈련시킬 필요가 있다. 그리고 훈련에서 중요한 것은 "부모의 일관성, 지속성, 그리고 반복"이다.

셋째는 "자연 세계(the natural world)를 통한 가르침"이다. 이 세상은 하나님이 지으신 창조세계이다. "부모들은 하나님의 피조물을 가리키면서 그리고 자녀들로 하여금 하나님의 작품의 복잡함을 깨닫게 함으로써 자녀들에게 하나님에 관해 가르칠 수 있다."

넷째는 "이야기를 통한 가르침"이다. 대부분의 사람들은 이야기를 좋아한다. 인간의 삶은 성격상 이야기이고 또한 이야기에 의해 형성된다. 더욱이, 성서는 이야기이다. 하나님의 이야기이고 그 하나님을 만난 사람들의 이야기이다. 이야기는 어린이들을 가르치는데 대단히 유익하고 효과적인 방법이다. 린다 보겔

(Linda J. Vogel))이 말하는 것처럼, "이야기는 가르침의 방식, 곧 사람들을 공동체 안으로 사회화시키는 방식이다."[15] 이야기가 사회화의 방식이라는 진술은 신앙교육에서 매우 중요한 개념이다. 그것은 우리에게 신앙생활에서 이야기의 중요성을 상기시킨다. 우리는 신앙의 이야기를 들으면서 신앙의 세계로 사회화되고 또 신앙의 공동체로 사회화된다. 따라서 부모는 자녀들에게 성서 이야기를 읽고 들려줌으로써 그들이 성서 이야기를 통해 믿음의 사람으로 형성되는 것을 도울 수 있다.[16]

이야기의 형성적 힘에 대해서는 여러 학자들이 강조한다. 특히, 웨스터호프나 토마스 그룸(Thomas Groome) 또는 도날드 밀러(Donald E. Miller) 같은 기독교 교육학자들은 기독교 신앙 형성과 신앙교육에서 이야기의 중요성을 역설한다. 웨스터호프는 이렇게 말한다.

> 우리의 정체성은 우리가 누구인지 우리에게 말해주는 이야기(a story)를 가지고 있는 것에 달려 있다. 인생의 의미와 목적에 대한 우리의 이해는 세상은 어떤 것인지 그리고 우리는 어디로 가고 있는지 우리에게 말해주는 이야기를 가지고 있는 것에 달려 있다. 신앙의 공동체가 되기 위해서 우리는 이야기-공동의 기억과 비전, 우리 공동체의 기억과 비전을 나타내는 공동의 의식들 또는 상징적 행위들, 그리고 우리 공동체의 기억과 비전을 명시하는 공동생활(common life together)-를 가진 백성이 되어야 한다.[17]

마찬가지로, 우리에게도 저마다 이야기가 있다. 기독교 신앙생활은 바로 우리 이야기를 우리를 지으신 하나님의 이야기에 편입시켜 하나가 되게 하고 또 하나님의 이야기가 우리의 이야기에 영향을 주게 하는 계속적인 과정이다. 그렇게 함으로 그분의 이야기가 나의 이야기가 되고 나의 이야기가 그분의 이야기가 되는 것이다. 그래서 "그리스도인으로서 우리의 가장 중요하고 근본적인 과업은 하나님의 이야기를 배우는 것이다. 우리의 모든 기독교적 신념들(beliefs), 경험들, 그리고 행위들은 우리가 하나님의 이야기를 내면화하는 것, 곧 하나님의 이야기를 우리의 이야기로 만드는 것에 달려 있다."[18]

다섯째는 "특별한 절기(special occasions)를 통한 가르침"이다. 그것들은 성서의 메시지를 전할 수 있는 좋은 기회이다. "부모들은 하나님이 어떻게 사람들이 자신을 축하하고 기억하기를 원하시는지에 관해서 뿐만 아니라 하나님, 하나님의 사역 그리고 하나님의 돌보심에 관해서도 말할 수 있다." 구약의 이스라엘 부모들은 절기를 통해 자녀들에게 성서의 메시지를 전하고 가르쳤다. 절기들은 신앙교육을 위한 매체였다.

여섯째는 "예배(worship)를 통한 가르침"이다. 예배는 하나님을 섬기는 삶의 기본이고 바탕이다. 이것은 성인 그리스도인과 아동 그리스도인 모두에게 해당된다. 예배는 강력한 형성적 힘을 지니고 있다. 그래서 우리는 "영과 진리"(요 4:24)로 예배를 드리면서 깊고 성숙한 그리스도인으로 자라갈 수 있다.

하나님께 대한 직접적인 예배 없이 믿음의 형성과 성장은 불가능하다. 이것은 어린이들에게도 그대로 적용된다. "어린이들은 교회환경에서든 가정환경에서든 예배를 통해 하나님에 관해 배운다. 어린이들은 하나님의 가족과 함께 공동 예배에 참여하여 하나님께 감사의 마음을 표현한다." 그래서 부모들은 자녀들로 하여금 신앙 공동체의 예배에 참여하도록 이끌어주어야 한다. "부모들은 여전히 자녀들이 공동의 환경에서 예배에 참여하는 법을 알도록 도울 책임을 지니고 있다." 뿐만 아니라 예배는 교회의 환경에서 뿐만 아니라 가정의 환경에서도 중요한 신앙의 실천이다. 그리스도인 부모는 가정에서도 예배의 환경을 만들 필요가 있다. "가정에서 가족들은 어린이들을 위한 간단한 예배 시간을 개발할 수 있다."

일곱째는 "아이의 성공과 실패(child's successes and failures)를 통한 가르침"이다. 인간은 성공을 통해서 배울 수 있고 실패를 통해서도 배울 수 있다. 성공과 실패는 모두 가르침의 기회가 될 수 있고 배움의 기회가 될 수 있다. 부모는 두 가지 모두의 상황에서 믿음으로 자녀들을 이끌어 줄 수 있다. "자녀가 어떤 과제에서 성공할 때, 부모는 그 자녀가 하나님의 인도, 하나님의 도우심 그리고 자녀에게 주어진 능력과 재능에 대해 하나님께 감사의 마음을 표현하도록 격려할 수 있다." 마찬가지로, "자녀가 실망을 경험할 때, 부모는 위로와 지지를 제공하고 또 자녀로 하여금 실망에 직면하여 그것을 대처하도록 도울 수 있는 놀라운 기회를 가진다."

플로이드가 제시하는 자녀 교육 방법론 역시 유용하며 중요하다. 그가 제시하는 방법들을 잘 활용하면 우리는 가정에서 자녀들을 신앙으로 양육하는데 많은 도움을 받을 수 있다.

지금까지 살펴본 것처럼, 그리스도인 부모들이 자녀들에게 하나님에 대해 가르치고 그들을 신앙으로 양육하는데 이용 가능한 방법들이 많이 있다.[19] 그래서 우리는 그런 방법들을 통해 우리 자녀들을 계속해서 믿음의 세계로 더 깊이 나아갈 수 있도록 도울 수 있다. 그것은 그리스도인 부모에게 주어진 중요한 책임이며 과업이다.

중요한 것은 각자 자기 가정에 맞는 방법을 선택하고 개발하면서 지속적으로 실천해 가는 것이다. 자녀들이 온전한 믿음으로 형성될 때까지, 그리고 자녀들이 우리 부모의 품과 가정을 떠날 때까지 그렇게 해 가는 것이 중요하다. 그럴 때 성인이 되어서도 우리 자녀들은 믿음의 사람으로 살아갈 수 있게 되고 또 그들을 통해 우리의 믿음이 계속해서 전수될 수 있게 된다.

# 가정에서의 신앙교육의 방법-
# 어떻게 가르칠 것인가?(3)

우리는 앞 장에서 가정교육에 관한 세 명의 전문가들로부터 가정에서 자녀들에게 신앙교육을 해갈 때 어떤 방식으로 하는 것이 바람직한가에 대해 들어보았다. 가정에서 자녀의 기독교적 영적 형성을 위해 할 수 있는 실천 방법들은 다양할 수 있고 또 다양하다. 그러므로 우리는 각자 자기 가정과 자녀들의 상황에 맞는 적절한 방법들을 택하여 실천해가는 것이 좋다.

### 나의 방법들

여기서는 나 자신이 지금까지 우리 아이들의 기독교적 영적 형성을 위해 중요하다고 여기면서 실천하려고 노력해 온 몇 가지 방법들을 함께 나누고자 한다. 그것들은 위에서 탐구해온 것들과 그리 많이 다르지 않을 뿐만 아니라 일반적인 것들이라서 그리 낯설지도 않을 것이다. 그럼에도 우리 가정의 상황과 우리 아이들을 염두에 두고 실천해 온 것들이라서 구체적이고 실제적인 것들이다. 잘 활용하면 다른 가정들에게도 도움이 될 것이라고 생각한다.

**첫째, 자녀에게 마땅히 행할 길을 가르쳐라.** 잠언 기자는 이렇게 말한다. "마땅히 행할 길을 아이에게 가르치라 그리하면 늙어도 그것을 떠나지 아니하리라"(잠 22:6). 그러면 모든 사람이 마땅히 행할 길은 무엇인가? 우리는 그것에 대한 답을 예수님에게서 들을 수 있다. 예수님은 이렇게 말씀하셨다. "네 마음을 다하고 목숨을 다하고 뜻을 다하여 주 너의 하나님을 사랑하라 하셨으니 이것이 크고 첫째 되는 계명이요 둘째도 그와 같으니 네 이웃을 네 자신 같이 사랑하라 하셨으니"(마 22:37-40). 앞에서 이미 언급했지만, 이 말씀의 울림은 신명기 6장 4-5절에서 시작되었다. "이스라엘아 들으라 우리 하나님 여호와는 오직 유일한 여호와이시니 너는 마음을 다하고 뜻을 다하고 힘을 다하여 네 하나님 여호와를 사랑하라."

피조물인 인간이 창조자 하나님을 사랑하는 것은 인간의 삶에서 가장 근본적인 것이다. 이것에 대한 분명한 가르침은 전도서의 마지막 결론 부분과 예수님이 공적 사역을 시작하실 때 사탄에게 유혹을 받으시면서 하신 말씀에서 더욱 분명하게 드러난다. "일의 결국을 다 들었으니 하나님을 경외하고 그의 명령들을 지킬지어다 이것이 모든 사람의 본분이니라"(전 12:13). "예수께서 말씀하시되 사탄아 물러가라 기록되었으되 주 너의 하나님께 경배하고 다만 그를 섬기라 하였느니라"(마 4:10). 인간에게 있어서 하나님을 섬기고 경외하고 사랑하는 것은 "마땅히 행할 길" 중의 행할 길이다. 부모는 마땅히 자녀에게 그것을 가르쳐야 한다.

하나님을 사랑하는 삶은 "그가 계신 것"(히 11:6)에 대한 인정으로부터 시작된다. 이것은 가정에서 부모가 자녀들에게 마땅히 가르쳐야 할 것은 "창조신앙"이라는 것을 의미한다. 모든 인간이 영원히 계신 하나님께 자신의 기원이 있다는 것을 진정으로 인정할 수 있을 때만, 하나님을 바르게 섬길 수 있고 그 섬김을 바탕으로 이웃을 사랑하고 자신의 삶을 바르게 가꾸어 갈 수 있기 때문이다. 그러므로 그리스도인 부모는 일차적으로 자녀에게 하나님을 사랑하는 삶, 하나님을 믿고 섬기는 삶을 가르쳐야 한다.

또한 부모는 자신들의 자녀가 자신을 돌보고 이웃을 사랑하며 창조세계를 돌보는 삶을 살아가도록 가르칠 필요가 있다(이것은 청지기직 교육 방식이다[1]). 뿐만 아니라 사람은 좋은 삶을 살 필요가 있음을 가르쳐야 하고 어떤 삶이 좋은 삶인지를 말해줄 수 있어야 한다.

**둘째, 가정 예배를 드려라.** 앞서 언급했듯이, 예배는 기독교적 삶의 토대요 중심이다. 마크 포웰(Mark A. Powell)이 말하듯이, "예배는 신앙에 본질적이다."[2] 따라서 예배 없이 바른 기독교적 영적 형성은 불가능하다. 이런 점에서, 만일 우리와 우리 자녀가 기독교적으로 바르게 형성되기를 원한다면, 우리는 반드시 신앙공동체와 더불어 예배를 드려야 하고 가정에서도 지속적으로 예배생활을 해 나가야 한다(가정예배에 대해서는 앞에서 이미 자세히 탐구하였다. 따라서 가정예배에 관한 자세한 것은 그것들을 참고하라). "가정예배는 가정생활의 한가운데서 하나님의 임재를 축하하는 중요한 표현이다."[3] 따라서 믿음의 가정들은 정기적으로 예배를 드릴 필요가 있다.

무엇보다도, 가정 예배를 드릴 때 유익한 것은 가족이 함께 기독교 신앙의 전통에 참여한다는 것이다. 또한 예배를 통해 가족이 모이고 하나 되는 시간을 경험하게 된다. 그래서 가정 예배는 정말로 좋은 것이다.

**셋째, 성서의 언어, 신앙의 언어를 말하고 사용하게 하라.** 언어는 한 개인의 내면을 형성하고 외적 행동을 이끈다. 이것은 기독교 신앙교육에서도 마찬가지이다. 신앙의 언어들(예를 들면, 하나님, 예수 그리스도, 성령님, 은혜, 죄, 하나님의 나라, 교회, 믿음/신앙 등)은 한 사람의 기독교적 형성과 영적 성장에 큰 영향을 미친다. 그러므로 부모는 가능하면 가정에서 그것들을 많이 사용하려고 노력할 필요가 있다. 그것은 가정을 기독교적 분위기가 흐르는 가정으로 만드는 작지만 매우 중요한 실천이며 자녀들의 영적 삶에 의미 있게 이바지할 것이다.

우리가 가정에서 신앙의 언어들을 많이 사용하면 할수록, 우리 자녀들도 그런 언어들을 배우면서 사용하게 될 것이다. 그런 과정은 분명 우리와 우리 자녀들이 기독교적으로 심도 있게 형성되는 것을 도울 것이다.

**넷째, 가정을 기독교적인 분위기가 흐르는 곳으로 만들라.** 좋고 화목한 가정은 그 자체가 가족 구성원들에게 복이다. "가정생활이 친밀할수록 또 부모가 아이들의 존경과 사랑을 많이 받을수록 아이들이 가정에서 직접 받는 영향도 그만큼 크다."[4] 특히, 가정의 분위기는 대부분 부모에게 달려 있다. 가정에 사랑과 정이 넘치는 것도, 아픔과 불안이 커지는 것도 대부분 부모에게 달렸다. 대개 어린 자녀들은 부모를 따를 수 밖에 없기 때문이다.

이것은 신앙에도 그대로 적용된다. 한 가정의 신앙의 분위기는 대부분의 경우에 부모에게 달려 있다. 부모가 자기 가정을 어떻게 이끄는가에 따라 가정의 영적 분위기가 크게 달라진다. 부모가 자기 가정을 신앙의 분위기가 넘치는 영적인 공간으로 만들려고 노력할수록, 그만큼 가정의 신앙 분위기가 좋아지고 풍성해질 것이다.

물론, 믿음의 가정이라고 해서 완전하거나 완전에 가까울 수는 없을 것이다. 실제로, 믿음의 가정은 불완전하며 부족한 점이 많이 있다. 그러한 사실을 인정하는 것이 자신의 가정을 좋은 믿음의 가정으로 만드는 첫걸음이 될 것이다. 이와 관련하여, 제이 아담스(Jay E. Adams)는 이렇게 말한다.

> 참으로 기독교적인 가정은 어떤 모습일까?…참으로 기독교적인 가정에 관해 기억해야 하는 첫 번째이면서 가장 중요한 사실은 거기에 죄인들(용서받은 죄인들, 그러나 계속해서 하나님의 은혜를 필요로 하는 죄인들−필자 첨가)이 산다는 것이다. 기독교 가정은 완전하거나 거의 완전한 곳이라는 생각은 단연코 성서적이 아니다. 가정에 있는 부모들은 실패한다(fail). 종종 그들은 비참할 정도로 실패한다. 그들은 서로를 실망시킨다(fail). 그들은 자녀들을 실망시키며 분명 하나님을 실망시킨다. 자녀들 역시 실패한다(fail). 그들은 D나 F가 있는 성적표를 집으로

가져오고, 쇼핑몰에서 버럭 화를 내며, 목회자(preacher)가 가정에 초대를 받았을 때 칼로 완두콩을 뜯어먹으려고 한다. 남편과 아내는 말다툼을 하며 서로에게 화를 낸다.[5]

그는 계속해서 말한다.

물론, 성취도 있다. 그러나 내가 말하고자 하는 요점은, 형편은 종종 이상과는 거리가 멀다는 것이다. 그것이 참으로 기독교 가정의 현실적인 모습이다…참으로 기독교 가정은 죄인들이 사는 곳이다. 그러나 그것은 또한 그 가정의 구성원들이 그 사실을 인정하고 그 문제를 이해하고 그것에 관해 무엇을 해야 할지를 알며 결과적으로 은혜로 성장하는 곳이다…따라서 기독교 가정은 죄인들이 죄 많은 세상의 문제들에 직면하는 곳이다. 그렇지만 그들은 하나님과 함께 그리고 그분의 자원들-그 모든 것은 그리스도 안에 집중되어 있다(골 2:3을 비교하라)-을 가지고 그것들에 함께 직면한다. 죄인들이 기독교 가정에서 살지만, 죄 없으신 주님이 또한 거기에서 사신다. 그것이 차이를 만드는 것이다![6]

이처럼, 부모도, 자녀들도 그리고 그런 사람들로 이루어진 우리들 가정도 불완전하다. 하지만 주님의 은혜 안에서 그리고 도우시는 성령 하나님의 능력을 힘입어 우리는 우리 가정을 신앙의 분위기가 넘치는 가정으로 만들어 갈 수 있다. 우리가 좀 더 관심을 기울이고 또 우리 가정을 좀 더 나은 가정으로 만들고자 하는 마음만 있다면 그렇게 할 수 있다. 그 나머지는 하나님께 맡기는 것이다. 그러면 하나님이 하실 것이다.

　그에 대한 방법으로는 가정예배와 함께 기도하는 것과 찬송을 부르고 듣는 것 등이 있을 수 있으며, 가정에 따라 적절하게 개발할 수 있을 것이다.

　**다섯째, 부모가 어떻게 주님의 몸인 교회를 섬기는지를 보여 줘라.** 자녀들에게 부모는 언제나 그리고 모든 일에 중요한 본보기가 된다. 교회를 섬기는 일에도 마찬가지이다. 부모가 교회를 열심히 섬기면, 자녀들이 그 모습을 보고 배우게 된다. 때로 교회를 섬기는 일이 힘이 들기도 하고 그로 인해 어려움을 겪기도 하지만, 주님의 몸인 교회를 섬기는 일은 결코 헛되지 않는다. 약속이 있고 복되며 미래가 있는 헌신이다.

　행여 교회를 섬길 때 교회에 대한 불편한 점이 생길 경우에는 가급적이면 자녀들 앞에서 교회에 대한 불평을 하지 말도록 하자. 이민 교회의 경우, 자녀들이 교회에 대해 부모가 말하는 것을 듣는 것은 주일 예배 후 집으로 가는 길에 차동차 안에서 나누는 대화를 통해서라고 한다(물론, 다 그런 것은 아니다). 그때 부모가 교회에 대해, 설교에 대해, 다른 성도들에 대해 하는 이야기가 자녀들의 가슴에 그대로 남게 된다(예를 들면, 어떤 부부는 주일마다 설교에 대해 나쁘게 평을 했다고 한다. 그것을 듣고 자란 자녀는 커가면서 이렇게 생각했다고 한다. "아! 설교는 주일 예배 후 집에 갈 때 평가하는 것이구나! 그것도 나쁜 점을 말하는 것이구나!" 그렇게 자란 자녀의 신앙이 건강할 수 있을까? 교회를 떠나지 않는 것이 다행이 아닐까?). 가능하면, 좋은 점을 많이 말하도록 하자.

특히, 가능하면 한 교회를 중심으로 하나님을 섬기는 삶의 모범을 보여줘라. 교회는 기분이나 상황이나 조건에 따라 쉽게 옮길 수 있는 클럽이 아니다. 그것은 우리를 지으시고 구속하신 하나님의 백성이자 예수 그리스도의 몸이다. 우리는 하나님의 교회의 지체들로서 지역 교회를 섬긴다. 가능하면 한 교회에서 오래도록 섬기는 것이 좋다. 그럴 때 우리 자녀들이 건강한 교회론을 가지게 된다.

**여섯째, 믿음의 대화를 나눠라.** 주크는 "가정에서 자녀들에게 하나님의 도를 전달하는 효과적인 방법 가운데 하나는 탁 터놓고 격의 없는 대화를 나누는 것이다"[7]라고 말한다. 가정에서 자녀들에게 하나님의 진리를 전달하는 효과적인 방법은 믿음에 관해 자유롭게 대화를 나누는 것이다. 하지만 불행하게도 그것은 오늘날 많은 기독교 가정에서 결코 일어나지 않는 일들 중 하나가 되고 있다. 몇 년 전에, 미국의 한 학자가 설문조사를 했는데, 그 설문 조사에서 물어진 질문은 이것이었다. "당신의 삶에서 종교가 얼마나 중요한가?" 이 물음에 대해 어머니들 중의 80퍼센트가, 그리고 아버지들 중의 67퍼센트가 "그것은 가장 중요한 것 혹은 가장 중요한 것 중의 하나"라고 답했다. 청소년들 중에서는 60퍼센트에서 46퍼센트가 같은 대답을 했다. 그런데 그 학자가 이렇게 지적했다.

어른들과 청소년들을 포함하여 많은 사람들에게 종교가 중요한 것으로 인정되고 있다. 하지만 가정에서 그것은 거의 금기시되고 있는 주제이다. 청소년들에게 네 가족은 함께 앉아서 얼마나 자주 하나님이나 성경에 관하여 대화하느냐고 물었더니, 청소년 중에 42퍼센트가 전혀 그런 적이 없다고 응답했고, 32퍼센트가 한 달에 한 두 번이라고 응답했으며, 13퍼센트가 한 주일에 한번 정도 토론한다고 응답했다. 반드시 주목해야 할 것은, 그 대상이 주로 교회에 다니는 가족들이었다는 것이다. 그들 중 97퍼센트가 교회의 멤버였다.[8]

믿음의 대화는 꿈의 대화다. 믿음의 대화를 통해 우리는 하나님의 꿈, 하나님의 비전을 생각하고 그것을 가슴 품게 되기 때문이다. 이것은 자녀들에게도 마찬가지이다. 자녀들은 부모와의 믿음의 대화를 통해 부모의 가슴 속에 있는 하나님의 꿈을 물려받아 품게 되고 믿음과 삶에 대한 통찰력을 얻게 된다. 더욱이, "기독교의 신앙에 관한 질문을 중요하게 여기고 그것을 진지하게 고려해 주는 분위기에서 아동이 성장한다는 것은 아동이 받아야 할 유산이다."[9]

**일곱째, 삶에 관해, 특히 좋은 삶에 관해 대화하라.** 대화는 단절된 관계를 회복시키고 또한 깊게 한다. 특히, 자녀와의 대화는 자녀들의 마음을 알 수 있는 통로가 된다. 루엘 하우(Reuel L. Howe)는 『대화의 기적』(*The Miracle of Dialogue*)에서 '대화와 사랑'의 관계를 설명하면서 이렇게 말한다.

모든 인간은 잠재적인 적이다. 심지어는 우리가 사랑하는 사람들조차 그렇다. 오직 대화를 통해서만, 우리는 서로에 대한 이런 적의(enmity)에서 구원을 받는다. 대화와 사랑의 관계는 피와 몸의 관계와 같다. 피의 순환이 멈추면, 몸은 죽는다. 대화가

멈추면, 사랑은 죽고 그 대신 분개와 증오가 되살아난다. 그러
나 대화는 죽은 관계를 회복시킬 수 있다. 진정, 이것이 대화의
기적이다. 그것은 관계를 낳을 수 있고, 죽어 있는 관계를 다시
한번 낳을 수 있다.[10]

독백(monologue)이 아닌 대화(dialogue/conversation)는 서
로를 알게 해주며 관계를 증진시켜준다. 문제는, 많은 경우 우
리는 자녀와의 관계에서 대화를 한다고 하면서도 실제로는 독백
을 하는 경우가 적지 않다는 것이다. 그래서 부모와 자녀들 사이
에 대화의 기적이 아니라 대화의 단절이 발생한다. 때문에 우리
는 자녀들과 이야기할 때, 그것이 독백인지, 대화인지 스스로 묻
고 독백이 아닌 대화의 세계로 나아갈 필요가 있다. 주의 깊게
듣고 생각을 나누는 것이다. 왜냐하면 "하나의 가족이 가족 의식
(sense of family)을 증가시키고 또한 구성원들이 서로에게 견
고히 맺어지는데 좋은 커뮤니케이션은 본질적이기"[11] 때문이다.
지금 자녀가 우리에게 필요로 하는 것들 중 하나는 커뮤니케
이션, 곧 소통이다. 대화를 통한 상호적 이해이다. 특히, 대화는
관심과 포근함이 담겨져 있는 사랑의 대화이어야 한다. 그것이
참된 소통을 가능하게 한다. "부모와 자녀 사이의 건강한 관계
는 좋은 커뮤니케이션에 달려 있다…커뮤니케이션은 그리스도
가 중심인 가정에 근본적이다. 왜냐하면 그것은 남편-아내 관
계와 부모-자녀 관계가 맺어지고 자라며 유지되는 매개이기 때
문이다."[12] 아담스의 말이다. 오늘부터 시간을 내어 자녀들과
대화를 시작하자. 그러면 처음에는 어색할지 몰라도 머지않아

변화가 일기 시작할 것이다.

그러면 어떤 대화를 나눌 것인가? 대화의 주제는 거창할 필요가 없다. 그냥 일상 속의 작은 것들에서부터 자녀와 대화를 시작하라. 그리고 더 나아가서는 하나님에 관한 대화를 나눠라. 믿음에 관한 대화를 나눠라. 하나님을 왜 섬겨야 하는지, 그리고 하나님을 어떻게 섬기는 것이 바른 것인지에 대해 대화하라. 그리고 삶에 관한 대화를 나눠라. 좋은 삶이 무엇인지에 대한 대화를 나눠라. 인간의 삶에서 가치의 문제를 다루는 것은 자녀로 하여금 삶에 대해 깊이 생각하게 하는 동기가 된다. 특히, 하나님이 계획하시고 원하시는 삶이 무엇인지를 함께 탐구하는 대화를 나누는 것도 중요하다. 인간의 삶의 기준은 언제나 하나님의 뜻과 말씀이라는 것을 알게 하라. 또한 자녀들이 가지고 있는 마음의 생각을 물어라. 물음은 대화의 출발점이다. 많은 경우, 부모들은 자녀들이 어떤 생각을 하며 살아가는지 잘 모른다. 그런 상황에서 물음은 대화를 시작하고 또 이어갈 수 있는 계기가 된다.

대화는 분명 서로의 마음을 나누는 출발점이 될 것이다(자녀에게 편지를 쓰는 것도 좋은 방법이며, 이메일을 보내는 것도 좋은 방법이 될 것이다. 오늘날에는 문자나 카톡을 사용하는 것도 좋은 방법이 될 것이다).

**여덟 번째, 함께 기도하라.** 자녀들과 함께 기도하면서 그들을 위해 기도하고 그들에게 기도를 요청하라. 기도는 모든 신자의 필수적인 실천이다. 신자는 기도를 통해 하나님과의 깊은 관계 속으로 들어가게 된다. 톰슨은 이렇게 말한다.

기도는 영적 삶에 진정 중심적이며 필수적이다…기도는 하나님
과의 우리의 만남과 관계의 참된 핵심이다. 기도가 없다면, 상
호적 관계, 소통, 성장은 없다. 기도는 우리의 신앙의 본질적인
(inward) 표현이다. 그것은 우리의 창조자와의 교제의 수단, 즉
하나님이 성령을 통해 은혜로 우리에게 주시는 수단이다. 모든
영적 훈련들과 같이, 그것은 첫째로 선물(gift)이지만, 그것은
우리가 노력을 통해 전용하는 선물이다. 만일 기도가 기독교적
영적 삶의 핵심(soul)을 구성한다면, 기도는 또한 가족 영성의
중심에 있어야 한다.[13]

부모가 자녀를 위해 기도하는 것만큼 자녀에게 큰 선물은 없
다. 기도는 "부모가 자녀에게 끼칠 수 있는 가장 큰 유익 가운
데 하나"이다.[14] 우리가 자녀들을 위해 기도할 때, 그들은 우리
가 드리는 기도를 느낄 뿐만 아니라 부모가 자신들을 위해 기도
하고 있음을 깨닫게 된다. 자신을 위해 간절히 기도하는 부모의
기도를 들으며 자라는 자녀는 잘못되지 않는다. 때로 곁길로 가
게 되더라도, 결국에는 다시 돌아오게 될 것이다. 분주한 삶으
로 인해 함께 기도할 시간을 갖기 어려울 경우에는 식탁 기도를
자녀를 위해 드리는 기도의 기회로 삼는 것도 좋은 방법이다.

그리고 우리가 자녀들에게 기도를 요청하면, 그들은 우리에게
어떤 문제가 있고 어떤 상황에 있는지를 알게 된다. 부모들이 자
녀들에게 기도를 요청하는 것을 어색해 하는 사람들이 있지만,
그것은 부모들을 위해서도 그리고 자녀들을 위해서도 꼭 필요하
다. 부모를 위해 기도하는 자녀는 부모를 더 잘 알게 되고 부모
를 깊이 생각하게 된다. 그로 인해 서로의 관계가 증진될 수 있

다. 부모와 자녀가 함께 기도할 때 그들 사이에는 연합과 공감대 그리고 공동체 의식이 형성된다. 그 가운데 예수 그리스도가 함께 하시고 성령이 역사하심은 두말할 필요가 없다.

또한 믿음의 부모는 기도의 삶을 살도록 자녀들을 가르쳐야 한다. 그리스도인에게 기도의 삶은 중요한 것임을 강조해야 한다. 찰스 스탠리(Charles Stanley)는 이렇게 말한다.

> 부모가 할 수 있는 가장 중요한 것들 중 하나는 자녀들이 하나님께 자신들의 삶을 위한 그분의 뜻을 보여 달라고 요청하면서, 하나님과 함께 하는 시간을 가지도록 가르치는 것이다. 그러면 그들이 더 나이 들어 궁지에 빠지거나, 결정을 내려야 할 일이 생길 때, 자기 자신의 지식에 근거하여 결정을 내리고 싶은 유혹을 견딜 것이다. 그 대신, 하나님의 뜻과 방법을 아주 분명하게 해 달라고 하나님께 요청하게 될 것이다.[15]

자신을 위한 부모의 기도를 들으면서 자라는 자녀는, 부모를 위해 기도하면서 자라는 자녀는, 그리고 기도하면서 하나님과 함께 인생길을 걸어가는 자녀는 결코 잘못되지 않을 것이다. 그들은 하나님의 약속 위에 서 있기 때문이다. 그들은 하나님이 약속하신 복을 받게 될 것이다.

**아홉 번째, 부부가 서로를 아끼고 위하면서 행복하게 사는 삶을 보여줘라.** 부모는 언제나 자녀의 모델이다. 자녀는 부모를 보면서 마음에 인생의 그림을 그려간다. 부모는 자녀의 세계관과 인생관 그리고 신앙관 정립에 큰 영향을 미친다. 특히, 신앙의 부모가 믿음 안에서 모범이 되는 삶을 사는 것은 경험에 근거한 귀한 "인생수업"을 자녀들에게 제공하는 것이 된다. 자녀들은 서로를 위하면서 아름다운 삶을 살아가는 부모를 볼 때, "아, 저렇게 사는 것이 믿음을 가진 부모가 살아가는 방식이구나!"라고 느끼게 된다.

부부가 서로를 아끼고 사랑하면서 행복하게 사는 것은 부모가 자녀에게 줄 수 있는, 그 어떤 것과도 비교할 수 없는 무형의 선물이다. 그러나 그 무형의 선물은 장차 자녀의 유형의 삶을 형성하게 된다. 이런 말이 있다고 한다. "당신의 자녀들에게 좋은 아버지가 되는 최고의 방법은 그들의 어머니[자신의 아내]에게 좋은 남편이 되는 것이다." 이 말을 고쳐 쓰면 이렇게 된다. "당신의 자녀들에게 좋은 어머니가 되는 최고의 방법은 그들의 아버지(자신의 남편)에게 좋은 아내가 되는 것이다." 아주 정확한 말이다. 전자의 말을 언급하면서, 아담스는 이렇게 말한다.

> 어린이들이 볼 필요가 있는 것은 자신들의 모든 사랑을 소모하면서(squander) 자신들을 염려하는 너그러운 부모가 아니다… 어린이들은 서로를 사랑하고 서로 함께 살아가는 법을 아는 부모를 가장 많이 볼 필요가 있다. 그것은 부모가 자신의 자녀들에게 줄 수 있는 가장 귀한 선물이다…아이들은 부모로서 살아가는 방법을 아는 부모들을 볼 필요가 있지만, 훨씬 더 남편과 아내로서 살아가는 법을 아는 부모들을 볼 필요가 있다. 모든 어린이는 서로에 대해 걱정하는 부모를 볼 필요가 있다.[16]

부모가 믿음 안에서 서로를 아끼면서 복된 삶을 살아가는 것은 자녀들에게 안정감을 준다. 그리고 그렇게 살아가는 삶은 자녀를 위한 살아 있는 교육—그것은 숨은 커리큘럼에 해당하는 것으로 우리는 앞에서 그것에 대해 알아보았다—이 될 수 있다. 부모가 진정 믿음과 삶에 대한 본보기가 되는 것이다.

**열 번째, 말씀을 함께 읽고 들어라.** 말씀을 암송하게 하라. 성경에 대한 무지의 문제는 오늘날 가장 두드러진 현상이다. 세상 사람들은 두 말할 것도 없고, 교회 안에서도 성경은 외면을 당한다. 존 브랙(John M. Bracke)과 캐런 타이(Karen B. Tye)는 이렇게 말한다.

> 그리스도인들로서 우리는 '책[성서]의 백성'(the people of the Book)이 되도록 부름을 받았다. 수세기에 걸쳐, 우리는 성서를 우리의 삶과 선교에 중심적이며 권위 있는 것으로 주장해왔다. 그것의 이야기들을 알고, 그것의 지혜의 말씀을 듣고, 그것이 제공하는 진리들과 씨름하고 그리고 그것의 페이지들로부터 우리의 정체성을 얻는 것은 언제나 기독교 공동체의 신앙 여행의 중심에 있었다. 그러나 이런 권위의 주장과 동시에 많은 사람들이 성서를 거의 알지 못하거나 전혀 알지 못한다는 오늘날의 교회 안에 증거들이 많이 있는 것 같다.[17]

실제로, 오늘날 많은 그리스도인들이 성경을 읽지 않으며 성경의 내용을 모른다. 한 사람의 기독교적 영적 성숙의 걸림돌은 바로 그것에서부터 비롯된다고 볼 수 있다. 콜드웰이 말하는 것처럼, "자녀들과 부모가 성경을 아는 자신들의 지식과 이해에서 함께 자라갈 수 있는 한 가지 방법은 성경을 읽거나 성경 이야기

책을 함께 읽는 것이다. 시작하기에 좋은 선택은 어린이의 교회 학교 반에서 사용되고 있는 특별한 교재나 이야기이다."[18]

말씀을 함께 읽는 실천은 기본적으로 가정 예배를 통해서 행해질 수 있다. 또한 부모들은 자녀들로 하여금 정기적으로 성서를 읽도록 이끌어 줄 필요가 있다. 그러면 자녀들은 성서를 통해 하나님의 음성을 듣게 되고, 또한 성서에 의해 하나님의 사람으로 형성될 수 있게 된다. 왜냐하면 크레익 다익스트라(Craig Dykstra)가 믿듯이, "하나님은 우리에게 [자신을] 알리실 뿐만 아니라 우리를 하나님 자신의 소유로 만드시기 위해서 우리를 형성하고 또 새롭게 형성하시기 위해 성경을 사용하고 계시기"[19] 때문이다.

우리 가족의 경우, 특별한 일이 없으면 일주일에 한 번씩 가족 성서읽기 시간을 갖는다. 성서의 한 권을 택해서 장과 절을 모두 없앤 후에 그것을 인쇄해서 각자 일정의 부분을 돌아가면서 읽는다. 그렇게 함으로써 아이들로 하여금 성서를 읽는 습관과 그것의 내용을 접할 수 있는 기회를 제공한다. 때론 나에게도 그리고 우리 아이들에게도 힘들고 귀찮게 여겨질 때가 있음에도(이것은 나의 솔직한 마음의 표현이다) 굳이 그렇게 하려고 애쓰는 것은 그렇게 해서라도 우리 아이들로 하여금 하나님의 말씀을 접하도록 이끌어주고 싶은 바람 때문이다(다만 그렇게 하는 것이 우리 아이들에게 부정적으로 작용하여 장차 성서를 멀리하는 일이 없기를 바랄 뿐이다).

또한, 우리 가족은 일 년에 한번 연초에 가족수련회를 갖는다. 가족수련회라고 해서 그리 거창한 것은 아니다. 그저 조용한 한 장소를 찾아서 함께 찬양하고 하나님의 말씀을 읽고 공부하고 서로의 기도제목을 나눈 후에 함께 기도하는 시간을 갖는다. 함께 맛있는 음식도 먹는다. 그런 시간을 가짐으로써 아이들에게 가정에서 믿음의 추억을 심어주게 된다. 물론, 그 결과는 하나님의 성령의 역사에 맡긴다. 그것까지 부모인 우리가 할 수는 없다. 그것은 하나님의 영역이다. 다만, 부모로서 우리가 할 수 있는 영역에 대해서는 최대한 감당하려고 애쓴다.

그렇다고 해서 우리 아이들의 믿음이 탁월한 것도 아니다. 보통의 아이들처럼, 그저 평범한 아이들이다. 이제야 믿음에 대해서 듣고, 들으면서 믿음을 배워가고 알아가고 있다. 게다가, 부모인 나와 아내가 그러한 것처럼, 배워 아는 대로 전부 실천해가는 것도 아니다. 실수도 하고 태만하기도 하고 귀찮아하기도 한다. 더욱이, 아이들이 성인이 되어 부모인 우리 곁을 떠나 살아가게 될 때 그렇게 되기를 몹시 바라지만 충실한 그리스인들로 살아간다는 보장도 없다. 그렇게 될 것이라고 장담도 못한다. 하지만 하나님이 성서를 통해 우리에게 '마음과 뜻과 힘을 다해 하나님을 사랑하고 하나님의 말씀을 마음에 새기고 자녀에게 부지런히 가르치라'(신 6:5-7)고 말씀하셨기 때문에 그 말씀에 순종하는 마음으로 힘들고 어렵고 때로는 귀찮게 여겨지기도 하지만 우리는 우리가 할 수 있는 능력의 범위 내에서 최대한 잘해보려고 노력한다. 그것이 우리 육신의 부모에게 맡겨진 책임이라고 믿기 때문이다. 나는 미쉘 앤소니(Michelle Anthony)의 다음의 말에 전적으로 동의한다. "만일 우리가 성령이 우리 자녀들의 마음(hearts)에 계신 하나님의 선택된 교사이시고, 그분이 선택하실 때 그리고 선택하심에 따라 영적 성장을 불러 일으키시는 분이라는 것을 믿는다면, 우리는 기꺼이 그분이 이 사역을 행하실 수 있도록 환경을 조성해야 한다."[20]

이런 것들이 우리 가정에서 함께 해 가는 우리 자녀들의 신앙 형성을 위한 실천 방법들이다. 비록 그런 것들이 작은 실천들이라 할지라도 보혜사 성령의 역사 안에서 아이들에게 좋은 경험이 되고 큰 영향을 미치게 될 것이라고 믿는다.

모든 그리스도인 가정들도 각자 자기 가정의 상황에 맞는 방법들을 선택하여 자녀들과 함께 노력해 간다면 분명 아름다운 열매들이 맺힐 것이며, 우리의 그런 노력을 통해 자녀들의 신앙 형성에 도움이 될 것이다. 결과적으로 가정을 통해 믿음이 전수되어갈 것이다. 교회도 분명 생명력 있게 존재해 갈 것이다.

사실, 믿음의 부모로서 자녀들과 함께 예배하고 기도하고 찬양하고 믿음의 대화를 나누어 본 경험과 추억이 없는 것은 참으로 불행한 것이다. 하나님을 섬기는 삶과 관련하여, 그런 부모는 자녀들에게 참으로 좋은, 아니 가장 좋은 유산을 남기지 못하는 것이다. 하지만 아직 늦지 않았다. 늦었다고 생각될 때가 가장 빠른 때라는 말이 이 경우에도 해당된다. 지금부터라도 할 수 있는 것부터 하나하나 해 가면 된다. 그러면 그러한 가정 사역을 통해 우리들 가정에 하나님의 역사가 나타날 뿐만 아니라 우리들 가정에 계속해서 믿음이 전수될 것이다.

CHAPTER
17

# 믿음의 가정의 한 모범: 시편 128편의 가정

성서적 관점에서 결혼의 성립은 한 남자가 자기 부모를 떠나 자기 아내-결혼을 위해서 남자와 마찬가지로 자기 부모를 떠난 한 여자-와 합하여 한 몸을 이루는 것이다(창 2:24). 이미 앞서 언급했듯이, 자녀가 없이도 이것으로서 결혼은 온전하게 성립된다. 왜냐하면 성서에서 결혼의 성립 조건은 세 가지, 곧 남자와 여자가 자기 부모를 떠나는 것, 남자와 여자가 합하는 것 그리고 둘이 한 몸을 이루는 것이기 때문이다.

가정의 성립도 이와 마찬가지이다. 한 가정의 성립과 그것의 출발점은 한 남자와 한 여자, 곧 남편과 아내이다. 두 사람만으로 가정은 이미 온전한 가정이다. 이것은 성서적으로 분명한 사실이다.

그럼에도 하나님이 인간을 남자와 여자로 창조하여 한 가정을 이루게 하신 데는 또 다른 분명한 목적과 의도, 곧 "생육하고 번성하여 땅에 충만"함으로 "땅을 정복"하고 "모든 생물을 다스리"게 하는 것이었기에 "둘이 한 몸을 이루는 것"의 중요한 목적 중 하나는 생육하고 번성하여 땅에 충만하도록 후손들을 낳는 것이다.

이런 점에서, 결혼은 한 남자와 한 여자의 연합과 한 몸 이룸 그 자체로서 완전하지만 그것에 대한 하나님의 의도와 목적은 그것을 넘어선다. 그러니까 가정은 부모가 자녀의 출산을 통하여 하나님의 창조계획과 의도를 이루어가야 하는 것이기도 하다. 따라서 성서적 관점에서 "한 가정을 이루는 구성원은 남편, 아내, 자식, 이 삼자"[1]라고 해도 과언은 아니다(물론, 환경문제나 여러 가지 다른 이유로 인해 오늘날 더욱 불임이 되는 경우가 아주 많이 있다. 그것은 단순히 부부만의 문제가 아니며, 그런 문제로 인한 무자식은 하나님의 계획과 관련하여 아무런 문제가 없다. 물론, 불완전한 가정도 아니다).

### 이런 가정이 바람직하다

시편 128편은 믿음의 가정이 지녀야 할 모습을 잘 나타내주고 있다. 이 시는 "한 가정의 좌표가 무엇이며, 무엇이 가정의 복인가를 보여준다."[2] 곧 이 시에 나오는 가정은 지금까지 탐구해온 믿음의 가정의 한 모범으로 충분히 여겨질 만하다.

시인은 이렇게 노래한다.

여호와를 경외하며 그의 길을 걷는 자마다 복이 있도다 네가 네 손이 수고한 대로 먹을 것이라 네가 복되고 형통하리로다 네 집 안방에 있는 네 아내는 결실한 포도나무 같으며 네 식탁에 둘러앉은 자식들은 어린 감람나무 같으리로다 여호와를 경외하는 자는 이같이 복을 얻으리로다 여호와께서 시온에서 네게 복을 주실지어다 너는 평생에 예루살렘의 번영을 보며 네 자식의 자식을 볼지어다 이스라엘에게 평강이 있을지로다.

이 시에는 신앙인의 삶과 관련하여 신앙적으로 그리고 신학적으로 중요한 개념들이 여럿 포함되어 있다. 첫째, 복 있는 신앙인은 여호와를 경외하고 그분의 계명을 따른다는 것이다. 둘째, 복 있는 신앙인은 하나님의 창조세계에서 일을 통해 가족을 부양한다는 것이다. 셋째, 가족의 구성원들, 곧 아내와 자녀들은 귀한 존재들이며 여호와를 경외하는 삶을 통해 그러한 복을 얻게 된다는 것이다. 넷째, 하나님이 주시는 복은 시온에서 오며 복 있는 신앙인은 평생 동안 예루살렘의 번영을 보고 후손의 번창과 복이 이어지는 것을 보게 될 것이라는 것이다.

이 각각의 복들은 믿음의 가정과 밀접하게 관련되어 있으며, 가정에서의 신앙교육의 결과와도 밀접하게 관련되어 있다. 따라서 우리는 위의 내용들을 좀 더 자세히 살펴볼 필요가 있다.

### 여호와를 경외하는 삶의 복

믿음의 출발점은 창조주 하나님의 계심과 그분의 상 주심을 믿고(히 11:6) 섬기면서 그분을 존중하는 것이다. 그리고 믿음의 삶은 그분의 말씀과 가르침에 따라 살아가는 것이다. 아브라함이 하나님께서 "보여줄 땅"을 향해 "여호와의 말씀을 따라갔"던 것처럼(창 12:1, 4), 하나님이 제시하시는 삶의 길을 따라 하나님과 함께 인생길을 걸어가는 것이 믿음의 삶이다. 그것이 창세기 저자가 에녹의 믿음의 삶을 묘사한 "에녹이 하나님과 동행하더니"(창 5:24)라는 말이 뜻하는 바다.

시인은 이렇게 노래한다. "여호와를 경외하며 그의 길을 걷는 자마다 복이 있도다." "여호와를 경외하는 삶." 그것은 피조물인 인간이 평생 동안 추구해야 할 삶의 근본적이고 궁극적인 목표이고 방향이다. 바울이 "너희가 먹든지 마시든지 무엇을 하든지 다 하나님의 영광을 위하여 하라"(고전 10:31)고 말했을 때, 그것은 바로 여호와를 경외하는 삶을 바탕으로 한다.

여호와를 경외하는 삶을 살려면 그분의 말씀을 지켜야 한다. 하나님을 바르게 경외하고 하나님과 바르게 동행하는 삶에는 하나님의 진리가 드러나는 놀라운 역사가 있다. 하나님은 아브라함을 부르신 목적과 관련하여 "여호와의 도(the way of the Lord)를 지켜 공의와 정의를 행하게 하려고 그를 택하였"(창 18:19)다고 말씀하신다. 그러한 삶은 아브라함을 통해 하나님이 주시는 은혜를 물려받은 모든 믿음의 사람들이 추구해야 할 모습이기도 하다. 그래서 여호와를 경외하는 것은 하나님의 말씀에 순종하면서 믿음을 따라 사는 것이다

헨리 블랙커비(Henry T. Blackaby)와 로이 에지몬(Roy T. Edgemon)은 이렇게 말한다.

> 믿음은 우리가 하나님에 관해 아는 것에 근거한다. 믿음으로 사는 것은 우리들 삶의 모든 면에, 곧 우리 가족으로부터 우리 일터까지, 우리가 교회에 참여하는 것까지 영향을 미칠 것이다.

믿음은 하나님의 길(way of God)이다(히 11:6). 하나님은 자신을 믿고 자신을 신뢰하며 자신에게 순종하는 사람 안에서 그리고 그를 통하여 일하기로 하신다.[3]

하나님의 말씀을 따라 살아가는 삶은 거룩한 삶이다. 그리고 "거룩한 삶은 금욕적인 삶이나 음울한 삶이 아니라 신적 진리를 따라 살아가는 삶이다. 거룩한 삶을 사는 것은 여전히 세상에서 살아가면서도 세상의 기준들을 초월하여 살아가는 것이다."[4] 그 래서 하나님을 경외하면서 그분이 하시는 말씀을 따라 살아가는 것은 복이다. 이것은 신명기의 핵심 주제이다. 다음의 말씀은 그것을 분명하게 나타낸다.

> 내가 오늘 복과 저주를 너희 앞에 두나니 너희가 만일 내가 오늘 너희
> 에게 명하는 너희의 하나님 여호와의 명령을 들으면 축복이 될 것이
> 요 너희가 만일 내가 오늘 너희에 명령하는 도에서 돌이켜 떠나 너희
> 의 하나님 여호와의 명령을 듣지 아니하고 본래 알지 못하던 다른 신
> 들을 따르면 저주를 받으리라.(신 11:26-28)

하나님을 경외하는 삶이 모든 그리스도인의 본질적인 삶의 모습이라면, 그리스도인 부모들이 그러한 삶을 추구하면서 자녀들도 그러한 삶을 살도록 훈련시키고 이끌어주는 것은 필수적이다. 지금까지 탐구해 온 것처럼, 성서적으로 "자녀들의 기독교적 형성에 대한 일차적인 책임은 진정 부모들의 손에 놓여 있기" 때문에, 회당에서 그리고 기독교 공동체에서 그리스도인 부

모에게 "하나님을 경외하도록 자녀들을 훈련시키는 것은 타협할 수 없는 책임이었다."[5]

이것은 오늘날에도 그대로 적용된다. 책임적인 부모는 계속해서 그리고 부지런히 자녀들을 하나님을 경외하는 삶을 살도록 훈련하고 가르친다.[6] 왜냐하면 하나님은 "경건한 자손"(말 2:15)을 원하시기 때문이며 그와 같이 사는 것은 복이 있는 삶이기 때문이다. 부모는 자녀들에게 하나님을 경외하는 삶을 살도록 가르치고 훈련시키며 자녀는 부모로부터 하나님을 경외하는 삶을 배우는 가정은 진정 하나님이 기뻐하시는 훌륭한 믿음의 가정이다. 그 가정에 그리고 자녀의 삶에 이보다 더 큰 복은 없다. 그것이 최고의 복이다.

### 일을 통한 가족의 부양

시인은 하나님을 경외하고 그분의 길로 가는 삶의 복됨을 강조한 다음에 가장으로서의 남편에게 "네가 네 손이 수고한 대로 먹을 것이라 네가 복되고 형통하리로다"고 권면한다. 곧 창조주 하나님을 경외하는 삶을 살고 또 그분이 말씀하신 대로 살아가되 하나님이 지으신 이 세상에서 일을 통해 벌게 되는 정당한 소득에 근거하여 살아가라고 말한다.

오늘날 일(노동)은 부정적으로 여겨지는 경향이 있다. 그것은 일반적으로 두 가지 이유 때문인 것 같다.

첫째, 일은 고되고 힘이 든다는 것이다. 그래서 많은 사람들에게 일은 생존과 필요의 충족을 위해 마지못해서 하는 것일 뿐 가능하면 피하고 싶은 것이고 사람들은 대부분 일을 하지 않고 편히 살기를 바란다.

둘째, 성서적 관점에서 일—특히 노동—은 하나님의 저주의 결과라고 보는 것이다. 실제로, 최초의 인간 아담과 하와가 타락할 때, 하나님은 그를 향해 이렇게 말씀하셨다.

> 네가 네 아내의 말을 듣고 내가 네게 먹지 말라한 나무의 열매를 먹었은즉 땅은 너로 말미암아 저주를 받고 너는 네 평생에 수고하여야 그 소산을 먹으리라 땅이 네게 가시덤불과 엉겅퀴를 낼 것이라 네가 먹을 것은 밭의 채소인즉 네가 흙으로 돌아갈 때까지 얼굴에 땀을 흘려야 먹을 것을 먹으리니 네가 그것에서 취함을 입었음이라.(창 3:17-19)

이렇듯, 일에는 분명 부정적인 차원이 있다. 그러나 인간에게 일은 여전히 중요하다. 게다가, 성서는 여러 곳에서 일을 인간 삶의 중요한 차원으로 제시한다. 잠언 기자는 이렇게 말한다. "게으른 자여 개미에게 가서 그가 하는 것을 보고 지혜를 얻으라"(잠 6:6). 빈궁하고 궁핍한 삶을 피하기 위해 부지런히 일하라는 것이다. 사도 바울도 데살로니가교인들을 향해 이렇게 말했다.

> 우리가 너희와 함께 있을 때에도 너희에게 명하기를 누구든지 일하기 싫어하거든 먹지도 말게 하라 하였더니 우리가 들은즉 너희 가운데 게으르게 행하여 도무지 일하지 아니하고 일을 만들기만 하는 자들이 있다 하니 이런 자들에게 우리가 명하고 주 예수 그리스도 안에서 권하기를 조용히 일하여 자기 양식을 먹으라 하노라.(살후 3:10)

성서적 관점에서, 본래 인간의 일은 하나님의 나라를 섬기는 소명이었다. 호튼은 이렇게 말한다.

> 태초에 온 세상은 하나님이 보시기에 좋았다. 어쨌거나 온 세상을 창조하신 분은 하나님이셨고, 하나님은 온 세상을 그와 같이 선하다고 친히 선포하셨다. 저녁 기도에서 일상 노동에 이르기까지 최초의 인류인 아담과 하와의 모든 삶은 종교적인 특성을 지녔으므로, 거룩한 것과 범속한 것 사이의 구별은 전혀 없었다. 일은 문화와 경건한 문명을 촉진함으로써 하나님 나라를 건설할 의도로 하나님이 정하신 소명이었다.[7]

그러나 위에서 아담과 관련하여 언급한 것처럼, 인간이 타락한 후에는 모든 것이 변했다. 인간의 일의 가치와 효용도 바뀌었다. 그래서 "한때 하나님의 목적만을 성취하는 데서 오는 즐거움과 경건한 기쁨과 관계했던 일은 이제 노고를 동반하게 되었고, 가정에 대한 복은 고통스러운 출산의 저주로 무색해졌다."[8] 이처럼, 인간의 타락 이후 인간에게 일(노동)은 기쁨보다는 생계나 다른 필요의 충족을 위해 어쩔 수 없이 해야 하는 노고를 동반한 필요한 고역으로 여겨지게 되었다.[9]

그럼에도 창조주 하나님의 피조물로서의 세상은 여전히 "하나님 나라의 영역"[10]이고, 그 안에서 행해지는 일은 "인간 존재의 표현이며 존재의 규모 속에 그가 서 있는 장소의 표현"[11]으로서 인간의 삶의 중요하고도 본질적인 차원이다. 게다가, 기독교적 관점에서 일은 "인간을 위한 하나님의 목적에 포함되어 있으며 창조주 하나님의 형상에 따라 창조된 인간의 본성의 본질적인 표현"[12]이다. 그래서 일은 모든 인간이 지상에서 행해야 하는 삶의 필수적인 부분이고 영역이다.

그런 삶은 창조세계와 인간사회를 향한 봉사일 뿐만 아니라 개인과 개인이 속한 가정이 계속해서 삶을 유지해 갈 수 있는 방식이 된다. 그래서 우리는 우리 손으로 수고해야 하고 또한 수고한 대로 먹어야 한다. 우리는 그러한 삶을 통해 복을 얻고 형통하게 된다. 뿐만 아니라 우리 가족이 행복하고 안락한 삶을 이어갈 수 있게 된다.

## 행복한 가정

우리가 일을 하면서 열심히 사는 것은 그것이 하나님의 창조질서 안에 있는 인간 존재의 한 부분—그것도 매우 중요한 부분—이기 때문이며 또한 그로 인해 가정의 행복을 가꿀 수 있기 때문이다. 그래서 가장의 경제활동—요즘은 남자와 여자가 함께 일해야 살 수 있는 시대가 되었다—을 통해 가족구성원들—"결실한 포도나무"같은 아내와 "식탁에 둘러앉은 자식들"—은 평온한 가운데 인간다운 삶을 유지해 갈 수 있고 그렇게 할 때 행복이 깃든다. 물론, 행복은 가족 구성원 모두가 함께 노력할 때 온다. 그러나 그 밑바탕은 하나님의 돌보시고 공급해 주시는 은혜와 가장의 손의 수고에 있다.

가정은 행복해야 한다. 행복한 가정은 남편에게는 하나님의 형상대로 자신과 동등하게 지음 받은 아내를 사랑하고 존중하는 태도가 있어야 하고, 아내에게는 창조주 하나님에 의해 가장으로 세움 받은 남편을 존중하고 사랑하는 태도가 있어야 한다. 부모인 아버지와 어머니는 하나님이 자신들에게 맡겨주신 육신의 자녀들을 "노엽게 하지" 않으면서 참되신 부모인 하나님을 섬기며 살아가도록 "오직 주의 교훈과 훈계로 양육"해야 한다(엡 6:4). 그리고 자녀들은 "주 안에서" 자신들의 육신의 아버지와 어머니가 되는 "부모에게 순종"하고 그들을 "공경"해야 한다(1절). 왜냐하면 그것은 "약속 있는 첫 계명"이며 그렇게 함으로써 그들은 "잘되고 땅에서 장수"하게 되기 때문이다(2-3절).

특히, 우리는 부모 공경의 문제를 다룰 때 그것을 분명하게 제시하는 십계명의 가르침을 생각하지 않을 수 없다. 그것의 특이한 점은 인간을 향한 계명에서 부모 공경의 문제가 첫 번째로 제시된다는 것이다. 그 이유는 그것이 '부모 공경을 중시하는 옛날의 전통 사회'에 바탕을 두고 있기 때문이 아니라 "자녀들을 향한 부모의 역할과 권위는 인간을 향한 하나님의 권위와 역할을 반향하고 있기 때문이다."[13] 그래서 모든 인간의 부모 공경은 "한편으로는 하늘의 하나님을 공경하고 다른 한편으로는 땅의 부모를 공경함으로써 보답해야 한다."[14]

특히, 아버지는 자녀들에게 성서에 근거하여 부모공경에 대해서 가르칠 때 가정에서 어머니도 자녀들에 대해 아버지와 동일한 권위를 가지고 있음을 분명하게 가르쳐야 한다. 그리고 자녀들에게 어머니를 사랑하고 존중하라고 가르쳐야 한다. 그러기 위해서는 남편이 먼저 아내에게 그렇게 해야 한다. 이런 점에서, 윌슨의 말은 참으로 옳다.

부모는 그들의 자녀들 모두를 주의 깊게 살필 책임이 있다…지상에서 아내는 남편의 인생에 가장 중요한 사람이 되어야 하며, 그는 자녀들에게 그들의 어머니를 사랑하고 존중하라고 가르쳐야 한다. 부모들은 애정 어린 훈련, 가르침 그리고 기도를 통해서, 그리고 외부 세계-텔레비전이든, 라디오든, 책이든, 학교든, 또는 친구들이든-로부터 오는 모든 죄악의 중경 영향(cultivating influence)을 차단함으로써 가정에서 성서 문화를 유지할 책임이 있다.[15]

이런 가정의 중심에는 참되신 부모인 하나님, 곧 하늘 아버지가 계신다. 하나님이 모든 그리스도인 가정의 진짜 가장이 되신다. 하나님을 영적 부모로 모시는 가정의 부모는 육신의 부모로서 육신의 자녀에게 참되신 영적 부모인 하나님 아버지를 섬기는 삶을 가르친다. 위에서 언급한 하나님을 경외하는 삶을 살고 그분의 길로 가도록 훈련시키고 이끌어준다.

이스라엘의 경우, 가족은 "그 민족의 신앙, 윤리, 문화를 창조하고 전승시키는 장본인들"[16]이었는데, 한 가정에 아내와 자녀들이 존재한다는 것은 단지 "대대로 혈통을 이어간다는 의미만이 아니라, 선조들의 신앙을 대대로 유전시킨다는 중요성"[17]을 뜻했다. 가정은 하나님을 믿는 신앙의 전수의 통로였다는 것이다. 이것이 바로 믿음의 가정이 해야 할 중요한 책임과 사역이다.

이 시는 가정에서 아내와 자식들을 통해서 신앙이 전수되는 기쁨과 행복을 노래하기에,[18] 자녀들과 함께 하나님을 섬기고 경외하는 삶을 살면서 그들에게 신앙을 전수해 가는 것이 우리에게도 기쁨과 행복으로 여겨진다면 얼마나 좋을까? 그런 믿음의 가정들이 많을 때 복음의 꽃은 계속해서 활짝 피게 될 것이다.

## 시온과 하나님을 경외하는 가족이 받는 복

모세는 가나안 땅을 바로 앞에 두고 이스라엘 백성에게 하는 설교에서 "네 하나님 여호와 앞 곧 여호와께서 그의 이름을 두시려고 택하신 곳[19]에서 네 곡식과 포도주와 기름의 십일조를 먹으며 또 네 소와 양의 처음 난 것을 먹고 네 하나님 여호와 경외하기를 항상 배울 것이니라"(신 14:23)고 권면한다.

이스라엘 백성이 항상 해야 할 것이 있었는데 그것은 앞서 언급한 것처럼 "여호와 하나님을 경외하는 것"이었다. 그들은 무엇을 하든지 진정 하나님을 경외하는 것을 항상 배워야 했다. 하나님은 그런 그들에게 복을 주실 것이라고 약속하셨다.

그런데 시인은 여호와 하나님을 경외하는 삶을 통해 얻게 되는 복은 시온(Zion)에서 온다고 말한다. 시온은 예루살렘에 있는 작은 언덕을 말하는데, 그것은 예루살렘을 대표하며(후에는 이스라엘을 대표하는 것으로 여겨짐) 하나님의 임재의 상징이다. 시온은 이스라엘 백성이 함께 모여 하나님을 예배하는 곳이었다. 거기에는 하나님이 솔로몬으로 하여금 짓게 하신 성전이 있었다.

하나님이 주시는 복은 바로 시온, 곧 하나님의 임재의 자리에서 온다는 것을 말한다. 하나님은 자신이 지으신 우주 전체에 편재해 계시지만 특히 자신이 백성들에게 모이라고 명하신 곳에 계신다. 그곳에 하나님의 임재가 있다. 하나님은 자신이 택하신 곳으로 이스라엘 백성들을 부르시고 그곳에서 예배를 받으셨다.

그리고 그들과 만나 주시고 그들에게 복을 주셨다.

이 점에서, 하나님이 주시는 복은 하나님의 임재의 자리에서 온다. 따라서 우리는 하나님의 임재의 자리, 곧 하나님이 정하신 예배의 자리를 귀하게 여길 필요가 있다.

그 뿐 아니라, 하나님을 경외하고 그분의 길을 걸어가는 복 있는 신앙인은 평생 동안 하나님의 임재의 전이 있는 예루살렘이 번영하는 것을 볼 뿐만 아니라 후손의 번창과 복이 이어지는 것을 보게 될 것이라고 시인은 말한다. 신앙인이 믿음의 길을 충실하게 걸어가면 그들이 모이는 자리, 하나님의 임재의 자리—가정과 교회—는 번영하게 되어 있다. 그리고 그들이 속한 사회와 나라가 잘 되지 않을 수 없다. 그런 가정들이 많으면 그렇게 된다. 그것이 하나님의 약속이다. 더욱이, 경건한 가정에는 하나님이 복이 계속해서 이어지게 된다.

하나님을 경외하는 사람은 그런 복을 보고 누리게 된다. 왜냐하면 자신이 받는 복을 자기 자손에게도 전해지게 함으로써 결국 그 가정은 번영의 복을 받게 되기 때문이다. 그러므로 만일 우리가 우리 자손들이 계속해서 번성하는 것을 보기 원한다면, 우리는 우리 자손들에게 하나님을 경외하는 삶이 계속해서 이어지도록 해야 한다.

시편 128편의 시인은 모든 가정이 하나님이 주시는 복을 얻을 수 있는 바른 방법을 제시하고 있다. 그러므로 만일 우리가 행복한 믿음의 가정을 세우고자 한다면, 우리는 그런 방식을 따를 필요가 있다. 시편 128편의 시인이 보여주는 그와 같은 가정은 분명 모든 세대의 그리스도인들이 따를 필요가 있는 전형적인 예가 된다. 우리 모두 그런 가정을 이루기 위해서 최선의 노력을 기울이도록 하자. 그러면 반드시 아름다운 열매를 맺게 될 것이다.

"여호와를 경외하며 그의 길을 걷는 자마다 복이 있도다." 진정 그렇다.

에필로그.

# 가정에서의 신앙교육: 하나님의 소명
# 그리고 우리가 감당해야 할 사명

지금까지 우리는 〈가정, 신앙교육의 샘터: 믿음이 가정을 통해 흐르게 하라〉란 제목으로 그리스도인 부모들이 가정에서 어떻게 자녀들을 믿음으로 양육해야 하는가의 문제를 탐구해 왔다. 그 방식에 대해서는 사람에 따라 그리고 각자의 관심과 여건에 따라 여러 가지 접근이 가능하겠지만 현실적 상황을 고려하되 하나님의 말씀으로서의 성서에 귀를 기울이면서 최대한 가능하고 필요하다고 여겨지는 것들을 살펴보았다.

자녀교육에 관한 책을 쓰는 사람들은 대개 좋은 대학에 높은 점수로 합격했거나 사회적으로 출세한 사람들을 자녀로 둔 이들이다. 이 점은 기독교 내적으로도 마찬가지다. 대개, 믿음의 관점에서 자녀교육에 관한 책을 쓰는 사람들은 어떻게 자기 자녀들을 탁월한 믿음의 소유자로 길렀으며, 어떻게 사회 속에서 큰 영향을 미치는 사람이 되도록 양육했는지를 소개한다. 분명, 그런 이야기들은 함께 나눌 만한 가치가 충분히 있다.

그런 면에서 보면, 나는 지금까지 함께 나누어온 이 글을 쓸

만한 자격이 거의 없다. 왜냐하면 우리 아이들은 사회적으로 탁월한 아이들이 아닐 뿐만 아니라 탁월한 믿음의 소유자들도 아니며 사회 속에서 큰 영향을 끼치는 탁월한 사람들로 자라 있지도 않기 때문이다. 우리 아이들은 대부분의 아이들처럼 그저 평범한 보통의 아이들이다.

그러나 하나님이 성서를 통해 모든 믿음의 부모는 가정에서 자녀들을 믿음으로 양육하라고 명하시고, 또 개인적으로도 가정에서의 신앙교육이 중요함을 인식하기 때문에 그런 마음을 담아서 지금까지 성서를 바탕으로 가정에서의 신앙교육의 문제를 함께 탐구했다.

가정에서 자녀들을 믿음으로 양육하는 문제는 매우 중요하다. 자녀들의 기독교적 형성뿐만 아니라 기독교와 교회의 미래와도 밀접하게 관련되어 있기 때문이다. 믿음은 분명 신앙공동체인 교회에서 시작되지만 또한 가정에서도 시작된다. 그리고 가정에서의 신앙교육은 결국 교회를 세우는 것이 된다. 따라서 그리스도인 부모들은 계속해서 가정을 기독교 신앙교육의 일차적인 장으로 간주해야 한다.

모든 자녀의 창조질서적 운명은 때가 되면 부모를 떠나야 한다는 것이다. 하나님이 인간을 남자와 여자로 만드시고 "남자가 부모를 떠나 그의 아내와 합하여 둘이 한 몸을 이룰지로다"(창 2:24)라고 명하셨기 때문이다. 그 명령과 창조질서의 원리에 따라 우리 육신의 자녀들은 성장하면 언젠가 부모를 떠나게 되어 있다. 학업을 위해서, 취업을 위해서, 결혼을 위해서, 언젠가 자녀들은 우리 부모 곁을 떠난다. 분명, 자녀를 떠나보내는 것은 힘든 일이지만 그것이 하나님의 뜻이다. 더욱이, 부모는 정해진 운명에 따라 언젠가 죽음을 통해 자녀들을 떠나게 되어 있다.

그렇다면 믿음의 부모들은 자녀들이 무엇을 가지고 자신들과 가정을 떠나 새로운 가정을 꾸리고 부모가 되게 하는 것이 가장 좋을지를 진지하게 생각할 필요가 있다. 뿐만 아니라 부모는 자녀들에게 무엇을 남기고 이 세상을 떠나는 것이 하나님의 뜻이며 가장 보람될지를 깊게 생각해 볼 필요가 있다.

콜드웰은 자신의 저서 『믿음을 가지고 가정을 떠나게 하기: 청소년들의 영적 삶을 기르기』(Leaving Home With Faith: Nurturing the Spiritual Life of Our Youth)[1]에서 부모는 자기 자녀들이 하나님을 섬기는 믿음을 가지고 자기들의 가정과 품을 떠나게 해야 할 책임이 있음을 역설한다.

그러면 자녀들이 그렇게 하도록 하기 위해서 부모는 무엇을 해야 하는가? 콜드웰은 자신의 또 다른 저서 『신앙을 위한 가정 만들기: 어린이들의 영적 삶을 기르기』(Making a Home for Faith: Nurturing the Spiritual Life of Your Children)[2]에서 부모는 자신의 가정을, 신앙을 위한 가정으로 만들 필요가 있음을 강조한다.

콜드웰이 말하는 것처럼, 모든 그리스도인 부모는 자신들의 가정을, 힘을 다해 신앙을 위한 가정으로 만들 필요가 있다. 자녀의 어린 시절의 기독교적 영적 형성이 제대로 이루어져야 청소년시절의 기독교적 영적 형성이 견고해지고, 그러므로 부모를 떠나서도 하나님과 함께 이 세상에서 또 한 사람의 그리스도인으로 당당하게 살아갈 수 있게 되기 때문이다. 영적 육아

(spiritual parenting)는 그만큼 중요하다. 그것은 자녀들의 영원한 운명과 관계가 있다. 우리는 그것을 분명하게 인식하고 우리가 할 수 있는 한에서 최선을 다해 행할 필요가 있다.

더욱이, 영적 육아는 하나님의 약속 위에 서 있는 신앙의 실천이다. 그래서 그것은 분명한 성서적 이유와 근거를 지니며 미래를 약속으로 보장 받는다. 하나님의 약속은 그분의 때가 차면 아름답게 이루어진다.

우리는 분명 우리 자녀들을 믿음으로 양육하고 그들을 "하나님을 경외하도록 훈련"시키라는 부름을 받았다. 우리가 "이런 훈련(과 양육)을 무시한다면 우리 딸들[과 아들들]을 준비가 안 된 상태로, 보호를 받지 못하는 무방비의 상태로, 아무 것도 모르는 무지한 상태로 [세상과] 싸우러 보내는 것이 될 것이다."[3]

물론, 부모가 자녀들을 믿음으로 양육하는 것은, 그것도 제대로 양육하는 것은 결코 쉬운 일이 아니다. 때로는 부모가 그렇게 하려고 아무리 노력해도 자녀들이 부모의 노력을 등지고 믿음과 상관없이 살아가기도 한다. 하지만 믿음 안에서의 우리의 노력은 성령 하나님의 가르치는 사역 안에서 결코 헛되지 않을 것이다. 왜냐하면 보혜사 성령은 우리를 진리 가운데로 이끄시는 분이기 때문이다(요 16:13).

그러나 성령의 능력과 사역 안에서 자녀들의 믿음을 위한 우리의 노력이 열매를 맺으려면 반드시 선행되어야 할 중요한 조건이 있다. 부모가 믿음 안에서 충실하게 살아가야 한다는 것이다. 바른 믿음을 가지고 있어야 한다. 그 믿음으로 자녀가 자신의 믿음처럼 갖고 살기를 바라는 마음으로 가르치고 양육해야 한다. 오직 그럴 때만, 믿음 안에서의 우리의 가르침(교육)이 참된 효과를 나타낼 수 있게 된다.

가정에서의 부모의 신앙과 영적 양육은 자녀들의 삶에 영원히 사라지지 않는 흔적을 남기게 된다. 곧 자녀들로 하여금 마음에 믿음을 새기고 하나님 나라의 영원한 생명을 가지고 살아가게 한다. 자녀들에게 물려줄 것들 가운데 이보다 더 소중한 것이 또 있을까? 물론, 없다. 믿음은 그 무엇보다도 귀한 것이며 우리에게 구원과 영생을 가져다주기 때문이다. 이 복된 결과를 위해서 오늘도 그리스도인 부모들로서 우리는 하나님의 약속의 말씀 위에 굳게 서서 성령의 인도와 가르침을 구하면서 일차적인 신앙교육자들로서, 신앙 형성자요 전수자들로서 그리고 가정에서 제자 삼는 사역자들로서 우리의 최선을 다하며 살아가기를 진심으로 열망한다. 에벤에셀의 하나님이 분명 우리를 도우실 것이다.

나는 가정에서의 자녀들에 대한 영적 양육과 신앙교육과 관련하여 웨스터호프의 진술을 참 좋아한다. 그것은 성서적으로 정확하고 현실적으로 분명하기 때문이다. 따라서 그의 견해를 인용하면서 지금까지 써온 가정에서의 신앙교육에 관한 글을 마무리하려고 한다. 각 가정에서 그 사역을 시작하고 계속해서 이어가기를 바라면서 말이다. "만일 우리가 신앙을 갖고 또 우리가 (복음에) 충실한다면, 우리 자녀들은 신앙을 가질 것이다. 만일 우리가 다른 사람들과 함께 예배를 드리고 배우고 증언하는 기독교 신앙 공동체에 참여한다면, 우리와 우리 자녀들은 모두 기독교 신앙을 가질 것이다."[4]

진정 그럴 것이다.

# 주

## 서언. 왜 가정에서의 신앙교육이 필요한가?

1) 중세에는 문화적, 종교적 전쟁이 하나의 신앙과 다른 신앙 사이의 전쟁이었다면, 근대에는 신앙과 문화의 싸움이라고 할 수 있다. 더 자세한 설명을 위해서는 *John D. Caputo, Philosophy and Theology* (Nashville: Abingdon Press, 2006), 20을 보라.

2) Samuel P. Huntington, *The Clash of Civilizations and the Remaking of World Order* (New York: Simon and Schuster, 1996, 2003), 65–66.

3) 발달론적 관점—특히, 도덕 발달의 관점—에서 보면, 청소년기의 두드러진 특징들 중 하나는 정의, 충성 또는 옳은 행위 등에 대한 관심이다. 청소년들은 도덕적으로 옳은 행동에 감명을 받고 영향을 받는다. 그래서 그들은 비도덕적인 행위나 언행의 불일치에 등을 돌린다. 사실, 도덕이나 윤리가 기독교 신앙의 전부는 아니지만 그것은 매우 중요한 것으로 기독교 신앙의 필수적인 부분이다. 도덕이나 윤리가 빠진 기독교 신앙은 자체로서 비성서적이며 불완전하다.

4) 가브리엘 모란(Gabriel Moran)은 교육적 존재로서의 인간의 특성과 관련하여 이렇게 말한다. "인간을 다른 피조물들과 구분지어 주는 것은 인간이 지니고 있는 교육가능성이다. 우주에 존재하는 다른 피조물들도 성장하고 진보하며 또한 발달한다. 그러나 인간이 소유하고 있는 특별한 자기 지시성은 교육을 필요로 한다…교육은 출생과 함께 시작된다. 그러나 우리의 교육적 언어는 이러한 사실을 애매하게 해준다. 교육은 또한 16세, 21세 혹은 우리가 젊은이들에게 밖으로 나가 세상에 직면하라고 말하는 연령을 지나서도 계속된다. 교육이 끝나는 곳에서 인간발달도 또한 멈춘다. 그러나 우리가 소유하고 있는 교육적 언어의 빈곤은 우리로 하여금 인간발달은 평생 계속되는 것이라는 사실을 보지 못하게 한다." 가브리엘 모란, 『종교교육발달』 사미자 옮김 (서울: 대한예수교장로회총회출판국, 1988, 1992). 216–17.

5) James D. Smart, *The Teaching Ministry of the Church: An Examination of the Basic Principles of Christian Education* (Philadelphia: The Westminster Press, 1955), 11.

6) Howard Colson and Raymond Rigdon, *Understanding Your Church's Curriculum* (Nashville: Broadman Press, 1981), 15–19.

7) Judy Ten Elshof, "Family Life Education," in *Introducing Christian Education: Foundations for the Twenty-first Century*, ed. Michael J.

Anthony (Grand Rapids, Michigan: Baker Academic, 2001), 195.

## 1부. 인간과 가정

### 1. 인간과 가정: 믿음의 관점

1) 페그 랜킨 · 리 랜킨, 『결혼학교』 오현미 옮김 (서울: 나침반, 1987, 1990), 10; 찰스 셀, 『가정 사역』 양은순 · 송헌복 옮김 (서울: 생명의말씀사, 1988, 1992), 71.

2) 찰스 셀(Charles Sell)은 이와 관련하여 다음과 같이 말한다. ".태초에 하나님에 의해 창조된 첫 부부를 인간의 전형적인 모범으로 보는 것이 성경적이며 그와 같은 전형적인 모형은 전 인류를 위한 계속적인 모델이요 본보기이다." 셀, 『가정 사역』, 71.

3) 엘머 L. 타운즈, 『참으로 바른 교회: 희망의 성명서』 박민희 옮김 (의정부: 드림북, 2013), 156.

4) 딘 블레빈스(Dean G. Blevins)와 마크 매딕스(Mark A. Maddix)는 미국의 경우—한국의 경우도 별반 차이가 없다—오늘날 기독교 신앙의 유무와 상관없이 결혼한 부부의 50퍼센트 이상이 이혼으로 끝나는 현실에서도 결혼을 한 남자와 한 여자의 관계로 규정하면서 이렇게 말한다. "결혼은 여전히 한 남자와 한 여자 사이의 일차적인 제도적 관계인데, 그것은 부부에게 그들의 상호적인 언약과 의무를 상기시켜주고 그것을 공동체 안에서 확언하는 공적인 의식으로 묶인다. 기독교 결혼은 성서적 명령, 곧 '남자가 부모를 떠나 그의 아내와 합하여 둘이 한 몸을 이룰지로다'(창 2:24)를 반향하는 하나님, 친구들 그리고 가족과의 언약을 포함한다. 각각의 두 사람이 이제 한 단위(unit)로서 삶을 공유한다. 언약적 관계는 우정, 사랑 그리고 성적 충실을 포함하는 평생의 헌신(commitment)이다." Dean G. Blevins and Mark A. Maddix, *Discovering Discipleship: Dynamics of Christian Education* (Kansas City: Beacon Hill Press, 2010), 304.

5) Walter Brueggemann, *The Covenanted Self: Exploring in Law and Covenant* (Minneapolis: Fortress Press, 1999).

6) 성서는 분명히 결혼을 언약의 관점에서 진술한다. 하나님은 말라기 2장 14절에서 이렇게 말씀하신다. "이는 너와 네가 어려서 맞이한 아내 사이에 여호와께서 증인이 되시기 때문이라 그는 네 짝이요 너와 서약한 아내로되…." 이에 대한 더 자세한 설명은 셀, 『가정 사역』, 68-79를 보라. 또한 인간의 결혼의 언약적 성격에 대해서는 다음을 보라. Douglas J. Wilson, *Reforming Marriage* (Moscow, Idaho,

Canon Press, 1995), 13-18.

7) R. Paul Stevens, *Married For Good: The Lost Art of Staying Happily Married* (Downers Grove: InterVarsity Press), 15-25, 33.

8) William E. Hulme, *The Pastoral Care of Families: Its Theology and Practice* (New York / Nashville: Abingdon Press, 1962), 10.

9) John Charles Wynn, *Pastoral Ministry of Families* (Philadelphia: The Westminster Press, 1957), 131.

10) 이것에 대한 더 자세한 것을 위해서는 월터 트로비쉬, 『나는 너와 결혼하였다』양은순 옮김 (서울: 생명의말씀사, 1973, 1996), 23-26을 보라.

11) 랜킨·랜킨, 『결혼학교』, 22.

12) James R. Slaughter, "Toward A Biblical Theology of Family," in *The Christian Educator's Handbook on Family Life Education: A Complete Resource on Family Life Issues in the Local Church*, eds. Kenneth O. Gangel and James C. Wilhoit (Grand Rapids, Michigan: Baker Books, 1996), 19.

13) 이것에 대한 더 자세한 것을 위해서는 트로비쉬, 『나는 너와 결혼하였다』, 27-28을 보라.

14) Slaughter, "Toward A Biblical Theology of Family," 19.

15) 하나님은 한 남자와 여러 여자들을 만들지 않으셨다. 하나님은 한 남자와 한 여자를 만드셨다. 이것이 의도하는 바, 성서에서 인간의 결혼에 대한 하나님의 계획은 한 남자와 한 여자의 결합이라는 것이다. 이와 관련하여, 더글라스 윌슨(Douglas Wilson)은 이렇게 말한다. "또한 결혼에 대한 이 창조 법령(ordinance)으로부터 다른 사실들이 분명하다. 하나님은 아담과 하와(Eve)를 창조하셨기 때문에 동성애는 배제된다. 아담은 동물들 중에서는 자신을 위한 돕는 이(helper)를 찾지 못했기 때문에 수간은 배제된다. 그리고 하나님은 단지 아담을 위해 한 여자를 창조하셨기 때문에 일부일처혼의 형태가 우리에게 분명하게 정해지고 제시된다. 구약의 하나님의 성도들 중에서 발견되는 일부다처혼이 이것을 바꾸지 못한다. 일부다처혼은 남자(man)에 의해서 제정된 것이지 하나님에 의해서 제정된 것이 아니다." Douglas J. Wilson, *Reforming Marriage* (Moscow, Idaho, Canon Press, 1995), 16-17.

다른 한편으로, 폰 라트(von Rad)나 칼 바르트(Karl Barth) 같은 학자들은 창세기 2장에서 일부일처혼을 이끌어낼 분명한 근거가 없다고 주장하는 반면에, 월터 웨그너(Walter Wegner) 같은 학자는 성서에서 결혼에 대한 이상적인 형태는 일부일처혼이라고 주장한다. 더 자세한 것은 셀, 『가정 사역』, 72-74를 보라.

16) Slaughter, "Toward A Biblical Theology of Family," 19-20.

17) 타운즈, 『참으로 바른 교회』, 158-59.

18) 월터 트로비쉬는 연합과 사랑의 상관성을 강조한다. 트로비쉬, 『나는 너와 결혼하였다』, 28을 보라.

19) 결혼의 헌신적 성격에 대해서는 셀, 『가정 사역』, 77-79를 보라.

20) 트로비쉬, 『나는 너와 결혼하였다』, 28.

21) 이것에 대한 더 자세한 것을 위해서는 트로비쉬, 『나는 너와 결혼하였다』, 28-32를 보라.

22) 트로비쉬, 『나는 너와 결혼하였다』, 30.

23) 빌 아놀드 · 브라이언 베이어, 『모세오경 개론』 류근상 · 성주진 옮김 (서울: 크리스챤출판사, 2011), 110. 다른 한편으로, 셀은 부부 사이의 성관계의 의무적 성격과 관련하여 이렇게 말한다. "배우자에게 성적 만족을 주는 것은 하나의 의무이기 때문에 서로 합의하에 그것도 제한된 시간 동안만 제외하고는 성을 절제하지 않도록 되어 있는 것이다. 성이란 한쪽 배우자가 거부할 수 있는 호의가 아니다. 그것은 상대방을 지배하기 위한 수단도 아니며 좋은 행동에 대한 보상도 아니다. 남편과 아내는 서로의 육체에 대해 권한을 가지고 있기 때문에 서로에게 거저 성적 만족을 주어야 할 의무가 있는 것이라고 바울은 말했다. 배우자가 지나치게 성적인 것을 요구한다고 부당하게 비난하는 것은 잘못이다. 필요와 욕망의 불균형으로 성욕을 크게 느끼는 사람에게 금욕주의나 고행주의적인 훈련을 요구해서도 안 된다. 균형이 맞지 않는 부부들은 사랑 가운데 서로의 차이를 조정할 수 있으며 성욕이 적은 쪽에서 때때로 여러 가지 방법으로 상대방을 충족시킬 수 있도록 기회를 줄 수 있다." 셀, 『가정 사역』, 151.

24) 트로비쉬, 『나는 너와 결혼하였다』, 30.

25) 셀은 오늘날 결혼에는 세 가지 특성이 포함되어야 한다고 주장한다. 그것들은 다음과 같다. (1) "결혼은 영원한 결속 가운데 살고 있는 한 아내와 한 남편으로 구성되어야 한다." (2) "결혼은 자녀들과의 친밀한 관계를 포함해야 한다." (3) "구체적인 역할이 결혼 관계의 일부가 되어야 한다." 셀, 『가정 사역』, 70.

26) Stevens, *Married For Good*, 110.

27) 셀은 부부의 성생활의 목적을 다섯 가지로 제시한다. (1) 출산: "부부의 성생활은 출산을 위해서다." (2) 정체감: "결혼에 있어서의 부부의 성생활은 정체감을 강하게 해준다." (3) 하나 됨: "부부의 성생활은 하나 됨을 가져온다." (4) 즐거움: "부부의 성생활은 즐거움을 위해서 있는 것이다." (5) 예방: "부부의 성생활은 음행을 예방해준다." 더 자세한 것은 그의 책 『가정 사역』, 145-51을 보라.

28) Hulme, *The Pastoral Care of Families*, 35.

29) Hulme, *The Pastoral Care of Families*, 35-36.

30) 트로비쉬, 『나는 너와 결혼하였다』, 35

31) Reuel L. Howe, *The Creative Years: A Mature Faith for Adult Life* (Greewich, Connecticut; The Seabury Press, 1959), 114.

32) 스티븐스는 결혼한 부부가 함께 묵상하면 유익할 수 있는 13가지의 내용을 제시한다. (1) "하나님은 우리를 지으셨다." (2) "하나님은 우리를 자신의 형상대로 지으셨다(창 1:26-27)." (3) "하나님은 우리를 남자와 여자로 만드셨다(창 1:27)." (4) "하나님은 우리를 서로에게서 그리고 서로를 위해서 만드셨다(창 2:22)." (5) "주 하나님이 여자를 남자에게로 이끌어오셨다(창 2:22)." (6) "아담과 그의 아내 두 사람이 벌거벗었으나 부끄러워하지 아니하니라(창 2:25)." (7) "아담과 그의 아내는 자신들이 벗은 것을 알고…옷을 만들어 입었다(창 3:7)." (8). "주 하나님은 아담과 하와를 위하여 가죽옷을 지어 입히셨다(창 3:21)." (9) "너는 또 가서 너의 아내를 사랑하라고 하나님은 말씀하셨다(호 3:1)." (10) "아내들이여 자기 남편에게 복종하기를 주께 하듯 하라…남편들아 아내 사랑하기를 그리스도께서 교회를 사랑하시고 그 교회를 위하여 자신을 주심 같이 하라…그리스도를 경외함으로 피차 복종하라(엡 5:22, 25, 21)." (11) "하나님이 짝지어 주신 것을 사람이 나누지 못할지니라(마 19:6)." (12) "한 사람이면 패하겠거니와 두 사람이면 맞설 수 있나니 세 겹 줄은 쉽게 끊어지지 아니하느니라(전 4:12)." (13) "하나님은 사랑이시라 사랑 안에 거하는 자는 하나님 안에 거하고 하나님도 그의 안에 거하시느니라(요일 4:16)." 더 자세한 것을 위해서는 Stevens, Married for Good, 159-60을 보라.

33) 바울은 에베소서 5장 22-23절에서 이렇게 말한다. "아내들이여 자기 남편에게 복종하기를 주께 하듯 하라 이는 남편이 아내의 머리 됨이 그리스도께서 교회의 머리 됨과 같음이니 그가 바로 몸의 구주시니라." 여기서 바울은 아내에 대한 남편의 머리됨(headship)을 말한다. 오늘날 이것은 열띤 논쟁을 일으키는 진술이다. 그러나 그것은 성서적 관점에서 질서와 기능과 책임과 권한에서의 차이를 말하는 것이지 우열을 말하는 것이 결코 아님이 분명하다. 왜냐하면 모든 인간은 하나님의 형상을 따라 지음 받은 동등한 존재이기 때문에 남자와 여자도 분명 존재의 모든 면에서 동등하다. 다만, 노만 라이트(H. Norman Wright)가 말하는 것처럼, 우리는 이 진술을 "남편의 위치는 주 앞에 특별한 짐을 지고 있는 자"이며 그래서 "결코 논쟁의 대상이 되는 것이 아니라, 신앙으로 이해해야 할 문제"로 보는 것이 좋다. H. 노만 라이트, 『행복한 부부 대화의 열쇠』 차호원 · 차혜숙 옮김 (서울: 두란노서원, 1989), 14.

다른 한편으로, 스티븐스는 좋은 머리됨과 좋지 않은 머리됨을 구분하여 말하면서 머리됨에 대한 바른 의미를 설명한다. 그는 먼저 머리됨이 아닌 것을 설명한다. (1) "머리됨은 위계가 아니다." (2) "머리됨은 지배(rule)가 아니다." (3) "머리됨은 권위 역할(authority role)이 아니다." 그런 다음, 그는 머리됨이 무엇인지를 말한다. (1) "머리됨은 나란히 동등한 사람들의 관계에서 첫째가 되는 것이다." (2) "머리됨은 존중에서 첫째가 되는 것이다." (3) "머리됨은 관계를 육성하고 사랑하고 세우는데 첫째가 되는 것이다." (4) "머리됨은 시작(initiation)에서 첫째가 되는 것이다." (5) "머리됨은 아내와 자녀들을 위해서 공급하는 일에 있어서 첫째가 되는 것이다." (6) "머리됨은 고결한 소명(high calling)이다." Stevens, *Married for Good*, 129-30.

34) 하나님은 사람을 지으실 때 남자와 여자로 지으셨고(그래서 남자와 여자는 모두 사람이다) "그들의 이름을 사람"이라고 부르셨다(창 5:1-2). 이것에 대한 더 자세한 설명을 위해서는 Wilson, *Reforming Marriage*, 15를 보라.

35) 타운즈, 『참으로 바른 교회』, 158.

36) D. A. Carson, *The God Who Is There: Finding Your Place in God's Story* (Grand Rapids, Michigan: Baker Books, 2010), 24.

37) Carson, *The God Who Is There*, 24.

38) Wynn, *Pastoral Ministry of Families*, 32.

39) Slaughter, "Toward A Biblical Theology of Family," 16.

## 2. 행복한 가정, 행복한 삶과 신앙교육의 기본 환경

1) Jean Vanier, *Made for Happiness: Discovering the Meaning of Life with Aristotle* (Toronto: Anansi, 2001), iv.

2) 케네스 보아, 『기독교 영성, 그 열두 스펙트럼: 성경적 영성에 대한 총체적이고 실제적인 이해』 송원준 옮김 (서울: 디모데, 2005, 2010), 229에서 재인용.

3) Stevens, *Married for Good*, 47.

4) 이것에 대한 더 자세한 내용에 대해서는 Stevens, *Married for Good*, 64-65를 보라.

5) 보아, 『기독교 영성, 그 열두 스펙트럼』, 231에서 재인용.

6) 보아, 『기독교 영성, 그 열두 스펙트럼』, 229.

7) Janell Rardon, *Rock-solid Families: Transforming an Ordinary Home into a Fortress of Faith* (Chattanooga, Tennessee: Living Ink Book, 2007), 69.

8) 글렌 슐츠(Glen Schultz)는 자녀 교육과 건강한 가정의 관계성과 관련하여 이렇게 강조한다. "부모에게 그들의 자녀를 교육시키는 일이 무엇보다도 우선되는 책

임이 있기 때문에 가정이 건강하게 유지되는 것은 매우 중요하다…그러므로 교회는 남녀 성도들에게 결혼과 가정이 주님께 얼마나 중요한지에 대하여 가르치는 일에 보다 더 힘을 쏟아야 한다. 설교와 교육 양쪽 모두 건강한 결혼에 대해서 눈에 띄게 강조해야 한다." 글렌 슐츠, 『하나님 중심 교육: 미래세대를 향한 하나님의 계획』 배길수 옮김 (부천: 존스북, 2011), 128.

9) 호레이스 부쉬넬, 『기독교적 양육』 김도일 옮김 (서울: 장로회신학대학교출판부, 2004, 2006), 125.

10) 부쉬넬, 『기독교적 양육』, 119.

11) 부쉬넬, 『기독교적 양육』, 124.

## 3. 나, 너 그리고 우리: 가정의 우리 됨

1) 하나님에 대한 삼위일체적 이해와 접근은 근본적인 기독교적 확신이다. 그리고 비록 성서에는 삼위일체라는 용어가 나오지는 않지만 이 구절은 삼위일체와 관련된 대표적인 구절로서 성서적, 기독교적 하나님을 삼위일체의 하나님으로 이해할 수 있는 토대가 된다. 다니엘 미글리오리(Daniel L. Migliore)는 하나님의 삼위일체성과 관련하여 이렇게 말한다. "삼위일체 하나님을 믿는 신앙의 출발점은 성령을 통해서 계속해서 이 세상에서 역사하시는 그리스도 안에 계신 하나님의 사랑에 대한 좋은 소식이다. 삼위일체 하나님 교리는 복음에서 알려지고 또 기독교 신앙에서 경험되는 하나님의 자유로운 은혜의 신비를 논리정연하게 설명하려는 교회의 노력이다." Daniel L. Migliore, *Faith Seeking Understanding: An Introduction to Christian Theology* (Grand Rapids, Michigan: Eerdmans, 1991), 59.

2) Stanley J. Grenz, *Created for Community: Connecting Christian Belief with Christian Living* (Grand Rapids, Michigan: Baker Books, 1996), 51. 하나님이 "사회적 삼위일체"(the social Trinity)로 이해될 때, 우리는 하나님의 형상(imago dei)을 따라 지음 받은 피조물인 인간을 "관계적 자아"(relational self)로 이해할 수 있게 된다. 왜냐하면 하나님이 사회적 삼위일체이실 경우 "사회적 실체"(social reality)로서의 하나님의 형상, 곧 이마고 데이(imago dei)는 사회적 또는 관계적으로 이해될 수 있기 때문이다. 이것에 대한 더 자세한 것을 위해서는 Stanley J. Grenz, *The Social God and the Relational Self: A Trinitarian Theology of the Imago Dei* (Louisville / London: Westminster John Knox Press, 2001), 1–20을 보라.

3) Migliore, *Faith Seeking Understanding*, 67–71.

4) Migliore, *Faith Seeking Understanding*, 56.

5) 이런 점에서, 그렌츠는 인간의 "자아는 관계들 속에서 생겨나며 개인의 정체성 형성은 궁극적으로 공동의 과제"라고 말한다. 그의 진술은 인간의 공동체적 성질을 잘 설명해준다. Grenz, *The Social God and the Relational Self*, 19.

6) F. LeRon Shults, *Reforming Theological Anthropology: After the Philosophical Turn to Relationality* (Grand Rapids, Michigan / Cambridge, U.K.: Eerdmans, 2003), xiii. 블레빈스와 매딕스는 이와 관련하여 이렇게 말한다. "인간은 관계적 삼위일체 하나님에 의해서 중요하고도 성취감을 주는(fulfilling) 관계들 안에 있도록 창조되었는데, 그 관계들은 삼위일체 하나님의 관계적 능력을 반영할 수 있다. 관계는 인간이 하나님의 형상을 반영하는 일차적인 방법이다(창 1:26-27을 보라)." Blevins and Maddix, *Discovering Discipleship*, 305.

7) Grenz, *Created for Community*, 78.

8) 버지니아 사티어, 『사람 만들기: 가족의사소통의 새로운 기법』(서울: 홍익재, 1991, 1993).

9) 더 자세한 논의를 위해서는 사티어, 『사람 만들기』, 160-73을 보라.

10) 사티어, 『사람 만들기』, 146.

11) 돌로레스 커랜(Dolores Curran)은 건강한 가족의 특징을 15가지로 제시한다. 1) 건강한 가족은 의사를 전달하고 듣는다. 2) 건강한 가족은 가족 구성원들을 지지하고 지원한다. 3) 건강한 가족은 다른 사람들에 대한 존중심을 가르친다. 4) 건강한 가족은 신뢰감을 개발한다. 5) 건강한 가족은 놀이와 유머감각을 개발한다. 6) 건강한 가족은 공유하는 책임감을 나타낸다. 7) 건강한 가족은 옳고 그름에 대한 의식을 가르친다. 8) 건강한 가족은 의례(rituals)와 전통이 풍부한 강한 가족의식을 가지고 있다. 9) 건강한 가족은 가족들 간에 상호작용의 균형을 가지고 있다. 10) 건강한 가족은 공유하는 종교적 핵심(religious core)을 가지고 있다. 11) 건강한 가족은 가족 구성원들의 사생활(privacy)을 존중한다. 12) 건강한 가족은 다른 사람들에 대한 봉사를 소중히 여긴다. 13) 건강한 가족은 식탁시간(table time)과 대화를 조성한다. 14) 건강한 가족은 여가시간을 공유한다. 15) 건강한 가족은 문제들을 인정하고 그것들에 대한 도움을 구한다. Dolores Curran, *Traits of a Healthy Family: Fifteen Traits Commonly Found in Healthy Families by Those Who Work with Them* (New York: Ballatine, 1984), 23-24.

## 2부. 가정과 신앙교육

### 4. 가정과 형성: 신앙 교육적 관점

1) Marjorie J. Thomson, *Family the Forming Center: A Vision of the Role of Family in Spiritual Direction* (Nashville: Upper Room Books, 1996), 11.

2) James W. Fowler, *Stages of Faith: The Psychology of Human Development and The Quest for Meaning* (New York: HarperCollins Publishers, 1981), xiii.

3) Fowler, *Stages of Faith*, 4.

4) 모란, 『종교교육 발달』. 특히, pp. 177-213을 보라.

5) 셸은 자녀교육의 성서적 목표를 세 가지로 제시한다. 첫째는 하나님과 관련된 목표로서 "하나님을 경외하는 것"이다. 둘째는 자기 자신에 관한 목표로서 "자녀들 속에 자신에 대한 존중심을 길러 주는 것"이다. 셋째는 다른 사람들과 관련된 목표로서 "다른 사람에 대한 존중심"을 길러주는 것이다. 셸, 『가정 사역』, 214-15.

6) 엘리스 넬슨, 『신앙교육의 터전』 박원호 옮김 (서울: 한국장로교출판사, 1996), 8.

7) C. Ellis Nelson, *How Faith Matures* (Louisville, Kentucky: Westminster/John Knox Press, 1989), 153-81.

8) Nelson, *How Faith Matures*, 153-81. 넬슨은 다른 곳에서 기독교 신앙과 회중의 관계성에 대해서 이렇게 쓴다. "기독교 신앙은 회중들 중에 뿌리를 두고 있다…신약성경에 따르면 개인들은 항상 회중들 안에 있었으며, 그렇지 않다면 그들은 일정한 회중에 속하기를 기대되고 있었다. 성경에서는 예배와 그들의 신앙의 조명 밑에서 생활 경험을 나누려는 공동체의 모임을 떠나서 개별적인 크리스천을 찾아볼 수 없다." 엘리스 넬슨(편집), 『회중들: 형성하고 변형케 하는 회중의 능력』 (서울: 한국장로교출판사, 1996), 9.

9) Craig Dykstra, *Growing in the Life of Faith: Education and Christian Practives* (Louisville, Kentucky: Geneva Press, 1999), 83.

10) Nelson, *How Faith Matures*, 153-81.

11) Thomson, *Family the Forming Center*, 20. 핀들리 에지(Findley B. Edge)는 신앙교육에서 가정이 중심이 되는 이유를 아홉 가지로 제시한다. 첫째, "가정은 인생 가운데 감동하기 쉬운 시기에 있는 자녀를 가지고 있다." 둘째, "가정이 자녀를 가지고 있는 시간은 아주 길다." 셋째, "가정에서 가르침은 정상적인 생활 상태에서 이루어진다." 넷째, "가정은 가르침을 반복하는 기회를 제공한다." 다섯째,

"가정은 결과를 검토할 수 있는 기회를 제공한다." 여섯째, "가정에서 어린이들은 다른 사람들, 특히 부모들을 관찰하므로 배운다." 일곱째, "가정에는 다양한 체험들이 있다." 여덟째, "가정은 권위의 원천이다." 아홉째, "어린아이에게는 가정의 인정(시인)을 바라는 것이 있다." 더 자세한 것은 펀들리 에지, 『효과적인 성서 교수법』 노윤백 옮김 (서울: 생명의말씀사, 1993), 208-14를 보라.

12) Janell Pardon, *Rock-solid Families: Transforming an Ordinary Home into a Fortress of Faith* (Chattanooga: Living Ink Books, 2007), 2.

13) Elizabeth F. Caldwell, *Leaving Home with Faith: Nurturing the Spiritual Life of Our Youth* (Cleveland: The Pilgrim Press, 2002), 32.

14) 사티어, 『사람 만들기』, 140.

15) Catherine Musco Garcia-Prats and Joseph A. Garcia-Prats with Claire Cassidy, *Good Families Don't Just Happen: What We Learned from Raising Our 10 Sons and How It Can Work for You* (Holbrook, Massachusetts Adams Media Corporation, 1997).

16) Gracia-Prats and Garcia-Prats, *Good Families Don't Just Happen*, 85-86.

17) Mark A. Holmen, *Building Faith at Home: Why Faith at Home Must Be Your Church's #1 Priority* (Ventura, California: Regal Books, 2007), 12.

18) 부쉬넬, 『기독교적 양육』, 105.

19) 슐츠는 이렇게 말한다. "자녀들이 출생하면서부터 부모들은 자신들의 모든 힘을 하나의 목표를 성취하는데 사용한다. 그것은 자신의 믿음을 자녀들의 마음에 전달하는 목표이다. 부모들은 아이가 너무 자라서 부모의 영향력을 벗어나 자신들의 삶 속으로 들어가 버리기 전에 아이의 마음속에 믿음의 패턴이 확실하게 잡도록 모든 힘을 다해야 한다." 슐츠, 『하나님 중심 교육』, 83.

20) Thomas Groome, *Educating for Life: A Spiritual Vision for Every Teacher and Parent* (Allen, Texas: Thomas More, 1998), 24.

21) Mark Holmen, *Faith Begins at Home: The Family Makeover with Christ at the Center* (Ventura, California: Regal Books, 2005), 15.

## 5. 오늘날 가정에서의 신앙교육의 문제

1) Merton P. Strommen, "Rethinking Family Ministry," in *Rethinking Christian Education: Explorations in Theory and Practice*, ed. David

Schuller (St. Louis, Mssouri: Chalice Press, 1993), 71.

2) Strommen, "Rethinking Family Ministry," in *Rethinking Christian Education*, 60.

3) 그 연구물은 네 가지 결론을 이끌어냈다. 첫째, "일반적으로 미국 그리스도인들은 성숙한 신앙을 가지고 있지 않다." 둘째, "기독교 교육은 회중 생활에서 사람들이 믿음 안에서 자라가는 것을 돕는데 가장 중요한 수단이다." 셋째, "그것의 잠재적 영향에도 불구하고, 대부분의 회중들은 효과적인 기독교 교육을 가지고 있지 않다." 넷째, "교회에서 구체적인 변화들은 교육 효과를 향상시킬 수 있고 사람들이 믿음 안에서 자라는 것을 도울 수 있다." 더 자세한 것을 위해서는 Eugene C. Roehlkepartain, *The Teaching Church: Moving Christian Education to Center Stage* (Nashville: Abingdon Press, 1993), 18-20을 보라. 덕 브라이언 (C. Doug Bryan)은 기독교 신앙과 교육의 관계성에 대해서 이렇게 말한다. "기독교 교육과 배움은 제자도의 과정에서 주된 요소들이다. 그것이 제자도라고 불리든, 기독교적 성장이라고 불리든 또는 성화라고 불리든, 기독교 교육/배움은 기독교적 성장의 필수적인 요소이다. 그와 같은 성장은 형식적인 환경과 비형식적 환경 모두에서 일어날 수 있다"(p.13). "기독교 교육은 개인의 삶에서 해야 할 필수적인 역할이 있다. 인생의 각 단계에서 기독교 교육은 개인들이 더 충만하고 풍부한 관계들을 경험할 수 있는 기회들을 제공할 수 있다"(p.14). C. Doug Bryan, *Relationship Learning: A Primer in Christian Education* (Nashville, Tennessee: Broadman Press, 1990).

4) Donald L. Griggs and Judy McKay Walther, *Christian Education in the Small Church* (Valley Forge, PA: Judson Press, 1988), 11.

5) Roehlkepartain, *The Teaching Church*, 33. 찰스 그레샴(Charles Gresham)은 기독교 교육과 교회의 사역과의 관계에 대해 이렇게 말한다. "만일 그리스도인들이 하나님께 충실하려면, 그들은 기독교 교육이 교회의 매우 중요한 사역이라는 것을 인정해야 한다." Eleanor Daniel, John W. Wade, Charles Gresham, *Introduction to Christian Education* (Cincinnati, Ohio: Standard Publishing, 1987, 1987), 20.

6) 슐츠는 이 문제와 관련하여 다음과 같이 강조한다. "기독 공동체의 미래는 우리가 다음 세대를 어떻게 교육하는가에 달려 있다. 우리는 청소년들이 자라고 배우는 상황을 지금 있는 이대로 내버려 둘 수 없다. 하나님의 말씀에 부합하는 교육과정을 우리 아이들에게 만들어 주어야 한다. 그러한 과정을 지속적으로 제공할 수 있는 환경을 확보해야 하는데, 이것을 위하여 우리가 할 수 있는 모든 것을 다 해야 한

다." 슐츠, 『하나님 중심 교육』, 24-25. 나는 개인적으로 기독교 교회가 장차 밝은 미래를 맞이하려면 교회는 반드시 세 가지를 수행해야 한다고 생각한다. 첫째는 복음전도이다. 이것은 교회의 본질적인 소명과 사명이다. 둘째는 첫 번째와의 연속선상에 있는 것으로서 그리스도인 부모들이 가정에서 자녀들에게 믿음을 전수하는 일―가족 복음화/가족 제자화―이다. 셋째는 모든 그리스도인들이 복음에 합당한 삶을 살면서 하나님께 영광을 돌리는 것이다. 이 세 가지는 한국 교회들이 장차 쇠락의 길로 가지 않으려면 반드시 고려해야 하는 것들이다.

7) 김재은, 『미래를 향한 자녀교육』 (서울: 샘터, 1986, 1997), 239-40.

8) 김재은, 『미래를 향한 자녀교육』, 239-40.

9) 부쉬넬, 『기독교적 양육』, 90-91.

10) 슐츠, 『하나님 중심 교육』, 88.

11) 로이 B. 주크, 『하나님의 눈으로 자녀를 바라보라: 성경으로 푸는 자녀 양육 해법』 (서울: 디모데, 1999), 196.

12) 슐츠, 『하나님 중심 교육』, 75-76.

13) Timothy Paul Jones, *Family Ministry Field Guide: How Your Church Can Equip Parents to Make Disciples* (Indianapolis, Indiana: Wesleyan Publishing House, 2011), 25.

14) 슐츠는 자녀의 신앙교육에 대한 부모의 책임 회피와 관련하여 이렇게 말한다. "많은 부모들이―많은 기독교 부모들을 포함하여―하나님이 자신들에게 주신 책임을 다른 사람들에게 떠넘기고 있다. 우선 교회에 떠넘긴다. 그리고 학교에 그 책임을 떠넘긴다. 그러나 하나님께서는 자녀들을 바람직하게 훈육하는데 대한 책임을 그 부모들에게 부여하셨다는 사실에 대하여 피할 구멍은 없다." 슐츠, 『하나님 중심 교육』, 77.

15) 주크, 『하나님의 눈으로 자녀를 바라보라』, 190.

16) 톰 라이트, 『성경과 하나님의 권위: 톰 라이트, 성경을 말하다』 (서울: 새물결 플러스, 2011), 269-70.

17) 셀은 가정을 중심으로 한 신앙교육을 옹호하는 견해와 교회를 중심으로 한 신앙교육을 옹호하는 견해를 자세히 살핀 다음에 결론적으로 이렇게 말한다. "양쪽의 견해를 각각 옹호하는 모든 주장들을 종합해 볼 때, 우리는 다음과 같은 하나의 의미 있는 결론에 도달할 수 있는 것 같다. 그것은 교회와 가정 양쪽이 다 양육을 위한 중요한 매개체들이라는 사실이다. 오늘날 우리가 처해 있는 상황에 비추어 볼 때 우리는 양육의 근거지가 될 수 있는 가정을 무시해서는 안 되고 우상시해서도 안 된다. 하나의 공동체로서의 교회도 역시 양육의 매개체로서의 일익을 담당할 수 있다

는 것이 종교 교육의 역사와 경험을 통해서 나타난 명백한 사실이다. 우리의 주요 과제는 교회와 가정을 놓고 어떤 한쪽을 양육의 매개체로서 택하려는 것이 아니라 양쪽의 노력을 한데 통합시키려는 것이다." 셀, 『가정 사역』, 291-92.

18) 미국의 경우 1920년 전에는 기독교 가정에서의 신앙교육에 관한 관심과 사역이 거의 없는 상태였다. 1920년대에 이르러 가정 신앙교육을 지향하는 운동이 박차를 가하게 되었고 1940년을 기해서 절정에 이르렀다. 더 자세한 것을 위해서는 셀, 『가정 사역』, 273-84를 보라.

19) 부쉬넬, 『기독교적 양육』, 88.

20) 이것은 그 당시 세대에 대한 예수님의 평가이다. 마가복음 8장 38절에서는 "음란하고 죄 많은 세대"라고 말씀하신다. 세상에 대한 예수님의 평가는 다소 부정적인 편이다. 왜냐하면 세상이 하나님의 뜻을 저버렸기 때문이다.

21) Blevins and Maddix, *Discovering Discipleship*, 301.

22) 슐츠, 『하나님 중심 교육』, 135.

23) Scottie May, Beth Posterski, Catherine Stonehouse, and Linda Cannell, *Children Matter: Celebrating Their Place in the Church, Family, and Community* (Grand Rapids, Michigan / Cambridge, U.K.: Eerdmans, 2005), 88.

24) 김재은, 『미래를 향한 자녀교육』 (서울: 샘터, 1986, 1997), 236. 또한 그는 사람 되게 하는 데 있어서 가정이 학교보다 더 중요한 이유를 여덟 가지로 제시한다. 첫째, 부모는 자녀 사랑이 깊고 두터워서 교육에 대한 열의가 많다. 둘째, 부모는 가정에서 많은 시간을 함께 하면서 생활교육을 통해 자녀들의 내면세계에 깊이 영향을 줄 수 있다. 셋째, 자녀가 나이가 어린 경우에는 부모와 자녀가 함께 할 수 있는 시간이 많고 길어서 가정교육 시간이 충분히 여유가 있다. 넷째, 가정교육은 지적 교육을 넘어 전인교육을 추구하면서 사람 되게 하는 교육을 할 수 있다. 다섯째, 어릴 때부터 제대로 가정교육을 받으면서 자랄수록 나쁜 친구들의 유혹에 빠질 위험이 적어진다. 여섯째, 가정에서는 자녀들이 실수를 한다하더라도 부모가 사랑으로 용서하고 타이르면서 계속해서 지도할 수 있다. (pp.236-37을 보라.)

25) 슐츠, 『하나님 중심 교육』, 23. 다른 여덟 가지는 다음과 같다(p. 23-24). 둘째, "어린이와 청소년의 교육은 하루에 24시간, 1주일에 7일 내내, 태어나면서부터 어른이 될 때까지 지속되는 과정이다(신 6:7, 11:19, 잠 22:6)." 셋째, "어린이와 청소년의 교육은 그들의 구원과 제자화에 최우선적인 목적을 두어야 한다(시 78:6-7, 마 28:19-20)." 넷째, "어린이와 청소년들의 교육은 하나님의 말씀을 절대적인 진리로 삼아야 한다(마 24:35, 시 119)." 다섯째, "어린이와 청소년들의 교육은 삶의

전체 과정에서 그리스도를 가장 존귀한 분으로 모셔야 한다(골 2:3, 6-10)." 여섯째, "어린이와 청소년들에 대한 교육이 그들의 영적, 도덕적 발전을 방해해서는 안된다(마 18:6, 19:13-14, 막 10:13-16, 눅 18:15-17)." 일곱째, "부모들이 어린이와 청소년들의 교육을 다른 기관에 위임하는 경우에는 그 교육이 이러한 교육적 원리들을 확실히 따르는 검증된 교사들에 의해서 수행되어야 한다(출 18:21, 삼상 1:27-28, 3:1-10)." 여덟째, "어린이와 청소년들의 교육에서 이들의 생활양식, 혹은 세계관은 그들을 가르치는 교사의 신앙체계 혹은 세계관을 답습하게 된다(눅 6:40)." 아홉째, "어린이와 청소년들의 교육에는 미래관이 제시되어야 한다. 그 미래관에는 영원의 관점이 포함되어야 한다(골 3:1-2, 마 6:19-20, 딤후 4:6-8, 행 20:24, 히 11:13, 골 3:23-24)."

26) 슐츠, 『하나님 중심 교육』, 188.

27) V. Gilbert Beers, "Spiritual Home Training," in *Introduction to Biblical Christian Education*, ed. Werner C. Graendorf (Chicago: Moody Press, 1981), 203.

28) 부쉬넬, 『기독교적 양육』, 93.

29) 갱글 외, 『교수법 베이직』, 448.


## 6. 성서 시대의 가정교육

1) 이비(C. B. Eavey)는 신앙과 교육의 관계를 이렇게 설명한다. "기독교 신앙과 기독교 교육은 불가분리의 것이다. 기독교 신앙이 존재하는 곳에는 기독교 교육이 존재한다…능동적인 신앙이 존재한 곳에는 반드시 그 신앙을 기반으로 한 종교교육이 존재하였다…『교육』이란 단어는 성경에서 발견되지 않지만 성경의 맨 첫 장부터 교육에 강조를 둔 사실을 알 수 있다…한때 사람들은 기독교의 신앙과 기독교 교육을 분리시키려고 시도하기도 하였다. 하지만 하나님 이 두 가지를 연합시켜 놓았다." C. B. Eavey, 『기독교교육사』 김근수 · 신청기 옮김 (서울: 한국기독교교육연구원, 1980), 29.

2) 슐츠, 『하나님 중심 교육』, 191. 교육은 본래 종교적이었다고 덕 브라이언(C. Doug Bryan)은 말한다. 더 자세한 것을 위해서는 Bryan, *Relationship Learning*, 24를 보라. 같은 맥락에서, 이비도 이렇게 말한다. "종교교육으로부터 격리된 교육은 불완전한 것이며 불완전한 인간을 완전하게 만들고자 하는 일말의 목적이 실패할 것이다. 인간을 창조한 창조자와의 바른 관계가 성립되지 못한 교육이란 불완전한 것임에 틀림이 없다." Eavey, 『기독교교육사』, 20.

3) 브라이언은 "가르침과 배움은 자신의 창조세계에 대한 하나님의 메시지의 중심에 있다"고 말하면서 창세기 1장 26-28절을 새로운 관점에서 이해할 필요성을 주장한다. 곧 그 구절은 하나님의 가르침과 인간의 배움과 관련이 있다는 것이다. 더 자세한 것을 위해서는 Bryan, *Relationship Learning*, 23을 보라.

4) 이것에 대한 더 자세한 것을 위해서는 박민희, 『하나님의 사랑에 잠겨라: 기독교적 성숙을 위한 성찰』 (의정부: 드림북, 2006), 63-70을 보라.

5) 넬스 F. S. 페레, 『기독교 교육 신학』 이정기 옮김 (서울: 보이스사, 1979), 168. 이런 관점에서 보면, 창조세계는 인간 교육을 위한 "교육용 무대"(p.171)이며 하나님의 교재라고 말할 수 있다.

6) 페레, 『기독교 교육 신학』, 169. 또한 마이클 앤소니(Michael J. Anthony)와 워렌 벤슨(Warren S. Benson)은 교사/교육자로서의 하나님과 관련하여 이렇게 말한다. "우리는 히브리 교육의 초기 기원을 통해 교사로서의 하나님에 관해 많은 것을 배울 수 있다. 우리는 초점이 분명한 교육 목표들을 가지고 계신 하나님을 발견한다…신적 교사로서의 하나님은 미래의 기독교 교사들이 장차 올 무수한 세대들에게 유익할 교수-학습 과정에 관한 많은 다양한 교훈들을 배우는 것을 도우신다." Michael J. Anthony and Warren S. Benson, *Exploring the History and Philosophy of Christian Education: Principles for the 21st Century* (Grand Rapids, Michigan: Kregel, 2003), 39.

7) 페레, 『기독교 교육 신학』, 172-73.

8) Robert W. Pazmiño, *God Our Teacher: Theological Basics in Christian Education* (Grand Rapids, Michigan: Baker Academic, 2001), 9.

9) '하나님의 인간 교육'에 관한 더 많은 논의를 위해서는 박민희, 『하나님의 사랑에 잠겨라: 』, 63-70을 보라.

10) J. D. 스마트, 『교회의 교육적 사명』 장윤철 옮김 (서울: 대한기독교교육협회, 1999), 22.

11) Anthony and Benson, *Exploring the History and Philosophy of Christian Education*, 26.

12) 케니스 O. 갱글·워렌 벤슨 공저, 『기독교 교육사』 유재덕 옮김 (서울: 기독교문서선교회, 1992), 15.

13) 윌리암 바클레이, 『고대세계의 교육사상』 유재덕 옮김 (서울: 기독교문서선교회, 1993), 13.

14) 바클레이, 『고대세계의 교육사상』, 13.

15) 주크, 『하나님의 눈으로 자녀를 바라보라』, 189.

16) 주크, 『하나님의 눈으로 자녀를 바라보라』, 165.

17) 주크, 『하나님의 눈으로 자녀를 바라보라』, 131.

18) 주크, 『하나님의 눈으로 자녀를 바라보라』, 248.

19) 주크, 『하나님의 눈으로 자녀를 바라보라』, 211.

20) 루이스 조셉 쉐릴, 『기독교 교육의 발생』 이숙종 옮김 (서울: 대한기독교서회), 33.

21) 갱글 · 벤슨 공저, 『기독교 교육사』, 16.

22) 주크, 『하나님의 눈으로 자녀를 바라보라』, 211.

23) 랜돌프 크럼프 밀러, 『기독교 교육의 단서』 김도일 옮김 (서울: 솔로몬, 2011), 31.

24) 부모의 가르침에 대한 자녀들의 의무에 대한 더 자세한 사항은 주크, 『하나님의 눈으로 자녀를 바라보라』, 248-50을 보라.

25) 유대교육에서 분명한 사실 두 가지는, 유대교육은 전적으로 종교교육이었다는 것과 그것의 중심은 가정이었다는 것이다. 바클레이, 『고대세계의 교육사상』, 15

26) 스마트는 이것과 관련하여 이렇게 말한다. "이스라엘 가정에는 일정한 시기를 따라서 행하는 의식이 마련되어 있었다. 이것이 종교교육을 할 수 있는 기회였다. 이 때에 아버지는 제사장과 교사의 구실을 하였다. 이러한 가정에서의 아버지의 직책은 이스라엘 사람들의 생활에 깊이 뿌리 박혀서 오늘날까지도 유대교에 전승되어 오고 있다. 신앙을 한 세대로부터 다음 세대에 전한다는 것은 대단히 중요한 일이었으므로 이스라엘 사람들은 집에 앉았을 때, 길에 다닐 때, 아침이나 저녁이나 이 일을 늘 말하고, 또 기호를 몸과 대문에 붙여서 그의 가족들로 하여금 언제나 하나님의 계명의 말씀을 기억하게 하라는 권면을 받았던 것이다." 스마트, 『교회의 교육적 사명』, 23.

27) 주크, 『하나님의 눈으로 자녀를 바라보라』, 166.

28) 주크, 『하나님의 눈으로 자녀를 바라보라』, 250.

29) Anthony and Benson, *Exploring the History and Philosophy of Christian Education*, 26.

30) 스마트, 『교회의 교육적 사명』, 22.

31) 스마트, 『교회의 교육적 사명』, 22.

32) 케네스 갱글 · 하워드 헨드릭스 외, 『교수법 베이직』 (서울: 디모데, 2005), 426-29.

33) Catherine Stonehouse, *Joining Children on the Spiritual Journey: Nurturing a Life of Faith* (Grand Rapids, Michigan: Baker Academic, 1998), 26.

34) 이런 맥락에서, 슐츠는 "어린이와 청소년의 교육은 하루에 24시간, 1주일에 7일 내내, 태어나면서부터 어른이 될 때까지 지속되는 과정이다(신 6:7, 11:19, 잠 22:6)"라고 말한다. 슐츠, 『하나님 중심 교육』, 23.

35) 쉐릴, 『기독교 교육의 발생』, 34.

36) 갱글 외, 『교수법 베이직』, 429.

37) 주크, 『하나님의 눈으로 자녀를 바라보라』, 215.

38) 갱글 · 헨드릭스 외, 『교수법 베이직』, 424.

39) 주크, 『하나님의 눈으로 자녀를 바라보라』, 215-16.

40) 주크, 『하나님의 눈으로 자녀를 바라보라』, 216.

41) 그리스도인 부모는 가정에서 자녀들에게 기독교 신앙에 대해 가르치고 믿음으로 양육을 해야 한다는 견지에서 보면, 우리는 가정생활을 하나의 사역의 관점에서 이해할 수 있다. 곧 가정생활의 전 역역은 가정 사역(family ministry)과 연관 지을 수 있다. 가정생활이 복음 사역의 장이 되는 것이다. 그 초점은 제자화(disciplining)이다. 이런 점에서, 그리스도인 부모는 자녀들을, 그리고 다른 믿지 않는 가족원들을 그리스도의 제자로 삼는 사역을 감당해야 할 사역자들이 된다. 셀은 가정 사역을 정의하면서 "가정 사역이란 단순히 프로그램을 열거한 것"을 넘어서 자신이 지닌 다섯 가지 확신을 제시한다. (1) "가정 사역은 신학적 기초를 필요로 한다." (2) "가정 사역은 현대적이어야 한다." (3) "가정 사역은 현실적이어야 한다." (4) "가정 사역은 모든 종류의 가정을 위해 사역한다." (5) "가정 사역은 교회가 성도들의 공동 사회라는 개념으로 인식될 때 가장 훌륭히 해낼 수 있다." 셀, 『가정 사역』, 15-16.

## 7. 성서 시대의 가정교육의 예들

1) Blevins and Maddix, *Discovering Discipleship*, 308.

2) Laurence J. Crabb, *Finding God* (Grand Rapids, Michigan: Zondervan, 1993), 32-33.

3) 이 점에 대한 더 자세한 것은 Crabb, *Finding God*, 32-42를 참조하라.

4) 아놀드와 베이어는 이와 관련하여 이렇게 말한다. "요셉 이야기는 모든 이스라엘 족장들의 이야기 중에서 특이하다. 아브라함, 이삭, 그리고 야곱과 다르게 요셉은 언약의 계보에 속해 있지 않다. 메시아는 유다 족속에서 나오셨다. 그런 의미에서 요셉은 성경의 구속 역사에서는 주변인물이다. 그러나 성경은 중요치 않은 인물들에게도 관심을 보인다. 특별히 그들이 하나님께서 원하시는 의로운 삶을 살 때

그러하다." 그런 다음 요셉 이야기가 창세기에 포함된 이유로 두 가지를 말한다. "첫째, 요셉의 삶은 모범적인 삶이었다. 최악의 상황과 극도의 유혹 속에서도 요셉은 하나님 앞에서 신실했다. 그의 이야기는 하나님께서 순종적인 종을 사회의 혹독한 박해와 반대가 있어도 그의 거룩하신 뜻을 이루시기 위해 쓰시는지 보여준다(창 50:20). 둘째로, 요셉 이야기는 하나님의 사람들이 어떻게 팔레스타인을 떠나 애굽에 살게 되었는지 가르쳐 준다. 요셉이 애굽에서 권력에 오르게 됨과 야곱과 그의 가족들이 애굽으로 들어가게 됨은 하나님의 언약 백성들이 약속된 땅에서 멀리 떨어져 산다는 것을 의미하였다." 『모세오경 개론』, 133-34..

5) 스마트, 『교회의 교육적 사명』, 23. 스마트는 이러한 확신을 가지면서 그것에 대한 예로 아모스를 든다. 그는 아모스와 관련하여 이렇게 말한다. "문화적 혜택을 별로 받지 못하는 유대의 산간 벽지에서 자라난 아모스와 같은 농부가 하나님의 예언자로서 돌연히 나타나 그 날카로운 메시지를 가장 훌륭한 시의 형태로 나타낼 수 있었다는 것은 신기한 일이 아닐 수 없다. 이런 농부가 어떻게 자기 백성의 역사와 운명에 대하여 그렇게 훌륭한 통찰력을 가지게 되었고 문학적 표현을 자유롭게 할 수 있었을까? 아무리 보아도 그는 교육 받은 사람이었다. 여러 세기에 걸친 이스라엘의 생활과 사상이 그의 배경을 이루고 있어서 그의 말씀에는 이스라엘의 모든 유산이 나타났던 것이다. 그러면 이러한 유산이 어떠한 인간적인 방법으로써 그에게 전달되었을까? 물론 분명한 증거는 없으나 아무래도 아모스는 그의 부모와 조부모와 증조부모가 충실하게 교육적 직책을 다한 가정의 소산이었으리라는 것을 틀림없는 사실 같다"(pp.23-24).

6) 이비, 『기독교교육사』, 82.

7) 이비, 『기독교교육사』, 82. 셀은 구약에서 절기를 바탕으로 한 가정교육과 신앙훈련의 문제와 관련하여 이렇게 말한다. "이스라엘의 종교 교육이 가정생활을 중심으로 이루어졌다는 것은 구약 전체의 상황에 비추어 볼 때 확실시된다. 대부분의 유대인의 축제들은 교육적인 목적으로 행해졌으며 항상 가족 전체가 참여했다. 많은 경우의 축제들이 가정을 중심으로 한 축하 의식이었다. 가장 잘 알려진 축제인 유월절도 가정 안에서 이루어졌고 부모들은 그것을 계기로 믿음에 관한 해답들을 자녀들에게 전해 주었다…구약에 나타난 가정 중심의 훈련을 직접적으로 교회에 적용시키는 것은 무리이다. 그러나 그 원리에는 연관성이 있다. 신약 가운데 나타난 실천과 교훈이 그것을 증명해 주고 있다." 셀, 『가정 사역』, 291. 셀이 말하는 것처럼, 구약에서의 가정교육과 관련하여 그대로 다 적용할 수 없는 것은 분명하다. 그러나 가정에서의 그들의 교육실천은 여러 가지로 오늘날 기독교 가정에도 그대로 적용하는 것이 가능하다. 특히, 기독교의 여러 절기들을 통한 신앙교육은 구약의 절

기교육에서 여러 가지 배울 점들이 많이 있다.

8) 이비, 『기독교교육사』, 83.

9) 빈센트 브래닉(Vincent Branik)은 가족 형태의 초기 교회의 구조와 관련하여 이렇게 말한다. "우리는 초기 그리스도인들이 개인의 집에서 모였다는 것을 알 수 있다. 그들에게는 가족이라는 배경을 지닌 가속이 곧 교회였다. 그 가속 안에서 수 세기 동안 교회의 진로를 결정하게 될 최초의 직분과 구조들이 나타났다"(p.16). 그러나 가정교회는 2세기 중반 이후 점차 사라지고 봉헌된 건물이 그 자리를 대신하게 된다. 그러한 변화로 인해 결국 가족적인 그리스도인 모임의 분위기도 사라지게 된다. 자세한 것을 위해서는 빈센트 브래닉, 『초대교회는 가정교회였다: 바울 서신에 나타난 초대교회의 모습』 홍인규 옮김 (서울: 기독교연합신문사, 2005), 185를 보라.

10) 신약의 초기교회에서는 교회적인 차원에서 자녀들에게 훈계의 말씀이나 자녀들을 위한 특별한 가르침을 제공하지 않았다. 그것은 주로 부모를 통해서 이루어졌다. 셀, 『가정 사역』, 291.

11) Stonehouse, *Joining Children on the Spiritual Journey*, 33.

12) 주크, 『하나님의 눈으로 자녀를 바라보라』, 174.

13) 부쉬넬, 『기독교적 양육』, 353–54.

14) 부쉬넬, 『기독교적 양육』, 354–57

15) 부쉬넬은 어린이에게 적합한 가르침으로 "십계명과 주기도문의 암기, 그리고 그 뒤를 이은 사도신경의 암기와 간단한 찬송가, 그리고 성경 읽기, 대화, 토론" 등으로 구성되어야 한다고 주장한다. 부쉬넬, 『기독교적 양육』, 356.

16) 부쉬넬, 『기독교적 양육』, 356–57.

## 8. 자녀들을 영적으로 이해하기

1) Claus Westermann, *Genesis: A Practical Commentary by trans.* David E. Green (Grand Rapids, Michigan: Eerdmans, 1987), xi.

2) 존 웨스터호프(John Westerhoff)는 영성/영적 삶과 하나님의 형상과의 관계와 관련하여 이렇게 말한다. "기독교적 영적 삶은 하나님, 곧 사랑 안에서 우리와 대면하시는 인격적인 하나님의 매우 독특한 형상에 근거한다." John Westerhoff, *Spiritual Life: The Foundation for Preaching and Teaching* (Louisville, Kentucky: Westminster / John Knox Press, 1994), 8

3) 아놀드와 베이어는 하나님의 형상이 지닌 중요성을 완전히 이해하기는 불가능하다고 전제하면서 최소한 그것으로 인해 인간은 만물에 대한 지배권을 가지게 되

었다고 말한다. 특히, 인간이 하나님의 형상을 지녔다는 것은 "하나님과 관계를 맺기 위해 창조되었음을 함축"하며 "하나님과 대화"할 수 있는 존재라는 것을 내포한다고 말한다. 아놀드 · 베이어, 『모세오경 개론』, 104.

4) Robert Coles, *The Spiritual Life of Children* (London: HarperCollins, 1990), 39.

5) Donald Ratcliff with Scottie May, "Identifying Children's Spirituality, Walter Wangerin's Perspectives, and an Overview of This Book," in *Children's Spirituality: Christian Perspective, Research, and Applications*, ed. Donald Ratcliff (Eugene, OR: Cascade Books, 2004), 7.

6) Ted Ward, *Values Begin at Home* (Wheaton, Illinois: Victor Books, 1979, 1989), 14. 그리고 이것에 대한 더 많은 정보를 위해서는 그의 책(pp. 16–20)을 참조하라.

7) 어린이들의 영적 형성에 관한 여러 관점들—4가지 관점—을 보려면, Michael J. Anthony, ed., *Perspectives on Children's Spiritual Formation* (Nashville: B & H Academic, 2006)을 보라.

8) May, Posterski, Stonehouse, and Cannell, *Children Matter*, 84.

9) Ward, *Values Begins at Home*, 14.

10) Ward, *Values Begins at Home*, 21.


## 9. 자녀들에 대한 부모의 영적 지도

1) 사이몬 챈은 이와 관련하여 이렇게 말한다. "이 전통적인 용어[영적 진도]를 대치하려는 시도들은 특별한 이점이 없기 때문에 그대로 고수하는 것이 가장 좋다." 사이몬 찬, 『영성신학』 김병오 옮김 (서울: 한국기독학생회출판부, 2002, 2009), 323.

2) David G. Benner, *Sacred Companions: The Gift of Spiritaul Friendship and Direction* (Downers Grove, Ilionois: InterVarsity Press, 2002), 87.

3) 찬, 『영성신학』, 321.

4) Kenneth Leech, *Soul Friend: Spiritual Direction in the Modern World* (Harrisburg, PA: Morehouse Publishing, 2001), xiv.

5) Benner, *Sacred Companions*, 16.

6) 로날드 하버마스(Ronald T. Habermas)는 교육의 관점에서 기독교적 형성(Christian formation)이란 말 대신에 "기독교 교육 전통의 가장 좋은 것들"과 "경건한 영적 형성의 개념들"을 종합하여 "기독교 교육 형성"(Christian education–

formation)이란 용어를 선호한다(p.17). 그것은 좋은 제안이라 여겨진다. Ronald T. Habermas, *Introduction to Christian Education and Formation: A Lifelong Plan for Christ-Centered Restoration* (Grand Rapids, Michigan: Zondervan, 2008), 13-18을 보라. 그러나 그것의 바탕은 기독교적 형성과 상통한다고 볼 수 있다. 왜냐하면 그것은 교육에 근거한 기독교적 형성을 추구하기 때문이다. 그래서 마크 매딕스(Mark A. Maddix)는 다음과 같이 말한다. "기독교적 형성과 발달의 한 면은 영적 형성의 과정이다. 기독교적 형성과 영적 형성의 목표 (goal)는 같다. 곧 '그리스도 예수의 형상과 모양으로 모양 지어지고 형성되는 것이다.'" 기독교적 형성과 영적 형성의 관계성에 대한 더 많은 논의를 위해서는 Mark A. Maddix, "Spiritual Formation and Chrsitian Formation," in *Christian Formation and: Integrating Theology and Human Development* eds. James R. Estep and Jonathan H. Kim (Nashville, Tennessee: Broadman and Holman, 2010), 237-67을 보라.

7) 찬, 『영성신학』, 323.

8) 웨스터호프는 기독교적 영적 삶의 일상성에 대해서 이렇게 말한다. "내가 이해하듯이, 영적 삶은 일상적인 매일의 삶으로서 하나님과의, 그러므로 자신의 참되거나 건강한 자아, 모든 사람들 그리고 창조세계 전체와의 아주 깊고(ever-deepening) 애정 어린 관계 안에서 사는 것이다." Westerhoff, *Spiritual Life*, 1.

9) 달라스 윌라드(Dallas Willard)는 이와 관련하여 이렇게 말한다. "그리스도 안에 살아 있는 것은 영적 문제 그 자체이다(요 3장을 보라). 그러므로 그리스도 안의 삶은 본질적으로 영성과 관계가 있다." Dallas Willard, *The Great Omission: Reclaiming Jesus's Essential Teaching on Discipleship* (New York: HarperCollins Publishers, 2006), 45.

10) 윌라드는 영적 형성을 다음과 같이 설명한다. "'영적 형성'은 우리의 영을 형성하고 그것에 분명한 성격을 주는 과정과 관련되어 있다. 그것은 그리스도의 영에 따른 우리의 영의 형성을 말한다. 물론, 그것은 활동하고 계시는(in action) 성령과 관계가 있다. 그러나 영적 형성의 초점은 우리의 영의 형성이다." Willard, *The Great Omission*, 53.

11) Willard, *The Great Omission*, 74.

12) 개인의 영적 지도는 언제나 신앙 공동체의 영적 지도를 바탕으로 행해져야 옳다. 그래서 "영적 실천은 우리로 하여금 하나님의 백성과의 관계 안에 있도록 요구하며, 역사 안에서 그리고 '두세 사람이 내 이름으로 모인 곳'이면 어디든지 공동체 안에서 하나님의 능동적인 임재를 증언한다"라는 헨리 나우웬(Henri Nouwen)

의 진술은 전적으로 옳다. Henri Nouwen, *Spiritual Direction: Wisdom for the Long Walk of Faith* (New York: HarperCollins Publishers, 2006), xviii.

13) Morton T. Kellly, *Companions on the Inner Way: The Art of Spiritual Direction* (New York: Crossroad, 1996), 179.

14) 갱글 외, 『교수법 베이직』, 432.

15) Tom McGrath, *Raising Faith-filled Kids: Ordinary Opportunities to Nurture Spirituality at Home* (Chicago: Loyola Press, 2000), 117-21.

16) 티모시 폴 존스(Timothy Paul Jones)는, 그리스도인 부모들은 "자녀들의 영적 형성에 능동적으로 참여하도록 부름을 받는다"고 보면서 그 사역과 관련하여 부모를 "제자 삼는 사역자"(disciple-maker)로 이해한다. 곧 가정 사역과 제자화를 연결 지으며 가정에서의 부모의 사역을 제자 삼기(disciple-making)로 본다. 그리고 그 사역은 무엇보다도 자녀들과 함께 시작해야 한다고 그는 말한다(p.79). 뿐만 아니라 교회는, 부모들이 제자 삼는 사역을 충실히 감당하도록 준비시키는 사역을 해야 한다고 주장한다. Jones, *Family Ministry Field Guide*를 보라.

17) 이 용어는 존스에게서 빌려온 것이다. Jones, *Family Ministry Field Guide*, 38. 또한 블레빈스와 매딕스는 가족과 제자도를 연결시킨다. 이것에 대한 더 자세한 것을 위해서는 Blevins and Maddix, *Discovering Discipleship*, 307-09를 보라.

18) Leech, *Soul Friend*, xviii.

19) 갱글 외, 『교수법 베이직』, 440.

20) Stonehouse, *Joining Children on the Spiritual Journey*, 193.

21) Leech, *Soul Friend*, 183.

## 10. 교회가 가정에서의 신앙교육을 돕는다

1) 프랜시스 쉐퍼(Francis A. Schaeffer)는 창세기 1장의 성령의 창조사역, 곧 "그 땅이 혼돈하고 공허하며 흑암이 깊음 위에 있고 하나님의 영은 수면 위에 운행하시니라"(창 1:2)를 설명하면서 이와 관련하여 이렇게 말한다. "내가 깨달은 것이 있는데, 그것은 '하나님의 영'이라는 말이 여기에서 어떻게 이해되어야 하는지에 관한 문제가 있지만, 분명 성서-구약과 신약 모두-는 삼위일체 하나님이 거기에 계셨다는 것과 성부 하나님과 성자 하나님이 창조의 그 과정에 참여하셨다고 말한다는 것이다…이미 존재해 오신 하나님 자신 외에 존재하는 모든 것이 이제 생겨난다. 이 이전에 인격적 존재(personal existence)-사랑과 의사소통(communication)-가 있었다. 물질적인 우주(우리가 그것을 덩어리로 여기든지 또는 에너지로 여기든

지 간에)에 앞서, 그 밖의 모든 것의 창조에 앞서 사랑과 의사소통이 있다. 이것이 의미하는 바, 사랑과 의사소통은 본질적인(intrinsic) 것이라는 것이다." Francis A. Schaeffer, *Genesis in Space and Time* (Downers Grove, Illinois: InterVarsity Press, 1972), 24.

2) John H. Westerhoff, *A Pilgrim People: Learning Through the Church Year* (Mineapolis, Minnesota: The Seabury Press, 1984), 31.

3) John H. Westerhoff, *Living the Faith Community: The Church That Makes a Difference* (Minneapolis, Minnesota: Winston Press, 1985), 46

4) Westerhoff, *Living the Faith Community*, 2.

5) John H. Westerhoff, *Will Our Children Have Faith?* (New York: Morehouse Publishing, 2012), xviii.

6) Blevins and Maddix, *Discovering Discipleship*, 252.

7) 슐츠는 바람직한 신앙교육의 장을 세 곳—가정, 교회 그리고 학교—으로 제시한다. 더 자세한 것을 위해서는 그의 책 『하나님 중심 교육』을 보라. 또한 Bryan, *Relationship Learning*, 197—220을 보라.

8) Blevins and Maddix, *Discovering Discipleship*, 301. 다른 한편으로, 밀러는 자녀의 신앙교육에 대한 가정과 교회의 공동 책임의 문제와 관련하여 이렇게 말한다. "가정과 교회는 부모 됨(parenthood)의 제사장직(priesthood)을 뒷받침하는 교회와 함께 상호적인 책임을 가지고 있다. 교회는 가족 내의 개인들뿐만 아니라 한 단위로서의 가족을 보살핀다. 그러므로 가정의 필요가 복음에 의해서 충족된다." Randolph Crump Miller, *Biblical Theology and Christian Education* (New York: Charles Scribner's Sons, 1956), 131.

9) Westerhoff, *Living the Faith Community*, 11.

10) Westerhoff, *Living the Faith Community*, 1.

11) Westerhoff, *Living the Faith Community*, 1.

12) 밀러, 『기독교교육의 단서』, 208.

13) Gene Getz and Wallace Getz, "The Role of the Family in Childhood Education," in *Childhood Education in the Church*, eds. Robert E. Clark, Joanne Brubaker, Roy B. Zuck (Chicago, Moody Press, 1975, 1986) 588.

14) Getz and Getz, "The Role of the Family in Childhood Education," 588—89.

15) 밀러는 "교회는 교회 생활에서 부모의 위치와, 어린이들을 기독교적으로 양육하는 일에서 부모의 책임을 분명히 해야 한다"고 말하는데 아주 옳은 말이다. 밀러, 『기독교 교육의 단서』, 118.

16) 슐츠, 『하나님 중심 교육』, 129.

17) Getz and Getz, "The Role of the Family in Childhood Education," 590. 같은 맥락에서, 밀러도 이렇게 강조한다. "가정과 교회가 연계해야 한다는 것은 교회의 근본적인 교육 이론임을 깨달아야 한다. 기독교 가정은 교회에 가장 큰 도움이 될 수 있고, 상호의존적인 관계를 통해서 더 건전하고 영구적인 기독교교육의 기회를 가질 수 있다." 밀러, 『기독교교육의 단서』, 31.

## 3부. 가정에서의 신앙교육을 위한 실제적인 지침들

### 11. 가정에서의 신앙교육의 내용—무엇을 가르칠 것인가?(1)

1) Miller, *Biblical Theology and Christian Education*, 1.

2) Douglas Wilson, *The Case for Classical Christian Education* (Wheaton, Illinois: Crossway Books, 2003), 225.

3) Miller, *Biblical Theology and Christian Education*, 16-31.

4) 주크, 『하나님의 눈으로 자녀를 바라보라』, 192-204.

5) 오스 기니스, 『소명: 인생의 목적을 발견하고 성취하는 길』(서울: IVP, 2000, 2001), 36.

6) 몇 년 전, 전국의 여러 지역에서—특히 한 곳에 집중되어—학생들이 자살하는 일이 빈번하게 벌어졌고 인터넷에 그것에 대한 기사가 실렸을 때 그 기사에 달린 댓글 중에 이런 것이 있었다. "만일 당신이 부모이고 지금 당신의 자녀가 아파트 꼭대기에 서서 자살을 하려다가 '그러지 말라'고 말리는 당신에게 다음의 두 가지 질문을 한다면, 당신은 어떤 대답을 하겠는가? 당신의 대답에 따라 당신의 자녀가 자살하거나 살게 될 것이다 '엄마, 내가 지금 왜 자살하면 안 돼? 내가 자살하지 않고 앞으로 왜 살아야 해?'" 당신이라면 어떤 대답을 하겠는가? 무신론과 유신론 두 가지 입장에서 대답해 보라.

7) Schaeffer, *Genesis in Space and Time*, 158.

8) Jones, *Family Ministry Field Guide*, 75.

9) 슐츠, 『하나님 중심 교육』, 79.

### 12. 가정에서의 신앙교육의 내용—무엇을 가르칠 것인가?(2)

1) 마이클 호튼, 『개혁주의 기독교 세계관』 윤석인 옮김 (서울: 부흥과개혁사,

2010), 37.

2) 호튼, 『개혁주의 기독교 세계관』, 54.

3) Ward, *Values Begin at Home*, 25.

4) Groome, *Educating for Life*, 18.

5) D. 캠벨 와이코프, 『복음과 기독교교육』 김득렬 옮김 (서울: 대한기독교교육협회, 1965, 1990), 124.

6) 슐츠, 『하나님 중심 교육』, 37. 슐츠는 또한 기독교 교육에서의 예수 그리스도 중심성에 대해서 이렇게 말한다. "그리스도는 모든 일에 있어서, 그리고 언제라도 가장 높임을 받아야 한다. 우리 어린이와 청소년들의 교육은 그리스도에 중심을 맞추어야 한다. 이렇게 함으로써 우리 어린이들이 예수님과 개인적이고 친밀한 사랑의 관계 속에서 살아가는 것을 보고자 하는 교육 목표가 성취된다. 우리라 우리 어린이들에게 가르치는 모든 것의 핵심에는 그리스도께서 자리하여야만 한다"(p.206).

7) 밀러, 『기독교 교육의 단서』, 49.

8) 밀러는 예수 그리스도와 기독교 신앙과의 관계에 대해서 이렇게 말한다. "기독교 공동체의 신앙은 독특하다. 모든 것은 예수 그리스도 안에서 하나님의 구원 능력에 집중한다"(p.21). "예수 그리스도와의 생생한 언약에 근거한 그분에 대한 신앙은 기독교 신앙 공동체의 중심적 실체이다. 그리스도에 대한 신앙은 듣기, 배움, 결정, 그리고 믿음과 나뉠 수 없다"(p.22). Donald E. Miller, *Story and Context: An Introduction to Christian Education* (Nashville: Abingdon, 1987), 25.

9) 와이코프, 『복음과 기독교교육』, 120.

10) 와이코프, 『복음과 기독교교육』, 121.

11) 제임스 스텝(James R. Estep)과 조나단 김(Jonathan H. Kim)은 기독교 교육과 기독교적 형성과의 관련성에 대해서 이렇게 쓴다. "기독교적 형성은 기독교 교육의 중심적 교의(tenet)이다. 바울이 골로새교회에 썼듯이, '우리가 그를 전파하여 각 사람을 권하고 모든 지혜로 각 사람을 가르침은 각 사람을 그리스도 안에서 완전한 자로 세우려 함이니 이를 위하여 나도 내 속에서 능력으로 역사하시는 이의 역사를 따라 힘을 다하여 수고하노라'(골 1:28-29). 신자 안에 기독교적 형성의 과정을 촉진하는 것은 또한 기독교 교육자들이 자신들을 헌신해야 할 궁극적인 목표(goal)이다." James R. Estep and Jonathan H. Kim, eds., *Christian Formation: Integrating Theology and Human Development* (Nashville: Broadman and Holman, 2010), 4.

12) 슐츠, 『하나님 중심 교육』, 41.

13) 밀러, 『기독교 교육의 단서』, 39.

14) Westerhoff, *Will Our Children Have Faith?*, 39.

15) Gerhard Lohfink, *Jesus and Community: The Social Dimension of Christian Faith*, trans. by John P. Galvin (Philadelphia: Fortress Press, 1984), 7-29를 보라.

16) 로핑크는 이와 관련하여 이렇게 말한다. "예수의 윤리는 정확히 이런 의미에서 새로워진 하나님의 종말론적 백성을 겨냥했다. 그것은 고립된 개인에게 방향이 맞추어지지 않았다. 왜냐하면 고립된 개인들은 그저 하나님의 통치의 사회적인 차원을 예시하고 삶으로 살 수 있는 입장에 있지 않기 때문이다…오직 하나의 길이 여전히 열려 있었다. 하나님은 새로운 어떤 것을 창출하기 위해서 세상의 어떤 곳에서 한 백성 안에서 시작하신다는 것이다. 이 백성이 움직이지 않았을 때, 하나님은 훨씬 작은 그룹-예수 주변에 모인 제자들의 새 가족-과 함께 시작하신다." Lohfink, *Jesus and Community*, 72.

17) 랜돌프 C. 밀러, 『기독교 종교교육과 신학』 고용수 · 박봉수 옮김 (서울: 한국장로교출판사, 1998), 20.

18) Blevins and Maddix, *Discovering Discipleship*, 188.

19) Westerhoff III, *Will Our Children Have Faith?*, 52.

20) R. C. 밀러, 『기독교교육과 교회』 (서울: 대한기독교교육협회, 1965,1980), 240.

21) Habermas, *Introduction to Christian Education and Formation*, 60.

## 13. 가정에서의 신앙교육의 내용—무엇을 가르칠 것인가?(3)

1) Habermas, *Introduction to Christian Education and Formation*, 13.

2) Lewis B. Smedes, *Mere Morality: What God Expects from Ordinary People* (Grand Rapids, 3004), 14.

3) Smedes, *Mere Morality*, vii.

4) Ward, *Values Begin at Home*, 35.

5) Ward, *Values Begin at Home*, 27.

6) 워드는 부모가 배워야 하는 교훈들 중에서 가장 중요한 두 가지를 제시한다. 첫째는, "아동의 발달은 대단히 복잡해서 완전하게 이해되거나 설명될 수 없다"는 것이다. 둘째는, "부모의 영향력은 결코 중단되지 않는다"는 것이다. 더 자세한 설명을 위해서는 Ward, *Values Begin at Home*, 15를 보라.

7) 랜킨, 랜킨, 『결혼학교』, 143. 성서적 관점에서 인간의 전통, 가족의 역사 그리

고 도덕적 가치관은 하나님의 말씀에 근거한다. 인간의 삶과 역사는 창조주 하나님이 의도하신대로 진행되어야 바르다. 그래서 그리스도인 부모는 자녀들에게 하나님이 의도하신 전통, 역사 그리고 가치관을 가르쳐야 한다. 시인은 자기 백성들에게 자신의 교훈을 전하기를 바라면서 그것은 "우리가 들은 바요 아는 바요 우리 열조가 우리에게 전한 바"(시 78:3)라고 말한다. 우리가 가르치는 교훈은 우리가 말씀에서 듣고 그래서 알고 또 믿음의 선조들이 전한 것이어야 한다. 그런 이유로 우리는 하나님의 말씀으로서의 성서를 알아야 한다.

8) Kent K. Johnson, *Called to Teach: Ideas and Encouragement for Teachers in the Church* (Minneapolis: Augsburg Publishing House, 1984), 18-19.

9) Schaeffer, *Genesis in Space and Time*, 158.

10) 기독교 신앙과 하나님 나라의 관계성을 이해하려면, 특히 교회와 세상에 대한 그것의 관계성을 이해하려면 하워드 스나이더, 『하나님의 나라, 교회 그리고 세상』 박민희 옮김 (의정부: 드림북, 2007)을 보라.

11) C. S. 루이스, 『순전한 기독교』 (서울: 홍성사, 2001, 2008), 93-94.

## 14. 가정에서의 신앙교육의 방법-어떻게 가르칠 것인가?(1)

1) Karen B. Tye, *Your Calling as a Teacher* (St. Louis, Missouri: Chalice Press, 2008), 37.

2) Klaus Issler and Ronald Habermas, *How We Learn: A Christian Teacher's Guide to Educational Psychology* (Eugene OR: Resource Publications, 2002), 15.

3) 찰스 R. 포스터, 『신앙공동체를 위한 교육』 고용수 · 문전섭 옮김 (서울: 한국장로교출판사, 1993), 142.

4) 학습자들의 학습 스타일은 일반적으로 인지적 스타일(cognitive style), 정서적 스타일(affective style), 생리적 스타일(physiological style), 그리고 다차원적 스타일(multidimensional style)로 나뉜다. 이것에 대한 더 자세한 것은 다음의 책을 참조하라. Klaus Issler and Ronald Habermas, *How We Learn: A Christian Teacher's Guide to Educational Psychology* (Eugene OR: Resource Publications, 2002), 117-18.

5) Tye, *Your Calling as a Teacher*, 52.

6) Israel Galindo and Marty C. Canaday, *Planning for Christian Education*

*Formation: A Community of Faith Approach* (St. Louis, Missouri: Chalice Press, 2010), 19.

7) Stanley J. Grenz, *Created for Community: Connecting Christian Belief with Christian Living* (Grand Rapids, Michigan: Baker Books, 1996).

8) 포스터, 『신앙공동체를 위한 교육』, 136.

9) 포스터, 『신앙공동체를 위한 교육』, 147.

10) 웨스터호프는 기독교 신앙의 공동체성과 관하여하여 파스칼(Pascal)의 "한 사람의 그리스도인은 그리스도인이 아니다"라는 말을 인용하면서 이렇게 말한다. "우리는 교회 밖에서는, 신앙의 공동체와 그것의 예배 그리고 사역 밖에서는 그리스도인이 될 수 없다." John H. Westerhoff, *Living Faithfully as a Prayer Book People* (Harrisburg / London: Morehouse, 2004), 2.

11) Lawrence O. Richards, *A New Face for the Church* (Grand Rapids, Michigan: Zondervan, 1970), 39-40.

12) Galindo and Canaday, *Planning for Christian Education Formation*, 8-9.

13) 신앙의 공동체 안에서 가르치는 것은 또한 회중(congregation) 안에서 가르치는 것을 의미한다. 회중은 교회의 다른 이름이라고 할 수 있다. 제임스 호프웰(James F. Hopewell)은 회중을 다음과 같이 정의한다. "회중은 더 보편적으로 시행되는 예배를 축하하기 위해서 정규적으로 모이나 행동, 관점(outlook) 그리고 이야기의 본래적인 형태를 개발하기 위해 서로가 충분히 소통하는 특별한 이름과 서로 알아보는 구성원을 가지고 있는 하나의 그룹이다"(James F. Hopewell, *Congregation: Stories and Structures* [Philadelphia: Fortress Press, 1987], 12-13). 회중은 같은 믿음을 가지고 함께 모이는 사람들의 모임, 곧 하나님의 공동체인데, 그것은 각 신자로 구성되지만 동시에 하나의 실체로서의 회중 전체이다. 그래서 회중은 신앙의 공동체이다.

브루스 C. 버치(Bruce C. Birch)에 따르면, 성서적 관점에서 회중은 대개 3가지 요소에 의해서 형성된다. 첫째, "회중은 하나님의 주도적 은혜에 응답함으로 형성된다." 둘째, "기억과 비전의 요소들을 중심하여 형성된다." 셋째, "기억과 비전을 중심하여 형성된 성서적 회중들은 특색 있는 성격을 지닌다. 신약과 구약에 있어서 회중들은 그들의 지배적인 문화의 한가운데에서 새로운 생활의 모형을 만들도록 부르심을 받았다"(넬슨[편집], 『회중들』, 30-38).

무엇보다도, 회중은 "공동의 기억"(corporate memory)을 담지하고 제공하는데, 그 회중에 속한 각 사람은 "자신에게 전해지는 성서적이고 신학적인 전통에 의해 모양 지어지고 형성된다. 회중들은 중요한 신념들(beliefs)과 실천들-'우리는 누구인가' 그리고 '우리는 무엇을 믿는가'-을 다음 세대에 전하는 일차적인 수단이다"(Blevins and Maddix, *Discovering Discipleship*, 182). 이것이 모든 그리스도인은 하나의 신앙의 공동체, 곧 회중에 속해야 하는 중요한 이유들 중 하나이다.

공동의 기억에 근거한 건강한 회중은 구성원 상호간에 역동적인 상호작용이 있다. "회중들은 다양한 방식으로 자신들에게 속한 개인들과 그들이 참여하는 공동체들에 영향을 준다"(Nancy T. Ammerman, Jackson W. Carroll, Carl S. Dudley, and William McKinney, *Studying Congregations: A New Handbook* [Nashville: Abingdon Press, 1998], 8). 특히, 회중의 역동적인 상호작용의 역량 중에는 교육-회중 안에서의 교육-이 있는데(넬슨[편집], 『회중들』, 17을 보라), 회중들은 여러 교육 프로그램을 통해 "신앙 전통의 지식과 현대생활을 위한 그것의 의미를 전할 뿐만 아니라 공동체의 연대감과 연속성을 진척시키는 가치들을 전한다"(Ammerman, Carroll, Dudley, and McKinney, *Studying Congregations*, 8). 그로 인해 회중은 결속이 강화되고 더욱 튼실한 공동체가 창출된다.

그리스도인 부모는 자녀들이 회중 안에서 신앙교육을 받을 수 있는 기회를 가질 수 있도록 이끌어 주어야 한다. 그리고 교회는 어린이들을 온전한 인간이자 회중의 일원으로 환영하고 그런 기회를 가질 수 있도록 교육적 환경을 제공해 주어야 한다. 회중 안에서의 아동 교육은 어른들의 지도와 어린이들의 참여 능력에 달렸다. 이와 관련하여 조이스 머서(Joyce Ann Mercer)는 이렇게 말한다. "아동 기독교 교육은 어린이들을 신앙의 실천들 가운데 능동적으로 그리고 의도적으로 지도하는 성인들과, 공동체의 실천들에 접근하여 참여할 어린이들의 능력에 달렸다는 것은 분명하다"(Joyce Ann Mercer, *Welcoming Children: A Practical Theology of Childhood* [St. Louis, Missouri: Chalice Press, 2005], 207). 어린이들은 교회의 "종말론적 미래"(Mercer, Welcoming Children, 150)이다. 그리스도인 부모와 교회는 그 미래가 제대로 열릴 수 있도록 함께 최선의 노력을 기울여야 한다.

14) Richards, *A New Face for the Church*, 251.

15) Richards, *A New Face for the Church*, 251.

16) 대니얼 알레셔(Daniel O Aleshire)는 기독교 신앙에 대한 배움의 공동체적 성격과 관련하여 이렇게 말한다. "기독교 신앙의 정황 안에서의 배움은 사람들이 기독교 공동체-그것의 이야기들, 사람들, 방식들 그리고 세상의 비전-에 소개되는 과정과 관계가 있고, 그 공동체에 포함되어 그것의 사귐을 경험하고 그것의 임무(mission)에 참여하며 그것의 열정에 의해 움직여지는 과정과 관련되어 있다…배운다는 것은 진리와의 관계에서 살아가고 그 진리에 순종하면서 응답할 능력에서 자라는 것이다. 배움은 기독교 이야기, 공동체 실천, 그리고 자신과 다른 사람들에 대

한 개인의 변화하는 인식의 상호작용 안에서 생긴다. 신앙 안에서의 배움은 포괄적인 활동(enterprise)이다…신앙 안에서의 배움은 특별한 영적 활동이 아니다. 그것은 사람들이 어떤 것을 배우는 방식들을 취하여 그것들을 사람들이 계속해서 자신들의 가슴(hearts), 마음(minds) 그리고 행위를 하나님께 남아 있게 하는 방식들로 바꾼다. 가장 중요한 것은, 신앙 안에서의 배움은 **신앙** 안에서의 배움이라는 것이다." Daniel O. Aleshire, *Faithcare: Ministering to All God's People through the Ages of Life* (Philadelphia: The Westminster Press, 1988), 51.

17) 포스터, 『신앙공동체를 위한 교육』, 147.

18) 포스터, 『신앙공동체를 위한 교육』, 136.

19) 밀러는 신앙 공동체를 교사로 보면서 이렇게 말한다. "교육은 안내자가 필요하다. 안내자들은 다양한 다른 방법들을 사용할 것이다…매우 중요한 의미에서, 공동체 전체가 교사의 역할을 할 것이다." Miller, *Story and Context*, 25. 교사로서의 신앙 공동체에 대해 더 자세한 설명을 위해서는 같은 책 p. 17-39를 보라.

20) Norma Cook Everist, *The Church As Learning Community: A Comprehensive Guide to Christian Education* (Nashville: Abingdon, 2002), 45. 같은 맥락에서, 이스라엘 갈린도(Israel Galindo)는 이렇게 말한다. "커리큘럼으로서의 교회생활은 기독교 교육 경험들의 초점을 회중 생활의 맥락, 곧 신앙 공동체의 맥락 안에 두는 것을 돕는다. 개인들과 그룹들은 어떻게 해서라도 어느 정도 헌신의 중요한 단계에서 신앙의 특별한 공동체와 행동을 같이한 사람들로서 이해된다. 개인들과 그룹들에 제공되는 커리큘럼들은 신앙의 핵심 공동체로부터 흘러나온다." Israel Galindo, *The Craft of Christian Teaching: Essentials for Becoming a Very Good Teacher* (Valley Forge: Judson Press, 1998), 58-59.

21) Westerhoff, *Will Our Children Have Faith?*, 14. 기독교 신앙교육의 사회화 방식은 강조점에 따라 두 가지로 나뉘는데, 하나는 개인적인 관계를 더 중시하는 방식으로 로렌스 리차즈(Lawrence Richards)가 대표적이며, 다른 하나는 신앙 공동체를 더 중시하는 방식으로 존 웨스터호프(John Westerhoff)가 대표적이다. 페리 G. 다운즈, 『기독교 교육학 개론: 영적 성장을 위한 기독교 교육학 개론』 엄성옥 옮김 (서울: 은성, 1998), 260.

22) Westerhoff, *Will Our Children Have Faith?*, 14-15. 본래 이 정의는 일반교육학자인 로렌스 크레민(Lawrence A. Cremin)에게서 온 것이다. Lawrence A. Cremin, *Traditions of American Education* (New York: Basic Books, Inc., Publishers, 1997), 134.

23) 교육에 있어서 사회화 방식의 긍정적인 면에 대해서는 다운즈, 『기독교 교육

학 개론』, 269-71을 보라.

24) 다운즈, 『기독교 교육학 개론』, 276.

25) 교육에 있어서 사회화 방식의 부정적인 면에 대해서는 다운즈, 『기독교 교육학 개론』, 271-76을 보라.

26) 포스터, 『신앙공동체를 위한 교육』, 143.

27) 다운즈, 『기독교 교육학 개론』, 274.

28) Eliot Eisner, 『교육적 상상력』이해명 옮김 (서울: 단국대학교 출판부, 1983, 1991), 5장. 또한 Robert W. Pazmino, *Principles and Practices of Christian Education: An Evangelical Perspective* (Eugene, Oregon: Wipf and Stock, 2002), 93-114.

## 15. 가정에서의 신앙교육의 방법–어떻게 가르칠 것인가?(2)

1) 슬로터, " 기독교 교수, 가정에서 시도하기," 439.

2) 셀, 『가정 사역』, 216.

3) 슬로터, " 기독교 교수, 가정에서 시도하기," 440.

4) 셀은 현대 가정생활에 잠재해 있는 문제들과 성서적인 분명한 인준이 부족하기 때문에 가정예배를 가정에서의 신앙양육의 중추적인 기능으로 대치하는 것은 거의 불가능하다고 보면서 효과적인 가정예배를 위한 여섯 가지의 지침을 제시한다. (1) "예배시간을 각 가정의 특성에 맞게 운영하라." (2) "가정 예배는 규칙적으로 드리라." (3) "가정예배는 간결하게 하라." (4) "가정예배는 짧게 하라." (5) 가족 구성원 모두가 "참여할 수 있는 기회를 허용하라." (6) "즉흥성을 띠게 하라." 셀, 『가정 사역』, 308-10. 그리고 가정예배에 관한 더 많은 논의를 위해서는 같은 책 p. 303-10을 보라.

5) 슬로터, " 기독교 교수, 가정에서 시도하기," 447.

6) 슬로터, " 기독교 교수, 가정에서 시도하기," 446.

7) 슬로터, " 기독교 교수, 가정에서 시도하기," 447. 그는 또한 장계할 때 합당한 기준을 설정해야 하고 마음에서 우러나오는 순종을 하도록 지도해야 한다고 말한다.

8) 주크, 『하나님의 눈으로 자녀를 바라보라』, 204-10.

9) 셀은 경축일, 가정 기념일, 교회 활동, 선교사들의 방문 등을 가르침의 기회로 삼아 자녀들이 알고 싶어 하는 것들에 대해 대답을 해 줌으로써 자녀들을 믿음의 세계로 인도할 수 있다고 말한다. 셀, 『가정 사역』, 302.

10) Floyd, "The Family's Role in Teaching," in *The Teaching Ministry of*

*the Church*, 153-58.

11) Floyd, "The Family's Role in Teaching," in *The Teaching Ministry of the Church*, 146.

12) Floyd, "The Family's Role in Teaching," in *The Teaching Ministry of the Church*, 148.

13) Deborah Carroll, *Teaching Your Children Life Skills: How Parents Can Use Everyday Situations to Teach Lessons That Will Last a Lifetime* (New York: Berkeley Books, 1997), 4. 또한 Michelle Anthony, *Spiritual Parenting: An Awakening for Today's Families* (Colorado Spirings, CO: David C. Cook, 2010), 99-115를 보라.

14) Diana R. Garland, *Family Ministry: A Comprehensive Guide* (Downers Grove, Illinois: InterVarsity Press, 1999), 568.

15) Linda J. Vogel, *Teaching and Learning in Communities of Faith: Empowering Adults Through Religious Education* (San Francisco: Jossey-Bass Publishers, 1991), 5.

16) "큰 하나님 이야기"(the Big God Story)로서의 성서 이야기는 자녀들 안에 성서적, 기독교적 세계관을 형성시키는데 중요한 역할을 할 수 있다. 더 제사한 것은 Anthony, *Spiritual Parenting*, 43-60을 보라.

17) Westerhoff, *A Pilgrim People*, 1.

18) Westerhoff, *A Pilgrim People*, 2. 토마스 그룸은 기독교 신앙과 기독교 종교 교육(Christian Religious Education)에서 한 개인의 인생 이야기(a story)와 성서의 이야기(the Story)를 연결시키는 것의 필요성과 중요성을 강조해 왔다. 더 자세한 것은 Thomas H. Groome, *Christian Religious Education: Sharing Our Story and Vision* (New York: Harper & Row, 1980), 192-93을 보라.

19) 다른 한편으로, 미쉘 앤소니는 자신의 책 *Spiritual Parenting*(영적 육아)에서 우리들 가정과 자녀들의 삶에서 표현될 수 있는 열 가지의 방식들을 제시하고 설명한다. 그 열 가지는 (1) 스토리텔링(storytelling), (2) 정체성(identity), (3) 신앙 공동체(faith community), (4) 봉사(service), (5) 안전지대를 벗어나기(out of the comfort zone), (6) 책임(responsibility), (7) 진로 수정(course correction), (8) 사랑과 존중(love and respect), (9) 앎(knowing), (10) 본을 보이기(modeling)이다. 더 자세한 것을 위해서는 *Spiritual Parenting*, 39-41을 보라.

## 16. 가정에서의 신앙교육의 방법-어떻게 가르칠 것인가?(3)

1) 청지기직 교육 방식은 4중적 관계, 곧 하나님과 나와의 관계, 나와 자신과의 관계, 나와 이웃과의 관계 그리고 나와 창조세계와의 관계에 초점을 맞춘다. 이것에 대한 더 자세한 논의를 위해서는 Bryan, *Relationship Learning*, 221-44를 보라. 또한 나의 박사학위 논문인 Min Hee Park, *Forming the Christian as Steward: A 'Kingdom of God' Perspective* (Hamilton, ON / Seoul, Korea: ICS Publishers, 2009)를 보라(이것은 비매품으로 인쇄된 것임).

2) Mark Allan Powell, *Giving to God: The Bible's Good News about Living a Generous Life* (Grand Rapids, Michigan / Cambridge, U.K.: Eerdmans, 2006), 21.

3) Thompson, *Family the Forming Center*, 89.

4) 스마트, 『교회의 교육적 사명』, 224.

5) Jay E. Adams, *Christian Living in the Home* (Phillipsburg, New Jersey: Presbyterian and Reformed Publishing Company, 1972, 1979), 10-13.

6) Adams, *Christian Living in the Home*, 10-13.

7) 주크, 『하나님의 눈으로 자녀를 바라보라』, 205.

8) Merton P. Strommen and A. Irene-Strommen, *Five Cries of Parents* (San Francisco: Harper & Row, 1985), 151. 이러한 결과들은 다른 연구조사들에서도 비슷하게 나타났다. 미국 기독교 가정(그리고 한국 기독교 가정)의 현재의 모습들은 별반 다르지 않다. 이것에 대한 더 자세한 것을 위해서는 Jones, *Family Ministry*, 27-29를 보라.

9) 스마트, 『교회의 교육적 사명』, 231.

10) Reuel L. Howe, *The Miracle of Dialogue* (New York: The Seabury Press, 1963), 3.

11) Strommen, "Rethinking Family Ministry," in *Rethinking Christian Education: Explorations in Theory and Practice*, 67.

12) Adams, *Christian Living in the Home*, 28.

13) Thompson, *Family the Forming Center*, 73.

14) 주크, 『하나님의 눈으로 자녀를 바라보라』, 156.

15) 찰스 스탠리, 『하나님이 계획하신 당신의 인생』 박민희 옮김 (의정부: 드림북, 2009), 166.

16) Adams, *Christian Living in the Home*, 53.

17) John M. Bracke and Karen B. Tye, *Teaching the Bible in the Church* (St. Louis, Missouri: Chalice Press, 2003), 1.

18) Caldwell, *Making a Home for Faith*, 21.

19) Dykstra, *Growing in the Life of Faith*, 155.

20) Anthony, *Spiritual Parenting*, 38.

## 17. 믿음의 가정의 한 모범: 시편 128편의 가정

1) 김정준, 『시편명상』 (서울: 한국신학연구소, 1992), 397.

2) 김정준, 『시편명상』, 397.

3) Henry T. Blackaby and Roy T. Edgemon, *The Ways of God: How God Reveals Himself Before a Watching World* (Nashville, Tennessee: Braodman and Holman Publishers, 2000), 11–12.

4) Blackaby and Edgemon, *The Ways of God*, 15.

5) Bryan Nelson and Timothy Paul Jones, "Introduction: The Problem with Family Ministry," in *Trained in the Fear of God: Family Ministry in Theological, Historical, and Practical Perspective*, eds. Randy Stinson and Timothy Paul Jones (Grand Rapids, Michigan: : Kregel, 2011), 16.

6) 넬슨과 존스는 하나님을 경외하도록 훈련시키는 것을 다음과 같이 설명한다. "하나님을 경외하도록 훈련시키는 것은 사람들로 하여금 커지는 만족, 거룩 그리고 복음 중심의 삶으로 이어지는 방식으로 하나님의 보이지 않는 역사(workings)를 구하도록 요청하는 잘 통솔된 지도이다." Nelson and Jones, "Introduction," in *Trained in the Fear of God*, 16.

7) 호튼, 『개혁주의 기독교 세계』, 268.

8) 호튼, 『개혁주의 기독교 세계』, 269.

9) 이와 관련하여, 파커 파머(Parker J. Palmer)는 이렇게 말한다. "우리는 생계를 꾸릴 필요가 있기 때문에, 문제를 해결할 필요가 있기 때문에, (난관을) 극복하거나 생존할 필요가 있기 때문에 일한다." Parker J. Palmer, *The Active Life: Wisdom for Work, Creativity, and Caring* (New York: HarperCollins Publishers, 1990), 9.

10) 호튼, 『개혁주의 기독교 세계』, 271.

11) A. 리처드슨 · J. H. 올드햄, 『성서의 노동관: 현대사회에서의 노동』 강근환 · 조만 옮김 (서울: 대한기독교서회, 1981), 152.

12) 리처드슨 · 올드햄, 『성서의 노동관』, 153.

13) 고든 웬함, 『모세오경』 박대영 옮김 (서울: 성서유니온선교회, 2007, 2012), 118.

14) 웬함, 『모세오경』, 118.

15) Douglas Wilson, *Standing on the Promises: A Handbook of Biblical Childbearing* (Moscow, Idaho: Canon Press, 1997), 9.

16) 김정준, 『시편명상』, 397.

17) 김정준, 『시편명상』, 398.

18) 김정준, 『시편명상』, 399.

19) 신명기에는 하나님이 자기 이름을 두시려고 택하신 곳이 어디인지는 분명하게 밝히지 않고 있다. 열왕기서는 예루살렘을 선택된 도시로 부르고 있지만(왕상 8:44), 신명기는 예루살렘을 선택된 곳으로 기술하지 않는다. 더 자세한 것을 알기 위해서는 웬함, 『모세오경』, 207을 보라.

## 에필로그. 가정에서의 신앙교육: 하나님의 소명 그리고 우리가 감당해야 할 사명

1) Caldwell, *Leaving Home with Faith*.

2) Caldwell, *Making a Home for Faith*.

3) Nelson and Jones, "Introduction: The Problem with Family Ministry," in *Trained in the Fear of God*, 14.

4) Westerhoff, *Will Our Children Have Faith?*, 126.